일목요연
경매권리분석실무

저자 황현택
전 서강대학교 경제대학원 주임교수(부동산경제전공)

박영사

발 간 사

"일목요연(一目瞭然) – 경매부동산을 한눈에 읽다."

근래, 전국의 법원에서는 매월 1만 건 이상의 부동산에 대하여 경매가 진행되고 있습니다. 여기에 공매시장까지 고려하면, 이제 경·공매 시장은 국가에 의해 운영되는 대규모 부동산 할인시장으로 정착되어가는 느낌입니다. 이와 함께 부동산 경매시장에 대한 종래의 왜곡된 사고도 많이 불식되고, 경매의 대중화가 급속히 진행 중에 있습니다.

원래, 부동산 경매시장은 정보의 투명성과 거래의 확실성이 보장된 매우 이상적인 시장임에도, 그동안 경매에 관한 왜곡된 사고로 인하여 일반인에게는 이른바 소수의 전문가 집단이 은밀히 주도하는 투기의 영역으로 인식된 측면이 있습니다.

그동안 대학에서 '부동산 권리분석론'을 줄곧 강의해 온 필자는 지금의 부동산경매 대중화 시대를 맞아, 누구나 한눈에 경매 부동산의 권리 내용을 정확히 알 수 있으면서도 가장 읽기 쉬운 교재를 만들겠다는 일념으로 수년 동안 고심해 온 끝에, 이제 'case study book' 형식으로 이 책 **"일목요연 경매권리분석실무"**를 펴냅니다.

이 책을 집필함에 있어서 필자가 의도한 기본방향은 다음과 같습니다. 이것은 곧 이 책의 특징이라고도 할 수 있습니다.

(1) 무엇보다도 부동산경매의 실제사례 및 실무상의 쟁점사례를 모두 망라하여, 일일이 최근 2025년 1월 31일까지의 법령과 대법원판례 및 법학 이론을

근거로, 법리적 및 논리적으로 정확하게 설명하려고 했습니다. 시중에 나와 있는 경매관련 책의 대부분이 경매를 유인하는 내용이고 또한 법리적 설명 없이 관행적으로 이른바 말소기준등기라는 개념을 만능의 도구로 사용하여 개괄적으로 권리분석을 행하는 데 그치는 실정을 직시하고, 이를 확실히 보완하고자 했습니다.

(2) 또한, 이 책 한 권으로 경매부동산에 대한 권리분석 및 투자분석을 완결할 수 있도록 쟁점사례의 발굴에 만전을 기하고자 했고, 경매부동산의 권리분석 및 투자분석에 필요한 범위 내에서 물권법, 채권법, 주택임대차보호법 및 상가건물임대차보호법 특히, 부동산공법의 관련 내용을 설명했습니다. **"나는 이제 혼자서도 경매를 한다."**

(3) 끝으로, 짧고 간결한 문장 쓰기를 통해 각 면의 여백(餘白)을 넓힘으로써, 독자들이 여유로운 마음으로 정독하고 차분히 사색(思索)할 수 있도록 의도했습니다.

필자의 뜻한 바가 이 책에서 어느 정도 실현되었는지 필자는 두려우면서도 한편으로는 설렙니다. 부족한 점은 독자들의 비판과 고견을 정중히 받아 들여 앞으로 보완할 것을 약속드립니다.

아울러 이 책의 출간을 쾌히 승낙하신 박영사의 안종만 회장님, 집필의도에 맞춘 산뜻한 편집과 꼼꼼한 교정으로 좋은 책을 만든 장유나 차장님, 그리고 이 책이 나오기까지 그 진행을 성실히 챙겨준 최동인 대리에게 깊이 감사드립니다.

이 책의 독해를 통해 독자들의 삶이 보다 풍성해지기를 바랍니다.

2025년 2월 25일

저자 황현택

차 례

제 1 편 경매 부동산의 권리분석

제 2 편 부동산 물권법·계약법

제 3 편 주택 및 상가건물임대차보호법

제 4 편 부동산 공법

제 5 편 부동산경매절차(민사집행법)

참고 문헌

민사집행법, 사법연수원, 사법연수원, 2012.

법원실무제요(민사집행), 법원행정처, 사법발전재단, 2020.

신민사집행법(제8개정판), 이시윤, 박영사, 2020.

신민법강의(제17판), 송덕수, 박영사, 2024.

물권법(제6판), 송덕수, 박영사, 2023.

부동산경매 실전분석, 이승길, 부연사, 2014.

부동산경매실무, 김길웅, 진원사, 2015.

실전 부동산경매, 장건, 리북스, 2015.

부동산공법론(제9판), 민태욱, 부연사, 2017.

제 1 편

경매 부동산의 권리분석

제 1 장
경매의 성질, 매각조건 및 매각의 효과

1. 경매의 의의

경매는 채권자의 금전채권을 만족시킬 목적으로 채무자 소유의 부동산을 압류, 현금화하는 집행절차이다. 일반적으로 국가가 공권력을 행사하여 확정판결 등 집행권원[1]이 된 사법상의 청구권을 강제적으로 실현시킬 목적으로 진행하는 강제집행절차를 강제경매라고 부르며, 이에 대하여 저당권 등 당사자가 임의로 설정한 담보권의 실행을 국가기관이 대행하여 공권력에 의해 집행하는 절차를 임의경매라 한다.

1) 집행권원은 사법(私法)상의 일정한 이행청구권의 존재와 범위를 표시함과 동시에 강제집행으로 그 청구권을 실현할 수 있는 집행력을 인정한 공정의 증서를 말한다. 집행권원은 강제집행의 기초이다.

2. 경매의 성질

(1) 사법(私法)상의 매매설

사법상의 매매설은 경매를 매수인 또는 집행관과 소유자인 채무자 사이의 매매라고 보는 견해로서, 경매절차에 따른 매수인의 목적 부동산 취득을 승계취득으로 보고, 그 근거로 매도인의 담보책임에 관한 규정을 경매에 준용한 민법 제578조를 든다.[2)]

(2) 공법(公法)상의 처분설

공법상의 처분설은 집행관은 국가기관으로서, 경매처분을 하여 사법(私法)상의 권리관계를 설정하는 것이라고 보는 견해로서, 매수인은 목적부동산을 원시취득한다고 본다.

(3) 통설, 판례의 입장: 사법상 매매설

대법원은 경매를 사법상의 매매의 일종이라고 판시한다.[3)]

---

2) 민법 제578조(경매와 매도인의 담보책임) ① 경매의 경우에는 경락인은 전8조의 규정에 의하여 채무자에게 계약의 해제 또는 대금감액의 청구를 할 수 있다.
② 전항의 경우에 채무자가 자력이 없는 때에는 경락인은 대금의 배당을 받은 채권자에 대하여 그 대금전부나 일부의 반환을 청구할 수 있다.
③ 전2항의 경우에 채무자가 물건 또는 권리의 흠결을 알고 고지하지 아니하거나 채권자가 이를 알고 경매를 청구한 때에는 경락인은 그 흠결을 안 채무자나 채권자에 대하여 손해배상을 청구할 수 있다.

3) 대법원 1991. 10. 11. 선고 91다21640 판결 등.

3. 법정매각조건과 특별매각조건

매각조건은 법원이 매각 목적 부동산을 매수인에게 취득시키는 데 있어 준수해야 할 조건을 말한다.

(1) 법정매각조건

위에서 본 바와 같이 경매도 일종의 매매라 할 수 있으나, 경매는 일반 매매와는 달리 소유자의 의사와 관계없이 이루어지고 이해관계인도 많으므로 법은 매각조건을 획일적으로 정하여 규율할 필요가 있다. 이와 같이 민사집행법 및 국세징수법이 획일적으로 정한 매각조건을 법정매각조건이라 한다.

1) 매각부동산 위의 금전채권에 관한 소제주의 채택

현행법은 매각대금을 높이고 매수인의 지위를 안정시키기 위해 원칙적으로 금전채권 및 이에 관한 담보권과 압류채권에 관하여 소제주의를 채택, 매각으로 소멸케 한다. 또한 부동산 위에 존재하는 용익권이나 담보권 가운데 압류등기 후에 설정된 것은 압류채권자에 대항할 수 없게 하는 대항요건의 원칙에 따라 처리한다.[4]

2) 잉여주의(剩餘主義) 채택

민사집행법은 매각조건으로 잉여주의를 채택하고 있다.[5]

잉여주의란 경매부동산의 매각대금으로 그 우선 부담과 경매비용을 변제하고도 남을 것이 있는 경우에 한하여 경매를 허용하고, 압류채권자가 자기의 채

---

4) 민사집행법 제91조 3항, 4항, 제92조 1항.
국세징수법 제92조 2항, 3항, 제43조 1항.

5) 민사집행법 제91조 1항, 제102조, 제268조.

권을 변제받을 가망이 없는 경매는 허용되지 않는다는 원칙을 말한다.

3) 최저매각가격 미만의 매각 불허

경매에서는 미리 결정·공고한 최저매각가격 미만의 가격으로는 매각을 허가할 수 없다. 이 조건은 이해관계인의 합의로는 바꿀 수 없다.[6]

(2) 특별매각조건

1) 법원은 법정매각조건 중 최저매각가격 외의 매각조건을 이해관계인 전원의 합의에 따라 바꿀 수 있고, 변경을 수긍할 만한 합리적인 이유가 있을 때에는 직권으로 모든 매각조건을 바꾸거나 새로운 매각조건을 부가하여 거래의 실상을 반영하거나 경매절차의 효율을 기할 수 있다.[7] 이와 같이 바뀐 매각조건을 특별매각조건이라고 한다. 일괄매각의 결정은 그 대표적 예라고 할 수 있다.

민사집행법 제98조(일괄매각결정) ① 법원은 여러 개의 부동산의 위치형태, 이용관계 등을 고려하여 이를 일괄매수하게 하는 것이 알맞다고 인정하는 경우에는 직권으로 또는 이해관계인의 신청에 따라 일괄매각하도록 결정할 수 있다.
② 법원은 부동산을 매각할 경우에 그 위치·형태·이용관계 등을 고려하여 다른 종류의 재산(금전채권을 제외한다)을 그 부동산과 함께 일괄매수하게 하는 것이 알맞다고 인정하는 때에는 직권으로 또는 이해관계인의 신청에 따라 일괄매각하도록 결정할 수 있다.
③ 제1항 및 제2항의 결정은 그 목적물에 대한 매각기일 이전까지 할 수 있다.

2) 특별매각조건에 따라 매수인이 인수하여야 할 권리로 정한 경우에는 원

6) 민사집행법 제110조 ① 최저매각가격 외의 매각조건은 법원이 이해관계인의 합의에 따라 바꿀 수 있다.
7) 민사집행법 제110조, 제111조.

래 소멸될 권리도 소멸되지 않고 매수인이 인수한다.

4. 매각의 효과(대금완납의 효과)

(1) 매수인의 소유권 취득

매수인이 매각대금을 다 낸 때에는 경매개시결정에 이의사유가 있어도 이의신청을 할 수 없으며,[8] 매수인은 매각의 목적인 부동산의 소유권을 취득한다.[9] 경매에 의한 소유권 취득은 원시취득이 아니라 승계취득이다.[10]

경매에 의한 소유권 취득은 승계취득이므로 매각부동산이 채무자의 소유가 아닌 때, 예컨대 채무자 명의의 등기가 뒤에 원인무효이고 제3자 소유임이 밝혀진 경우에는 매수인은 유효하게 부동산을 취득할 수 없다.[11]

예 시

① 권리관계

2015. 7. 17. A 소유권 보존
2018. 3. 25. B 가처분
2019. 4. 19. C 근저당
2021. 5. 18. D 근저당
2022. 8. 15. E 전세권
2023. 6. 25. D 임의경매 개시결정
2024. 1. 31. G 매수

8) 민사집행법 제86조 1항, 제268조.
9) 민사집행법 제135조, 제268조.
10) 대법원 1991. 8. 27. 선고 91다3703 판결.
11) 이시윤, 신민사집행법 321쪽.

② 해 설

C근저당이 말소기준등기가 된다. 따라서 C근저당을 포함하여 그 뒤에 존재하는 권리 D, E는 모두 소멸한다. 그러나 위 말소기준등기는 선순위인 B가처분에 대해서는 대항할 수 없으므로, B가처분은 매수인에게 인수된다. 선순위인 B가처분(假處分)의 승소본안판결에 의하여 매수인G는 소유권을 잃을 수 있다.

(2) 경매의 공신력 유무

1) 강제경매의 공신력

강제경매는 공신력이 있다. 강제경매는 집행력 있는 정본이 존재하는 경우에 한하여 국가의 강제집행권의 실행으로서 실시되는 점에서, 일단 확정판결에 터 잡아 경매절차가 완결된 때에는, 뒷날 그 집행권원에 표상된 실체법상의 청구권이 당초부터 부존재 또는 무효라든가, 경매절차가 진행 중에 변제 등의 사유로 인하여 소멸하였거나, 심지어 확정판결이 재심에서 취소되었다 하더라도 매수인은 유효하게 목적부동산의 소유권을 취득한다.[12)]

2) 임의경매의 공신력

① 이에 반하여 임의경매는 원칙적으로 공신력이 없다. 임의경매는 담보권자의 담보권 실행을 국가기관이 대행하는 것에 불과하므로 경매의 기초인 담보권에 부존재, 무효, 피담보채권의 소멸 등과 같은 실체법상의 흠이 있는 경우에는 그것이 매각의 효력에 영향을 미치기 때문이다.[13)]

따라서, 피담보채권이나 저당권의 소멸, 무효, 부존재 같은 실체법상의 권리에 흠이 있는 경우, 예를 들어 원인무효의 소유권이전등기에 기하여 저당권설정등기를 한 경우에는 비록 매각허가결정이 확정되어 매수인이 매각대금을 다 내

12) 사법연수원, 민사집행법 250쪽, 대법원 1996. 12. 20. 선고 96다42628 판결 등.
13) 사법연수원, 민사집행법 250쪽.

고 소유권이전등기를 넘겨받았다 하더라도 매수인은 목적부동산의 소유권을 취득하지 못한다.[14)]

② 다만, 매수인 지위의 안정을 위하여 민사집행법 제267조는 "대금완납에 따른 매수인의 부동산 취득은 담보권 소멸로 영향을 받지 아니한다."고 규정함으로써, 임의경매에서도 부분적으로 공신력을 인정하고 있다. 이 규정을 대법원은 경매개시결정 전과 후를 구별하여, 일단 실체상 존재하는 저당권에 터 잡아 경매개시결정이 내려진 뒤에는 이후 피담보채권이나 저당권이 변제 등으로 소멸되었더라도 경매절차가 취소 또는 정지되지 아니한 채 진행된 결과, 매각허가결정이 확정되고 매각대금이 모두 지급된 경우에는 매수인이 적법하게 목적부동산의 소유권을 취득하도록 한 것이라고 해석한다. 따라서 채무자는 매수인의 권리취득을 다투지 못한다.[15)]

(3) 담보책임

매수인은 취득한 경매부동산에 권리의 하자가 나타날 경우에는 일반매매에 준하여 민법 제578조에 따른 담보책임을 추궁할 수 있다.[16)]

14) 대법원 1999. 2. 9. 선고 98다51855 판결 등.
15) 대법원 1992. 11. 11. 자 92마719 결정, 대법원 2001. 2. 27. 선고 2000다44348 판결 등.
16) 민법 제578조(경매와 매도인의 담보책임) ① 경매의 경우에는 경락인은 전8조의 규정에 의하여 채무자에게 계약의 해제 또는 대금감액의 청구를 할 수 있다.
② 전항의 경우에 채무자가 자력이 없는 때에는 경락인은 대금의 배당을 받은 채권자에 대하여 그 대금전부나 일부의 반환을 청구할 수 있다.
③ 전2항의 경우에 채무자가 물건 또는 권리의 흠결을 알고 고지하지 아니하거나 채권자가 이를 알고 경매를 청구한 때에는 경락인은 그 흠결을 안 채무자나 채권자에 대하여 손해배상을 청구할 수 있다.

예시

① 권리관계

2015. 7. 17. A 소유권 보존

2018. 3. 25. B 근저당

2019. 4. 19. C 주택임차인 인도+주민등록전입신고+확정일자

2021. 5. 18. D 가압류

2022. 8. 15. E 가압류

2023. 6. 25. D 강제경매 개시결정

2024. 1. 31. G 매수

② 해 설

본건의 경우, 원래대로 경매절차가 유효하게 진행되어 매수인G가 매각대금을 완납하였다면, B근저당이 말소기준등기가 되어 B근저당을 포함하여 그 뒤에 존재하는 권리 C, D, E는 모두 소멸한다. 또한 말소기준등기보다 앞선 선순위 권리도 없으므로, 매수인G는 인수해야 할 부담이 없는 안전한 부동산의 소유권을 취득한다. 특히 우선변제권 취득시점이 말소기준등기보다 후순위인 C주택임차권은 소멸되고, 배당절차에서 순위에 따른 우선변제권이 인정될 뿐이다.

한편, 매수인G가 위와 같은 권리분석에 기초하여 목적부동산을 매수하였으나 B근저당의 소멸로 C임차권의 대항력이 존속하는 것으로 변경된 경우 이 순위변경 사실을 매수인에게 고지하지 아니하여 이와 같은 사정을 모른 채 매수인G가 매각대금을 완납하였다면, 채무자는 매수인G에게 민법 제578조 3항에 따른 손해배상책임을 진다.[17]

17) 대법원 2003. 4. 25. 선고 2002다70075 판결.

제 2 장
부동산의 권리분석 총설

1. 권리분석(매각부동산 위의 부담 처리)에 관한 입법주의

(1) 소제주의(소멸주의)

소제주의는 부동산 위의 부담을 매각에 의하여 소멸시키고, 매수인으로 하여금 부담 없는 부동산을 취득하게 하는 입법주의를 말한다.

(2) 인수주의

인수주의는 부동산 위의 부담을 매각에 의하여 소멸시키지 않고, 그대로 매수인에게 인수시키는 것을 내용으로 하는 입법주의를 말한다.

(3) 현행법의 입장: 원칙적으로 소제주의적 입장

현행법은 매각대금을 높이고 매수인의 지위를 안정시키기 위해 원칙적으로 담보권과 압류채권에 관하여 소제주의를 채택, 매각으로 소멸케 한다. 또한 부동산 위에 존재하는 용익권이나 담보권 가운데 압류등기 후에 설정된 것은 압류채권자에 대항할 수 없게 하는 대항요건의 원칙에 따라 처리한다.

1) 민사집행법 제91조 ② 매각부동산 위의 모든 저당권은 매각으로 소멸된다. ③ 지상권·지역권·전세권 및 등기된 임차권은 저당권·압류채권·가압류채권에 대항할 수 없는 경우에는 매각으로 소멸된다.

④ 제3항의 경우 외의 지상권·지역권·전세권 및 등기된 임차권은 매수인이 인수한다. 다만, 그중 전세권의 경우에는 전세권자가 제88조에 따라 배당요구를 하면 매각으로 소멸된다.

2) 국세징수법 제92조 ① 공매재산에 설정된 모든 질권·저당권 및 가등기담보권은 매각으로 소멸된다. ② 지상권·지역권·전세권 및 등기된 임차권 등은 압류채권(압류와 관계되는 국세를 포함한다)·가압류채권 및 제1항에 따라 소멸하는 담보물권에 대항할 수 없는 경우에는 매각으로 소멸된다. ③ 제2항 외의 경우 지상권·지역권·전세권 및 등기된 임차권 등은 매수인이 인수한다. 다만, 제76조 제2항에 따라 전세권자가 배분요구를 한 전세권의 경우에는 매각으로 소멸된다.

2. 이른바 말소기준권리의 의의와 종류

(1) 말소기준등기의 의의와 법리

매각부동산 위의 부담 처리(이하 권리분석이라 한다.)에 관한 위와 같은 민사집행법 및 국세징수법의 규정과 법리를 근거로, 실무에서는 말소기준등기라는 개념을 도출하여 일반적으로 두루 쓰고 있다.

말소기준등기라 함은 매각부동산에 존재하는 제반 권리에 대한 말소여부를 결정하는 등기를 말하며, 구체적으로 저당권, 압류 등 선후순위에 관계없이 무조건 말소되는 등기 중 시간적으로 가장 앞선 등기를 말한다.[1)]

말소기준권리를 포함하여 그 뒤에 존재하는 권리는 모두 소멸한다. 선순위 저당권이 확보한 담보가치 또는 선순위 압류의 처분금지 효력이 후순위 용익권 등에 의해 손상되지 않도록 보장해 주어야 하기 때문이다.[2)]

(2) 말소기준등기의 종류

1) 저당권 등 담보권 등기

저당권,[3)] 근저당권,[4)] 권리질권,[5)] 가등기담보권[6)] 등 담보권등기는 선후순위

---

1) 민사집행법 제105조(매각물건명세서 등) ① 법원은 다음 각 호의 사항을 적은 매각물건명세서를 작성하여야 한다.
1. 부동산의 표시
2. 부동산의 점유자와 점유의 권원, 점유할 수 있는 기간, 차임 또는 보증금에 관한 관계인의 진술
3. 등기된 부동산에 대한 권리 또는 가처분으로서 매각으로 그 효력을 잃지 아니 하는 것
4. 매각에 따라 설정된 것으로 보게 되는 지상권의 개요
② 법원은 매각물건명세서·현황조사보고서 및 평가서의 사본을 법원에 비치하여 누구든지 볼 수 있도록 하여야 한다.

2) 민사집행법 제91조 2항, 3항, 4항, 제92조 1항 및 국세징수법 제92조 1항, 2항, 3항, 제43조 1항.

3) 저당권은 채무자 또는 제3자(물상보증인)가 점유를 이전하지 아니하고 채무의 담보로 제공한 부동산에 대하여, 채무의 변제가 없는 경우에 그 목적물로부터 다른 채권자보다 자기채권의 우선변제를 받는 물권이다(민법 제356조).

4) 근저당권이란 그 담보할 채무의 최고액만을 정하고, 채무의 확정을 장래에 보류하여 설정한 변형된 모습의 저당권을 말하며, 현실 저당권의 대부분이 이에 속한다. 근저당의 경우, 그 확정될 때까지의 채무의 소멸 또는 이전은 저당권에 영향을 미치지 아니하고, 채무의 이자는 최고액 중에 산입한 것으로 본다(민법 제357조).

5) 권리질권은 재산권에 설정하는 질권을 말하며, 부동산 물권 중에서 저당권, 근저당권, 가등기담보권에만 설정될 수 있다(민법 제345조, 제348조).

6) 가등기담보권 또는 담보가등기(擔保假登記)란 채권담보의 목적으로 차용물의 반환에 갈음하여 다른 재산권을 이전할 것을 예약한 가등기를 말한다(가등기담보 등에 관한 법률 제1조).

에 관계없이 무조건 소멸된다.[7] 저당권 등 위 담보권은 오로지 금전채권을 담보하기 위해 설정된 것이기 때문이다.

② 따라서 위 담보권 등기 중 시간적으로 가장 앞선 등기가 말소기준등기이고, 말소기준권리를 포함하여 그 뒤에 존재하는 권리는 모두 소멸한다. 선순위 저당권이 확보한 담보가치가 후순위 용익권 등에 의해 손상되지 않도록 보장해 주어야 하기 때문이다.

③ 말소기준등기의 법리는 현 등기명의자인 채무자에 대해서만 적용된다. 따라서 전소유자 때 설정된 권리들은 원칙적으로 말소기준등기가 될 수 없고, 매수인의 인수대상이 된다.

그러나 민사집행법 제91조 2항 및 국세징수법 제92조 1항에서 "매각부동산 위에 설정된 모든 저당권 및 가등기담보권은 매각으로 소멸된다."는 특칙을 규정함으로써, 저당권은 예외적으로 전소유자 때 설정된 것이라 하더라도 말소기준등기가 된다.

2) 압류, 가압류,[8] 경매개시결정등기(압류)[9]

① 압류, 가압류, 경매개시결정등기는 선후순위에 관계없이 무조건 말소된다(민사집행법 제148조 1호, 3호).[10] 위 압류 등 등기의 목적이 금전채권을 보

---

7) 민사집행법 제91조 2항, 국세징수법 제92조 1항, 가등기담보 등에 관한 법률 제15조.

8) 가압류란 금전채권에 관하여 장래의 강제집행을 보전하기 위한 수단으로 하는 등기를 말하며, 미리 채무자의 재산을 압류하여 그 처분권을 빼앗기 위한 목적으로 행한다.

9) 민사집행법 제83조(경매개시결정 등) ① 경매절차를 개시하는 결정에는 동시에 그 부동산의 압류를 명하여야 한다. ② 압류는 부동산에 대한 채무자의 관리·이용에 영향을 미치지 아니한다.

10) 민사집행법 제148조(배당받을 채권자의 범위) 배당받을 채권자는 다음 각호에 규정된 사람으로 한다.
1. 배당요구의 종기까지 경매신청을 한 압류채권자
2. 배당요구의 종기까지 배당요구를 한 채권자
3. 첫 경매개시결정등기전에 등기된 가압류채권자
4. 저당권·전세권, 그 밖의 우선변제청구권으로서 첫 경매개시결정등기 전에 등기되었고 매각으로 소멸하는 것을 가진 채권자

전하기 위한 것인 점에서, 저당권과 다르지 않기 때문이다.

② 따라서 위 압류 등 등기 중 시간적으로 가장 앞선 등기가 말소기준등기이고, 말소기준권리를 포함하여 그 뒤에 존재하는 권리는 모두 소멸한다. 선순위 압류의 처분금지 효력[11]이 후순위 용익권 등에 의해 손상되지 않도록 보장해 주어야 하기 때문이다.

③ 말소기준등기의 법리는 현 등기명의자인 채무자에 대해서만 적용된다. 따라서 전소유자 때 기입된 압류채권과 가압류채권은 원칙적으로 말소기준등기가 될 수 없고, 매수인의 인수대상이 된다.[12]

11) 민사집행법 제92조 1항, 국세징수법 제43조 1항.
12) 대법원 2007. 4. 13. 선고 2005다8682 판결 등 참조.

제 3 장

담보권(저당권, 근저당권, 권리질권, 가등기담보권)의 권리분석

1. 요 약

저당권, 근저당권, 권리질권은 담보물권으로서 등기의 선후순위에 관계없이 무조건 소멸된다.[1] 저당권 등 위 담보물권은 오로지 금전채권을 담보하기 위해 설정된 것이기 때문이다.

가등기담보법은 담보가등기권리를 저당권으로 보고, 그 담보가등기를 마친 때에 그 저당권의 설정등기가 행하여진 것으로 본다.[2][3]

따라서 저당권 등 담보권의 말소기준등기는 위 담보권 등기 중 시간적으로 가장 앞선 등기이고, 말소기준권리를 포함하여 그 뒤에 존재하는 권리는 모두

1) 민사집행법 제91조 2항, 국세징수법 제92조 1항, 가등기담보 등에 관한 법률 제15조.
2) 가등기담보법 제13조(우선변제청구권) 담보가등기를 마친 부동산에 대하여 강제경매 등이 개시된 경우에 담보가등기권리자는 다른 채권자보다 자기채권을 우선변제 받을 권리가 있다. 이 경우 그 순위에 관하여는 그 담보가등기권리를 저당권으로 보고, 그 담보가등기를 마친 때에 그 저당권의 설정등기(設定登記)가 행하여진 것으로 본다.
3) 가등기담보법 제15조(담보가등기권리의 소멸) 담보가등기를 마친 부동산에 대하여 강제경매등이 행하여진 경우에는 담보가등기권리는 그 부동산의 매각에 의하여 소멸한다.

소멸한다. 선순위 저당권 등이 확보한 담보가치가 후순위 용익권 등에 의해 손상되지 않도록 보장해 주어야하기 때문이다.

2. 담보권의 권리분석 연습 1(소유권 변동이 없는 경우)

(1) 사례 1

1) 권리관계

2015. 7. 17. A 소유권 보존
2018. 3. 25. B 근저당
2019. 4. 19. C 근저당
2021. 5. 18. D 가압류
2022. 8. 15. E 근저당
2023. 6. 25. F 근저당
2024. 1. 31. B 임의경매 개시결정

2) 해 설

B근저당이 말소기준등기가 된다. 따라서 B근저당을 포함하여 그 뒤에 존재하는 권리 C, D, E, F는 모두 소멸한다. 또한 말소기준등기보다 앞선 선순위 권리도 없으므로, 본건은 매수인이 인수해야 할 부담이 없는 안전한 물건이다.

(2) 사례 2

1) 권리관계

2015. 7. 17. A 소유권 보존

2018. 3. 25. B 근저당
2019. 4. 19. C 전세권
2021. 5. 18. D 가압류
2022. 8. 15. E 근저당
2023. 6. 25. F 근저당
2024. 1. 31. E 임의경매 개시결정

2) 해 설

B근저당이 말소기준등기가 된다. 따라서 B근저당을 포함하여 그 뒤에 존재하는 권리 C, D, E, F는 모두 소멸한다. 또한 말소기준등기보다 앞선 선순위 권리도 없으므로, 본건은 매수인이 인수해야 할 부담이 없는 안전한 물건이다.

(3) 사례 3

1) 권리관계

2015. 7. 17. A 소유권 보존
2018. 3. 25. B 지상권
2019. 4. 19. C 가등기담보권(담보가등기)
2021. 5. 18. D 근저당
2022. 8. 15. E 근저당
2023. 6. 25. F 근저당
2024. 1. 31. D 임의경매 개시결정

2) 해 설

가등기담보권 또는 담보가등기(擔保假登記)란 채권담보의 목적으로 차용물의 반환에 갈음하여 다른 재산권을 이전할 것을 예약한 가등기를 말한다(매매

대금채권, 공사대금채권, 손해배상채권 등 담보를 위한 가등기는 담보가등기가 아님).

담보가등기를 마친 부동산에 대하여 강제경매등이 개시된 경우에 담보가등기권리자는 다른 채권자보다 자기채권을 우선변제 받을 권리가 있다. 이 경우 그 순위에 관하여는 그 담보가등기권리를 저당권으로 보고, 그 담보가등기를 마친 때에 그 저당권의 설정등기(設定登記)가 행하여진 것으로 본다.[4)]

C담보가등기가 말소기준등기가 된다. 따라서 C담보가등기를 포함하여 그 뒤에 존재하는 권리 D, E, F는 모두 소멸한다. 그러나 위 말소기준등기는 선순위인 B의 지상권에 대해서는 대항할 수 없으므로, B의 지상권은 매수인에게 인수된다.

(4) 사례 4

1) 권리관계

2015. 7. 17. A 소유권 보존
2018. 3. 25. B 전세권
2019. 4. 19. C 보전가등기
2021. 5. 18. D 근저당
2022. 8. 15. E 가압류
2023. 6. 25. F 가처분
2024. 1. 31. D 임의경매 개시결정

2) 해 설

D근저당이 말소기준등기가 된다. 따라서 D근저당을 포함하여 그 뒤에 존재하는 권리 E, F는 모두 소멸한다. 그러나 위 말소기준등기는 선순위인 B전세권

4) 가등기담보 등에 관한 법률 제13조.

과 C보전가등기에 대해서는 대항할 수 없으므로, B전세권과 C보전가등기는 매수인에게 인수된다.

3. 담보권의 권리분석 연습 2(소유권이 변동된 경우)

(1) 사례 1

1) 권리관계

2015. 7. 17. A 소유권 보존
2018. 3. 25. B 근저당
2019. 4. 19. C 소유권 이전
2021. 5. 18. D 근저당
2022. 8. 15. E 근저당
2023. 6. 25. F 가압류
2024. 1. 31. B 임의경매 개시결정

2) 해 설

말소기준등기의 법리는 현 등기명의자인 채무자에 대해서만 적용된다. 따라서 전소유자 때 설정된 권리들은 원칙적으로 말소기준등기가 될 수 없고, 매수인의 인수대상이 된다.

그러나 민사집행법 제91조 2항 및 국세징수법 제92조 1항에서 "매각부동산 위에 설정된 모든 저당권 및 가등기담보권은 매각으로 소멸된다."는 특칙을 규정함으로써, 저당권은 예외적으로 전소유자 때 설정된 것이라 하더라도 말소기준등기가 된다.

본건의 경우, B근저당권은 소유권자의 변동여하에 불구하고 여전히 말소기준등기가 된다. 따라서 B근저당을 포함하여 그 뒤에 존재하는 권리 C, D, E, F

는 모두 소멸한다. 또한 말소기준등기보다 앞선 선순위 권리도 없으므로, 매수인이 인수해야 할 부담이 전혀 없다.

(2) 사례 2

1) 권리관계

2015. 7. 17. A 소유권 보존
2018. 3. 25. B 근저당
2019. 4. 19. C 소유권 이전
2021. 5. 18. D 근저당
2022. 8. 15. E 근저당
2023. 6. 25. F 가압류
2024. 1. 31. E 임의경매 개시결정

2) 해 설

근저당권자 D가 현 소유자 C를 채무자로 하여 임의경매를 실행하는 경우, 말소기준등기의 법리는 현 채무자에 대해서만 적용될 뿐, 전 채무자에 대하여는 적용될 수 없으므로, 전소유자 때 설정된 권리들은 원칙적으로 말소기준등기가 될 수 없고, 매수인의 인수대상이 된다.

그러나 민사집행법 제91조 2항 및 국세징수법 제92조 1항에서 "매각부동산 위에 설정된 모든 저당권 및 가등기담보권은 매각으로 소멸된다."는 특칙을 규정함으로써, 저당권은 예외적으로 전소유자 때 설정된 것이라 하더라도 말소기준등기가 된다.

그러므로 본건의 경우 B근저당이 말소기준등기가 된다. 그 결과 B 근저당을 포함하여 그 뒤에 존재하는 권리 C, D, E, F는 모두 소멸한다. 또한 말소기준등기보다 앞선 선순위 권리도 없으므로, 본건은 매수인이 인수해야 할 부담이 없는 안전한 물건이다.

(3) 사례 3

1) 권리관계

2015. 7. 17. A 소유권 보존
2018. 3. 25. B 근저당
2019. 4. 19. C 소유권 이전
2021. 5. 18. D 근저당
2022. 8. 15. E 가압류
2023. 6. 25. F 등기된 임차권
2024. 1. 31. E 강제경매 개시결정

2) 해 설

가압류채권자 E가 현 소유자 C를 채무자로 하여 강제경매를 실행하는 경우, 말소기준등기의 법리는 현 채무자에 대해서만 적용될 뿐, 전 채무자에 대하여는 적용될 수 없으므로, 따라서 전소유자 때 설정된 권리들은 원칙적으로 말소기준등기가 될 수 없고, 매수인의 인수대상이 된다.

그러나 민사집행법 제91조 2항 및 국세징수법 제92조 1항에서 "매각부동산 위에 설정된 모든 저당권 및 가등기담보권은 매각으로 소멸된다."는 특칙을 규정함으로써, 저당권은 예외적으로 전소유자 때 설정된 것이라 하더라도 말소기준등기가 된다.

그러므로 본건의 경우 B근저당이 말소기준등기가 된다. 그 결과 B 근저당을 포함하여 그 뒤에 존재하는 권리는 모두 소멸한다. 또한 말소기준등기보다 앞선 선순위 권리도 없으므로, 본건은 매수인이 인수해야 할 부담이 없는 안전한 물건이다.

제 4 장
압류, 가압류, 경매개시결정등기(압류)의 권리분석

1. 요 약

압류, 가압류, 경매개시결정등기는 선후순위에 관계없이 무조건 말소된다(민사집행법 제148조 1호, 3호).[1] 위 압류 등 등기의 목적이 금전채권을 보전하기 위한 것인 점에서, 저당권과 다르지 않기 때문이다.

따라서 위 압류 등 등기의 말소기준등기는 위 압류 등 등기 중 시간적으로 가장 앞선 등기이고, 말소기준권리를 포함하여 그 뒤에 존재하는 권리는 모두 소멸한다. 선순위 압류의 처분금지 효력[2]이 후순위 용익권 등에 의해 손상되지

---

1) 민사집행법 제148조(배당받을 채권자의 범위) 배당받을 채권자는 다음 각호에 규정된 사람으로 한다.
   1. 배당요구의 종기까지 경매신청을 한 압류채권자
   2. 배당요구의 종기까지 배당요구를 한 채권자
   3. 첫 경매개시결정등기 전에 등기된 가압류채권자
   4. 저당권·전세권, 그 밖의 우선변제청구권으로서 첫 경매개시결정등기 전에 등기되었고 매각으로 소멸하는 것을 가진 채권자

2) 민사집행법 제92조 1항, 국세징수법 제43조 1항.

않도록 보장해 주어야 하기 때문이다.

다만 위 압류채권 등의 말소기준등기 법리는 현 채무자에 대해서만 적용될 뿐, 전채무자에 대하여는 적용될 수 없다. 따라서 전소유자 때 기입된 압류채권과 가압류채권은 원칙적으로 말소기준등기가 될 수 없고, 매수인의 인수대상이 된다.[3)]

2. 압류 등의 권리분석 연습 1(소유권 변동이 없는 경우)

(1) 사례 1

1) 권리관계

2015. 7. 17. A 소유권 보존
2018. 3. 25. B 가압류
2019. 4. 19. C 근저당
2021. 5. 18. D 근저당
2022. 8. 15. E 가압류
2023. 6. 25. F 가처분
2024. 1. 31. B 강제경매 개시결정

2) 해 설

B가압류가 말소기준등기가 된다. 따라서 B가압류를 포함하여 그 뒤에 존재하는 권리 C, D, E, F는 모두 소멸한다. 또한 말소기준등기보다 앞선 선순위 권리도 없으므로, 본건은 매수인이 인수해야 할 부담이 없는 안전한 물건이다.

3) 대법원 2007. 4. 13. 선고 2005다8682 판결 참조.

(2) 사례 2

1) 권리관계

2015. 7. 17. A 소유권 보존
2018. 3. 25. B 가압류
2019. 4. 19. C 가압류
2021. 5. 18. D 가압류
2022. 8. 15. E 가압류
2023. 6. 25. F 가압류
2024. 1. 31. D 강제경매 개시결정

2) 해 설

B가압류가 말소기준등기가 된다. 따라서 B가압류를 포함하여 그 뒤에 존재하는 권리 C, D, E, F는 모두 소멸한다. 또한 말소기준등기보다 앞선 선순위 권리도 없으므로, 본건은 매수인이 인수해야 할 부담이 없는 안전한 물건이다.

(3) 사례 3

1) 권리관계

2015. 7. 17. A 소유권 보존
2018. 3. 25. B 세무서장 압류
2019. 4. 19. C 가압류
2021. 5. 18. D 가압류
2022. 8. 15. E 가압류
2023. 6. 25. F 가압류
2024. 1. 31. C 강제경매 개시결정

2) 해 설

B세무서장 압류가 말소기준등기가 된다. 따라서 B압류를 포함하여 그 뒤에 존재하는 권리 C, D, E, F는 모두 소멸한다. 또한 말소기준등기보다 앞선 선순위 권리도 없으므로, 본건은 매수인이 인수해야 할 부담이 없는 안전한 물건이다.

3. 압류 등의 권리분석 연습 2(소유권이 변동된 경우)

(1) 사례 1

1) 권리관계

2015. 7. 17. A 소유권 보존
2018. 3. 25. B 가압류
2019. 4. 19. C 소유권 이전
2021. 5. 18. D 근저당
2022. 8. 15. E 전세권
2023. 6. 25. F 가처분
2024. 1. 31. B 강제경매 개시결정

2) 해 설

가압류채권자 B가 전소유자 A를 채무자로 하여 강제경매를 실행하는 경우, B가압류는 소유권자의 변동여하에 불구하고 여전히 처분금지의 효력을 가지므로, B가압류가 말소기준등기가 된다. 따라서 B가압류를 포함하여 그 뒤에 존재하는 권리 C, D, E, F는 모두 소멸한다. 또한 말소기준등기보다 앞선 선순위 권리도 없으므로, 본건은 매수인이 인수해야 할 부담이 없는 안전한 물건이다.

(2) 사례 2

1) 권리관계

2015. 7. 17. A 소유권 보존
2018. 3. 25. B 가압류
2019. 4. 19. C 소유권 이전
2021. 5. 18. D 구청장 압류
2022. 8. 15. E 가압류
2023. 6. 25. F 가압류
2024. 1. 31. F 강제경매 개시결정

2) 해 설

가압류채권자 F가 현 소유자 C를 채무자로 하여 강제경매를 실행하는 경우, 말소기준등기의 법리는 현 채무자 C에 대해서만 적용될 뿐, 전채무자 A에 대하여는 적용될 수 없으므로, 따라서 전소유자 A 때 기입된 B가압류는 원칙적으로 말소기준등기가 될 수 없고, 매수인의 인수대상이 된다.[4]

결국 D구청장의 압류가 말소기준등기가 된다. 그 결과 D압류를 포함하여 그 뒤에 존재하는 권리 E, F는 모두 소멸한다.

한편, 대법원은 B가압류도 배당에 참가할 수 있다고 판시한다.[5] 이에 따라 전소유자 A에 대한 B가압류가 소멸되는 것을 매각조건으로 하여, 가압류채권자 F가 현 소유자 C를 채무자로 하여 강제경매를 실행하는 경우, 가압류채권자 B는 독점적 배당우선권을 갖게 되어 그 매각대금에서 가압류결정 당시의 청구금액을 한도로 하여 배당을 받을 수 있다. 그러나 현 소유자 C의 채권자 D, E, F는 그 잔여액에 한해서만 배당받을 수 있을 뿐, 위 매각대금 중 B가압류의 처분

4) 대법원 2007. 4. 13. 선고 2005다8682 판결 등 참조.
5) 대법원 2007. 4. 13. 선고 2005다8682 판결.

금지적 효력이 미치는 범위의 금액에 대하여는 배당을 받을 수 없다.[6)]

(3) 사례 3

1) 권리관계

2015. 7. 17. A 소유권 보존
2018. 3. 25. B 세무서장 압류
2019. 4. 19. C 소유권 이전
2021. 5. 18. D 근저당
2022. 8. 15. E 가압류
2023. 6. 25. F 가압류
2024. 1. 31. D 임의경매 개시결정

2) 해 설

근저당권자 D가 현 소유자 C를 채무자로 하여 임의경매를 실행하는 경우, 말소기준등기의 법리는 현 채무자에 대해서만 적용될 뿐, 전채무자 A에 대하여는 적용될 수 없으므로, 따라서 전소유자 A 때 기입된 B세무서장 압류는 원칙적으로 말소기준등기가 될 수 없고, 매수인의 인수대상이 된다.

결국 D근저당이 말소기준등기가 된다. 그 결과 D근저당을 포함하여 그 뒤에 존재하는 권리 E, F는 모두 소멸한다.

한편, 전소유자 A에 대한 B압류가 소멸되는 것을 매각조건으로 하여, 근저당권자 D가 현 소유자 C를 채무자로 하여 임의경매를 실행하는 경우, 세무서장 B는 그 매각대금에서 압류결정 당시의 압류금액을 한도로 하여 배분을 받을 수 있고, 현 소유자 C의 채권자 D, E, F는 위 매각대금 중 B압류의 처분금지적 효력이 미치는 범위의 금액에 대하여는 배당을 받을 수 없다.

6) 대법원 2006. 7. 28. 선고 2006다19986 판결 참조.

(4) 사례 4

1) 권리관계

2015. 7. 17. A 소유권 보존
2018. 3. 25. B 근저당
2019. 4. 19. C 가압류
2021. 5. 18. D 소유권 이전
2022. 8. 15. E 가압류
2023. 6. 25. F 가압류
2024. 1. 31. E 강제경매 개시결정

2) 해 설

가압류채권자 E가 현 소유자 D를 채무자로 하여 강제경매를 실행하는 경우, 말소기준등기의 법리는 현 채무자에 대해서만 적용될 뿐, 전 채무자에 대하여는 적용될 수 없으므로, 따라서 전소유자 A 때 설정된 권리들은 원칙적으로 말소기준등기가 될 수 없고, 매수인의 인수대상이 된다

그러나 민사집행법 제91조 2항 및 국세징수법 제92조 1항에서 "매각부동산 위에 설정된 모든 저당권 및 가등기담보권은 매각으로 소멸된다."는 특칙을 규정함으로써, 저당권은 예외적으로 전소유자 때 설정된 것이라 하더라도 말소기준등기가 된다.

그러므로 본건의 경우 B근저당이 말소기준등기가 된다. 그 결과 B 근저당을 포함하여 그 뒤에 존재하는 권리 C, D, E, F는 모두 소멸한다. 또한 말소기준등기보다 앞선 선순위 권리도 없으므로, 본건은 매수인이 인수해야 할 부담이 없는 안전한 물건이다.

(5) 사례 5

1) 권리관계

2015. 7. 17. A 소유권 보존
2018. 3. 25. B 가압류
2019. 4. 19. C 가압류
2021. 5. 18. D 소유권 이전
2022. 8. 15. E 가압류
2023. 6. 25. F 가압류
2024. 1. 31. F 강제경매 개시결정

2) 해 설

가압류채권자 F가 현 소유자 D를 채무자로 하여 강제경매를 실행하는 경우, 말소기준등기의 법리는 현 채무자에 대해서만 적용될 뿐, 전체무지 A에 대하여는 적용될 수 없으므로, 따라서 전소유자 A 때 기입된 B, C 각 가압류는 원칙적으로 말소기준등기가 될 수 없고, 매수인의 인수대상이 된다.[7)]

결국 E가압류가 말소기준등기가 된다. 그 결과 E가압류를 포함하여 그 뒤에 존재하는 권리 F가압류는 모두 소멸한다.

한편, 전소유자 A에 대한 B, C 각 가압류가 소멸되는 것을 매각조건으로 하여, 가압류채권자 F가 현 소유자 D를 채무자로 하여 강제경매를 실행하는 경우, 가압류채권자 B 및 C는 그 매각대금에서 가압류결정 당시의 청구금액을 한도로 하여 배당을 받을 수 있고, 현 소유자 D의 채권자 E, F는 위 매각대금 중 B, C 각 가압류의 처분금지적 효력이 미치는 범위의 금액에 대하여는 배당을 받을 수 없다.[8)]

7) 대법원 2007. 4. 13. 선고 2005다8682 판결 참조.
8) 대법원 2006. 7. 28. 선고 2006다19986 판결 참조.

(6) 사례 6

1) 권리관계

2015. 7. 17. A 소유권 보존
2018. 3. 25. B 담보가등기
2019. 4. 19. C 근저당
2021. 5. 18. D 소유권 이전
2022. 8. 15. E 가압류
2023. 6. 25. F 가압류
2024. 1. 31. F 강제경매 개시결정

2) 해 설

가압류채권자 E가 현 소유자 D를 채무자로 하여 강제경매를 실행하는 경우, 말소기준등기의 법리는 현 채무자에 대해서만 적용될 뿐, 전 채무자에 대하여는 적용될 수 없으므로, 따라서 전소유자 A 때 설정된 권리들은 원칙적으로 말소기준등기가 될 수 없고, 매수인의 인수대상이 된다. 그러나, 저당권 등 모든 담보권 등기는 선후순위에 관계없이 무조건 소멸되므로,[9] 최선순위 담보권은 예외적으로 전소유자 때 설정된 것이라 하더라도 말소기준등기가 된다.

그러므로 본건의 경우 B담보가등기가 말소기준등기가 된다. 그 결과 B담보가등기를 포함하여 그 뒤에 존재하는 권리 C, D, E, F는 모두 소멸한다. 또한 말소기준등기보다 앞선 선순위 권리도 없으므로, 본건은 매수인이 인수해야 할 부담이 없는 안전한 물건이다.

9) 민사집행법 제91조 2항, 국세징수법 제92조 1항, 가등기담보법 제13조, 제15조.

(7) 사례 7

1) 권리관계

2015. 7. 17. A 소유권 보존
2018. 3. 25. B 가압류
2019. 4. 19. C 근저당
2021. 5. 18. D 소유권 이전
2022. 8. 15. E 근저당
2023. 6. 25. F 가압류
2024. 1. 31. F 강제경매 개시결정

2) 해 설

가압류채권자 F가 현 소유자 D를 채무자로 하여 강제경매를 실행하는 경우, 말소기준등기의 법리는 현 채무자에 대해서만 적용될 뿐, 전채무자 A에 대하여는 적용될 수 없으므로, 따라서 전소유자 A 때 기입된 B가압류는 원칙적으로 말소기준등기가 될 수 없고, 매수인의 인수대상이 된다. 그런데, 동일한 권리자일 때 설정된 후순위 저당권이 존재할 경우, 선순위 가압류와 후순위 저당권은 법리상 동순위 안분배당이 행해져야 하고,[10] 모든 저당권은 선후순위에 관계없이 무조건 소멸되므로 선순위 가압류도 말소될 수밖에 없다.

그러므로 본건의 경우, B가압류가 말소기준등기가 된다. 그 결과 B가압류를 포함하여 그 뒤에 존재하는 권리 C, D, E, F는 모두 소멸한다. 또한 말소기준등기보다 앞선 선순위 권리도 없으므로, 본건은 매수인이 인수해야 할 부담이 없는 안전한 물건이다.

10) 대법원 1994. 11. 29. 자 94마417 결정 등.

제 5 장
용익물권(지상권, 지역권, 전세권)의 권리분석

1. 요 약

(1) 용익물권[1](지상권, 지역권, 전세권)은 말소기준등기보다 선순위인 경우에는 매수인이 이를 인수하고, 후순위인 경우에는 모두 소멸한다.[2] 선순위 담보권 등이 확보한 담보가치가 후순위의 용익권에 손상되지 않도록 보장해 주어야 하기 때문이다.

(2) 선순위 전세권의 경우, 등기된 전세보증금과 그 잔여기간은 매수인이 그대로 인수해야 한다. 다만, 선순위 전세권자는 선택적으로 배당요구를 할 수 있고, 배당요구를 하는 경우 전세권은 전세보증금 전액 배당여부 및 그 존속기간과 무관하게 소멸한다.[3]

1) 용익물권이란 타인의 부동산을 점유하여 사용·수익할 수 있는 물권을 말하며, 담보권과 달리 말소기준등기가 될 수 없다.
2) 민사집행법 제91조 3항, 4항, 국세징수법 제92조 2항, 3항.
3) 민사집행법 제91조 4항 단서, 국세징수법 제92조 3항 단서, 대법원 2010. 6. 24. 선고 2009다40790 판결.

선순위 전세권자의 배당요구에 의해 전세권이 소멸하는 것과 관련하여, 이 경우에는 전세권이 말소기준등기가 된다는 주장이 많다.[4] 그러나 전세권이 본질적으로는 용익물권임에도 불구하고 선순위 전세권자에게 선택적 배당요구권을 부여한 것은 오로지 전세권의 담보물권성[5]과 경매절차의 간명성을 고려한 특별한 조치에 불과할 뿐, 이에 전세권의 말소기준등기성을 인정해야 할 어떠한 법리도 찾기 어렵다. 더욱이 전세권자의 선택적 권리에 불과한 배당요구권의 행사 여하에 따라 후순위 권리의 운명이 결정되는 것은 법적 안정성의 이념에도 크게 어긋난다. 결국, 비록 최선순위에 속한 전세권이라도 말소기준등기는 될 수 없다. 따라서 최선순위 전세권과 말소기준등기와의 사이에 존재하고 있는 보전가등기, 가처분권 등은 말소되지 않고 그대로 매수인에게 인수된다.[6]

2. 지상권[7]의 권리분석 연습

(1) 사례 1

1) 권리관계

2015. 7. 17. A 소유권 보존
2018. 3. 25. B 근저당
2019. 4. 19. C 지상권
2021. 5. 18. D 가압류
2022. 8. 15. E 가압류

4) 김길웅, 부동산경매실무 128쪽, 장건, 실전부동산경매 312쪽 등.
5) 판례는 임차권에도 담보물권성을 인정한다(대법원 2002. 2. 26. 선고 99다67079 판결).
6) 이승길, 부동산경매 실전분석 69쪽.
7) 민법 제279조(지상권의 내용) 지상권은 타인의 토지에 건물 기타 공작물이나 수목을 소유하기 위하여 그 토지를 사용하는 권리이다.

2023. 6. 25. F 가처분
2024. 1. 31. D 강제경매 개시결정

2) 해 설

B근저당이 말소기준등기가 된다. 따라서 B근저당을 포함하여 그 뒤에 존재하는 권리 C, D, E, F는 모두 소멸한다. 또한 말소기준등기보다 앞선 선순위 권리도 없으므로, 본건은 매수인이 인수해야 할 부담이 없는 안전한 물건이다.

(2) 사례 2

1) 권리관계

2015. 7. 17. A 소유권 보존
2018. 3. 25. B 지상권
2019. 4. 19. C 가압류
2021. 5. 18. D 가압류
2022. 8. 15. E 가압류
2023. 6. 25. F 가처분
2024. 1. 31. D 강제경매 개시결정

2) 해 설

C가압류가 말소기준등기가 된다. 따라서 C가압류를 포함하여 그 뒤에 존재하는 권리 D, E, F는 모두 소멸한다. 그러나 위 말소기준등기는 선순위인 B지상권에 대해서는 대항할 수 없으므로, B지상권은 매수인에게 인수된다.

3. 지역권[8]의 권리분석 연습

(1) 사례 1

1) 권리관계

2015. 7. 17. A 소유권 보존
2018. 3. 25. B 근저당
2019. 4. 19. C 지역권
2021. 5. 18. D 가압류
2022. 8. 15. E 가압류
2023. 6. 25. F 가처분
2024. 1. 31. D 강제경매 개시결정

2) 해 설

B근저당이 말소기준등기가 된다. 따라서 B근저당을 포함하여 그 뒤에 존재하는 권리 C, D, E, F는 모두 소멸한다. 또한 말소기준등기보다 앞선 선순위 권리도 없으므로, 본건은 매수인이 인수해야 할 부담이 없는 안전한 물건이다.

(2) 사례 2

1) 권리관계

2015. 7. 17. A 소유권 보존
2018. 3. 25. B 지역권

8) 민법 제291조(지역권의 내용) 지역권은 일정한 목적을 위하여 타인의 토지를 자기토지의 편익에 이용하는 권리를 말한다.

2019. 4. 19. C 세무서장 압류
2021. 5. 18. D 가압류
2022. 8. 15. E 가압류
2023. 6. 25. F 가처분
2024. 1. 31. D 강제경매 개시결정

2) 해 설

C세무서장 압류가 말소기준등기가 된다. 따라서 C압류를 포함하여 그 뒤에 존재하는 권리 D, E, F는 모두 소멸한다. 그러나 위 말소기준등기는 선순위인 B 지역권에 대해서는 대항할 수 없으므로 인수된다.

4. 전세권[9]의 권리분석

(1) 사례 1

1) 권리관계

2015. 7. 17. A 소유권 보존
2018. 3. 25. B 가압류
2019. 4. 19. C 근저당
2021. 5. 18. D 전세권
2022. 8. 15. E 가압류
2023. 6. 25. F 가처분
2024. 1. 31. C 임의경매 개시결정

9) 민법 제303조(전세권의 내용) ① 전세권이란 전세금을 지급하고 타인의 부동산을 점유하여 그 부동산의 용도에 좇아 사용·수익하며, 그 부동산 전부에 대하여 후순위권리자 기타 채권자보다 전세금의 우선변제를 받을 권리를 말한다.

2) 해 설

B가압류가 말소기준등기가 된다. 따라서 B가압류를 포함하여 그 뒤에 존재하는 권리 C, D, E, F는 모두 소멸한다. 또한 말소기준등기보다 앞선 선순위 권리도 없으므로, 본건은 매수인이 인수해야 할 부담이 없는 안전한 물건이다.

(2) 사례 2

1) 권리관계

2015. 7. 17. A 소유권 보존
2018. 3. 25. B 전세권
2019. 4. 19. C 근저당
2021. 5. 18. D 근저당
2022. 8. 15. E 가입류
2023. 6. 25. F 가처분
2024. 1. 31. D 임의경매 개시결정

2) 해 설

C근저당이 말소기준등기가 된다. 따라서 C근저당을 포함하여 그 뒤에 존재하는 권리 D, E, F는 모두 소멸한다. 그러나 위 말소기준등기는 선순위인 B전세권에 대해서는 대항할 수 없으므로, B전세권의 등기된 전세보증금과 그 잔여기간은 매수인이 그대로 인수해야 한다.

(3) 사례 3

1) 권리관계

2015. 7. 17. A 소유권 보존
2018. 3. 25. B 전세권(배당을 요구한 경우)
2019. 4. 19. C 근저당
2021. 5. 18. D 근저당
2022. 8. 15. E 가압류
2023. 6. 25. F 가처분
2024. 1. 31. D 임의경매 개시결정

2) 해 설

원칙적으로 용익권은 말소기준등기보다 선순위인 경우에는 매수인이 이를 인수하고, 후순위인 경우에는 모두 소멸한다.[10] 따라서 선순위 전세권의 경우, 등기된 전세보증금과 그 잔여기간은 매수인이 그대로 인수해야 한다.

다만, 선순위 전세권자는 선택적으로 배당요구를 할 수 있고, 배당요구를 하는 경우 전세권은 전세보증금 전액 배당여부 및 그 존속기간과 무관하게 소멸한다.[11]

선순위 전세권자의 배당요구에 의해 전세권이 소멸하는 것과 관련하여, 이 경우에는 전세권이 말소기준등기가 된다는 견해가 많다. 그러나 전세권이 본질적으로는 용익물권임에도 불구하고 선순위 전세권자에게 선택적 배당요구권을 부여한 것은 오로지 전세권의 담보물권성[12]과 경매절차의 간명성을 고려한 특

10) 민사집행법 제91조 3항, 4항, 국세징수법 제92조 2항, 3항.
11) 민사집행법 제91조 4항 단서, 국세징수법 제92조 3항 단서, 대법원 2010. 6. 24. 선고 2009다40790 판결.
12) 판례는 임차권에도 담보물권성을 인정하기도 한다(대법원 2002. 2. 26. 선고 99다67079 판결).

별한 조치에 불과할 뿐, 이에 전세권의 말소기준등기성을 인정해야 할 어떠한 법리도 찾기 어렵다. 더욱이 전세권자의 선택적 권리에 불과한 배당요구권의 행사 여하에 따라 후순위 권리의 운명이 결정되는 것은 법적 안정성의 이념에도 크게 어긋난다. 결국, 비록 최선순위에 속한 전세권이라도 말소기준등기는 될 수 없다. 따라서 최선순위 전세권과 말소기준등기와의 사이에 존재하고 있는 보전가등기, 가처분권 등은 말소되지 않고 그대로 매수인에게 인수된다.

본건의 경우, 선순위 전세권자 B가 배당요구종기일 전에 배당신청을 한 경우, 전세권은 전세보증금 전액 배당여부와 무관하게 소멸하고 또한 말소기준등기인 C근저당을 포함하여 그 뒤에 존재하는 권리 D, E, F도 모두 소멸하므로, 매수인이 인수해야 할 부담은 전혀 없다.

(4) 사례 4

1) 권리관계

2015. 7. 17. A 소유권 보존

2018. 3. 25. B 전세권

2019. 4. 19. C 보전가등기[13]

2021. 5. 18. D 근저당

2022. 8. 15. E 가압류

2023. 6. 25. F 가처분

2024. 1. 31. D 임의경매 개시결정

2) 해 설

D근저당이 말소기준등기가 된다. 따라서 D근저당을 포함하여 그 뒤에 존재

13) 보전가등기란 본등기를 할 수 있는 요건을 갖추지 못한 때에 미리 그 순위를 보전하기 위한 수단으로 하는 등기를 말한다(부동산등기법 제88조).

하는 권리 E, F는 모두 소멸한다. 그러나 위 말소기준등기는 선순위인 B전세권과 C보전가등기에 대해서는 대항할 수 없으므로, B전세권과 C보전가등기는 매수인에게 인수된다.

(5) 사례 5

1) 권리관계

2015. 7. 17. A 소유권 보존
2018. 3. 25. B 전세권
2019. 4. 19. C 가처분[14)]
2024. 1. 31. B 임의경매 개시결정

2) 해 설

최선순위 전세권자 B가 직접 임의경매를 실행한 경우이고, B의 전세권에 기한 임의경매 개시결정 기입등기가 말소기준등기가 된다. 따라서 위 말소기준등기는 선순위인 C가처분에 대해서는 대항할 수 없으므로, C가처분은 매수인에게 인수된다.

(6) 사례 6

1) 권리관계

2015. 7. 17. A 소유권 보존
2018. 3. 25. B 전세권(배당을 요구한 경우)
2019. 4. 19. C 보전가등기

14) 가처분이란 금전채권 이외의 권리 또는 법률관계에 관한 확정판결의 강제집행을 보전하기 위한 수단으로 하는 등기를 말한다(민사집행법 제300조, 제301조).

2021. 5. 18. D 근저당
2022. 8. 15. E 가압류
2023. 6. 25. F 가처분
2024. 1. 31. D 임의경매 개시결정

2) 해 설

D근저당이 말소기준등기가 된다. 따라서 D근저당을 포함하여 그 뒤에 존재하는 권리 E, F는 모두 소멸한다. 또한 말소기준등기에 앞서는 선순위 B전세권은 배당을 요구함에 따라 소멸한다.[15)]

선순위 전세권자의 배당요구에 의해 전세권이 소멸하는 것과 관련하여, 이 경우에는 전세권이 말소기준등기가 된다는 견해가 많다. 그러나 전세권이 본질적으로는 용익물권임에도 불구하고 선순위 전세권자에게 선택적 배당요구권을 부여한 것은 오로지 전세권의 담보물권성과 경매절차의 간명성을 고려한 특별한 조치에 불과할 뿐, 이에 전세권의 말소기준등기성을 인정해야 할 어떠한 법리도 찾기 어렵다. 더욱이 전세권자의 선택적 권리에 불과한 배당요구권의 행사여하에 따라 후순위 권리의 운명이 결정되는 것은 법적 안정성의 이념에도 크게 어긋난다. 결국, 비록 최선순위에 속한 전세권이라도 말소기준등기는 될 수 없다. 따라서 최선순위 전세권과 말소기준등기와의 사이에 존재하고 있는 보전가등기, 가처분권 등은 말소되지 않고 그대로 매수인에게 인수된다.

본건의 경우, 최선순위인 B전세권과 말소기준등기 D근저당과의 사이에 존재하고 있는 C보전가등기는 말소되지 않고 그대로 매수인에게 인수된다.

15) 민사집행법 제91조 4항 단서, 국세징수법 제92조 3항 단서.

(7) 사례 7

1) 권리관계

2015. 7. 17. A 소유권 보존
2018. 3. 25. B 전세권(배당을 요구한 경우)
2019. 4. 19. C 담보가등기
2021. 5. 18. D 근저당
2022. 8. 15. E 가압류
2023. 6. 25. F 가처분
2024. 1. 31. D 임의경매 개시결정

2) 해 설

원칙적으로 용익권은 말소기준등기보다 선순위인 경우에는 매수인이 이를 인수하고, 후순위인 경우에는 모두 소멸한다.[16] 따라서 선순위 전세권의 경우, 등기된 전세보증금과 그 잔여기간은 매수인이 그대로 인수해야 한다. 다만, 선순위 전세권자는 선택적으로 배당요구를 할 수 있고, 배당요구를 하는 경우 전세권은 전세보증금 전액 배당여부 및 그 존속기간과 무관하게 소멸한다.[17]

특히, 선순위 전세권자의 배당요구에 의해 전세권이 소멸하는 경우, 비록 최선순위에 속한 전세권이라도 말소기준등기는 될 수 없다. 전세권자의 선택적 권리에 불과한 배당요구권의 행사 여하에 따라 후순위 권리의 운명이 결정되는 것은 법적 안정성의 이념에 크게 어긋나기 때문이다. 따라서 최선순위 전세권과 말소기준등기와의 사이에 존재하고 있는 보전가등기, 가처분권 등은 말소되지 않고 그대로 매수인에게 인수된다.

본건의 경우, 선순위 전세권자 B가 배당요구종기일 전에 배당신청을 한 경

16) 민사집행법 제91조 3항, 4항, 국세징수법 제92조 2항, 3항.
17) 민사집행법 제91조 4항 단서, 국세징수법 제92조 3항 단서, 대법원 2010. 6. 24. 선고 2009다40790 판결.

우, 전세권은 전세보증금 전액 배당여부와 무관하게 소멸하고 또한 말소기준등기인 C담보가등기를 포함하여 그 뒤에 존재하는 권리 D, E, F도 모두 소멸하므로, 매수인이 인수해야 할 부담은 전혀 없다.

제 6 장

임차권의 권리분석

1. 요 약

(1) 임차권은 임대차[1]에 기하여 임차인이 임대인에게 임차물을 사용·수익하게 할 것을 요구할 수 있는 채권이다. 임차권이 채권으로 규율되고 있는 법제에서는, 임차인이 임차권을 가지고 목적물의 양수인 기타의 제3자에게 대항하지 못한다. 이로 인해 특히 부동산 임차인은 매우 불리하게 된다. 여기서 우리 민법은 부동산 임차권에 관하여 이를 등기한 경우에 예외적으로 대항력을 인정하고 있다.

민법 제621조(임대차의 등기) ① 부동산임차인은 당사자간에 반대약정이 없으면 임대인에 대하여 그 임대차등기절차에 협력할 것을 청구할 수 있고, ② 부동산임대차를 등기한 때에는 그때부터 제삼자에 대하여 효력이 생긴다.

민법 제622조(건물등기있는 차지권의 대항력) ① 건물의 소유를 목적으로

1) 임대차는 당사자 일방이 상대방에게 목적물을 사용, 수익하게 할 것을 약정하고 상대방이 이에 대하여 차임을 지급할 것을 약정함으로써 성립하는 계약이다(민법 제618조).

한 토지임대차는 이를 등기하지 아니한 경우에도 임차인이 그 지상건물을 등기한 때에는 제삼자에 대하여 임대차의 효력이 생긴다.

(2) 특히, 서민들의 주거안정 또는 영업활동을 보장해 줄 목적으로 민법에 대한 특별법으로 주택임대차보호법과 상가건물임대차보호법을 제정, 임대차 등기가 없어도 일정한 요건을 갖춘 경우에는 등기된 임차권(또는 전세권)과 유사한 효력을 인정하거나, 그보다 더 강력한 효력을 보장하고 있다(주택임대차보호법과 상가건물임대차보호법은 그 입법 취지, 규율 사항 및 내용이 서로 같다. 상가건물임대차보호법 제3조, 제5조, 제6조 5항, 제7조, 제8조 참조).

주택임대차보호법 제3조(대항력 등) ① 임대차는 그 등기(登記)가 없는 경우에도 임차인(賃借人)이 주택의 인도(引渡)와 주민등록을 마친 때에는 그 다음 날부터 제삼자에 대하여 효력이 생긴다. 이 경우 전입신고를 한 때에 주민등록이 된 것으로 본다. ④ 임차주택의 양수인(讓受人)은 임대인(賃貸人)의 지위를 승계한 것으로 본다.

주택임대차보호법 제3조의2(우선변제권) ② 제3조 제1항의 대항요건(對抗要件)과 임대차계약증서상의 확정일자(確定日字)를 갖춘 임차인은 등기가 없어도 경매 또는 공매(公賣)의 경우, 후순위권리자(後順位權利者)나 그 밖의 채권자보다 우선하여 보증금을 변제(辨濟)받을 권리가 있다.

주택임대차보호법 제3조의5(경매에 의한 임차권의 소멸) 임차권은 임차주택에 대하여 「민사집행법」에 따른 경매가 행하여진 경우에는 그 임차주택의 경락(競落)에 따라 소멸한다. 다만, 보증금이 모두 변제되지 아니한, 대항력이 있는 임차권은 그러하지 아니하다.

주택임대차보호법 제3조의3(임차권등기명령) ① 임대차가 끝난 후 보증금이 반환되지 아니한 경우 임차인은 임차주택의 소재지를 관할하는 지방법원·지방법원지원 또는 시·군 법원에 임차권등기명령을 신청할 수 있다. ⑤ 임차인은 임차권등기명령의 집행에 따른 임차권등기를 마치면 제3조 제1항·제2항 또는 제3항에 따른 대항력과 제3조의2 제2항에 따른 우선변제권을 취득한다. 다만, 임차인이 임차권등기 이전에 이미 대항력이나 우선변제권을 취득한 경우에는 그 대항력이나 우선변제권은 그대로 유지되며, 임차권등기 이후에는 제3조 제1항·제2항 또는 제3항의 대항요건을 상실하더라도 이미 취득한 대항력이나 우선변제권을 상실하지 아니한다.

주택임대차보호법 제3조의4(「민법」에 따른 주택임대차등기의 효력 등) ① 「민법」 제621조에 따른 주택임대차등기의 효력에 관하여는 제3조의3 제5항 및 제6항을 준용한다.

2. 등기된 부동산 임차권의 권리분석 연습

(1) 사례 1

1) 권리관계

2015. 7. 17. A 소유권 보존
2018. 3. 25. B 등기된 임차권(토지)
2019. 4. 19. C 가압류
2021. 5. 18. D 가압류
2022. 8. 15. E 가압류
2023. 6. 25. F 가처분
2024. 1. 31. D 강제경매 개시결정

2) 해 설

민법은 등기된 부동산 임차권의 경우, 예외적으로 대항력을 인정하므로[2] 등기된 임차권이 말소기준등기보다 선순위인 경우에는 매수인이 이를 인수하고, 후순위인 경우에는 모두 소멸한다.[3] 선순위 담보권 등이 확보한 담보가치가 후순위의 임차권에 손상되지 않도록 보장해 주어야 하기 때문이다.

본건의 경우, C가압류가 말소기준등기가 된다. 따라서 C가압류를 포함하여 그 뒤에 존재하는 권리 D, E, F는 모두 소멸한다. 그러나 위 말소기준등기는 선순위인 B등기된 임차권에 대해서는 대항할 수 없으므로, B임차권은 매수인에게 인수된다. 따라서 등기된 보증금과 그 잔여기간은 매수인이 그대로 인수해야 한다.

(2) 사례 2

1) 권리관계

2015. 7. 17. A 소유권 보존
2018. 3. 25. B 근저당
2019. 4. 19. C 등기된 임차권(토지)
2021. 5. 18. D 가압류
2022. 8. 15. E 가압류
2023. 6. 25. F 가처분
2024. 1. 31. D 강제경매 개시결정

2) 해 설

본건의 경우, B근저당이 말소기준등기가 된다. 따라서 B근저당을 포함하여 그 뒤에 존재하는 권리 C, D, E, F는 모두 소멸한다. 또한 말소기준등기보다 앞

2) 민법 제621조(임대차의 등기) ① 부동산임차인은 당사자간에 반대약정이 없으면 임대인에 대하여 그 임대차등기절차에 협력할 것을 청구할 수 있고, ② 부동산임대차를 등기한 때에는 그때부터 제삼자에 대하여 효력이 생긴다.
3) 민사집행법 제91조 3항, 4항, 국세징수법 제92조 2항, 3항.

선 선순위 권리도 없으므로, 본건은 매수인이 인수해야 할 부담이 없는 안전한 물건이다.

(3) 사례 3

1) 권리관계

2015. 7. 17. A 소유권 보존
2018. 3. 25. B 등기된 임차권(주택)
2019. 4. 19. C 가압류
2021. 5. 18. D 가압류
2022. 8. 15. E 가압류
2023. 6. 25. F 가처분
2024. 1. 31. D 강제경매 개시결정

2) 해 설

주택임대차보호법은 임차권등기명령의 집행에 따라 임차권등기를 마친 주택임대차에 대하여 대항력과 우선변제권을 취득케 하고, 이를 민법 제621조에 따른 주택임대차등기의 효력에 준용한다.[4] 상가건물임대차보호법 또한 위와 동일한 내용을 민법 제621조에 따른 건물임대차등기의 효력에 준용한다.[5]

따라서 등기된 모든 주택임차권과 건물임차권은 대항력과 우선변제권을 갖고 있다.

본건의 경우, C가압류가 말소기준등기가 된다. 따라서 C가압류를 포함하여 그 뒤에 존재하는 권리 D, E, F는 모두 소멸한다. 그러나 위 말소기준등기는 선순위인 B의 등기된 주택임차권에 대해서는 대항할 수 없으므로, B임차권은 매

4) 주택임대차보호법 제3조의3 5항, 제3조의4.
5) 상가건물임대차보호법 제6조 5항, 제7조.

수인에게 인수된다.

따라서 선순위 등기임차인 B는 대항력을 주장하여 임차기간까지 점유, 사용할 수 있는 권리와 배당요구[6)7)]를 하여 보증금의 우선변제를 받을 수 있는 권리를 모두 갖고 있다.

(4) 사례 4

1) 권리관계

2015. 7. 17. A 소유권 보존
2018. 3. 25. B 근저당
2019. 4. 19. C 등기된 임차권(주택)
2021. 5. 18. D 가압류
2022. 8. 15. E 가압류
2023. 6. 25. F 가처분
2024. 1. 31. D 강제경매 개시결정

2) 해 설

본건의 경우, B근저당이 말소기준등기가 된다. 따라서 B근저당을 포함하여

6) 민사집행법 제88조(배당요구) ① 집행력 있는 정본을 가진 채권자, 경매개시결정이 등기된 뒤에 가압류를 한 채권자, 민법·상법, 그 밖의 법률에 의하여 우선변제청구권이 있는 채권자는 배당요구를 할 수 있다. ② 배당요구에 따라 매수인이 인수하여야 할 부담이 바뀌는 경우 배당요구를 한 채권자는 배당요구의 종기가 지난 뒤에 이를 철회하지 못한다.
7) 민사집행법 제148조(배당받을 채권자의 범위) 제147조 제1항에 규정한 금액을 배당받을 채권자는 다음 각호에 규정된 사람으로 한다.
1. 배당요구의 종기까지 경매신청을 한 압류채권자
2. 배당요구의 종기까지 배당요구를 한 채권자
3. 첫 경매개시결정등기전에 등기된 가압류채권자
4. 저당권·전세권, 그 밖의 우선변제청구권으로서 첫 경매개시결정등기 전에 등기되었고 매각으로 소멸하는 것을 가진 채권자

그 뒤에 존재하는 권리 C, D, E, F는 모두 소멸한다. 또한 말소기준등기보다 앞선 선순위 권리도 없으므로, 본건은 매수인이 인수해야 할 부담이 없는 안전한 물건이다.

말소기준등기인 B근저당보다 후순위인 등기된 임차권C는 소멸되고, 배당절차에서 순위에 따른 우선변제권이 인정될 뿐이다.

(5) 사례 5

1) 권리관계

2015. 7. 17. A 소유권 보존
2018. 3. 25. B 근저당
2019. 4. 19. C 등기된 건물임차권(상가임대차보호법 적용대상 불문)
2021. 5. 18. D 가압류
2022. 8. 15. E 가압류
2023. 6. 25. F 가처분
2024. 1. 31. D 강제경매 개시결정

2) 해 설

본건의 경우, B근저당이 말소기준등기가 된다. 따라서 B근저당을 포함하여 그 뒤에 존재하는 권리 C, D, E, F는 모두 소멸한다. 또한 말소기준등기보다 앞선 선순위 권리도 없으므로, 본건은 매수인이 인수해야 할 부담이 없는 안전한 물건이다.

말소기준등기인 B근저당보다 후순위인 C등기임차권은 소멸되고, 배당절차에서 순위에 따른 우선변제권이 인정될 뿐이다.

(6) 사례 6

1) 권리관계

2015. 7. 17. A 소유권 보존
2018. 3. 25. B 등기된 건물임차권(상가임대차보호법 적용대상 불문)
2019. 4. 19. C 가압류
2021. 5. 18. D 가압류
2022. 8. 15. E 가압류
2023. 6. 25. F 가처분
2024. 1. 31. D 강제경매 개시결정

2) 해 설

상가건물임대차보호법은 임차권등기명령의 집행에 따라 임차권등기를 마친 상가건물임대차에 대하여 대항력과 우선변제권을 취득케 하고, 이를 민법 제621조에 따른 건물임대차등기의 효력에 준용한다.[8] 따라서 등기된 모든 건물임차권은 대항력과 우선변제권을 갖고 있다.

본건의 경우, C가압류가 말소기준등기가 된다. 따라서 C가압류를 포함하여 그 뒤에 존재하는 권리 D, E, F는 모두 소멸한다. 그러나 위 말소기준등기는 선순위인 등기된 B건물임차권에 대해서는 대항할 수 없으므로, B임차권은 매수인에게 인수된다. 따라서 선순위 등기임차인 B는 대항력을 주장하여 임차기간까지 점유, 사용할 수 있는 권리와 배당요구[9][10]를 하여 보증금의 우선변제를 받

8) 상가건물임대차보호법 제6조 5항, 제7조.
9) 민사집행법 제88조(배당요구) ① 집행력 있는 정본을 가진 채권자, 경매개시결정이 등기된 뒤에 가압류를 한 채권자, 민법·상법, 그 밖의 법률에 의하여 우선변제청구권이 있는 채권자는 배당요구를 할 수 있다. ② 배당요구에 따라 매수인이 인수하여야 할 부담이 바뀌는 경우 배당요구를 한 채권자는 배당요구의 종기가 지난 뒤에 이를 철회하지 못한다.
10) 민사집행법 제148조(배당받을 채권자의 범위) 제147조 제1항에 규정한 금액을 배당받을 채권자는 다음 각호에 규정된 사람으로 한다.

을 수 있는 권리를 모두 갖고 있다.

3. 주택임대차보호법상의 대항력을 갖춘 주택임차권의 권리분석 연습

(1) 사례 1

1) 권리관계

2015. 7. 17. A 소유권 보존
2018. 3. 25. B 주택임차인 인도+주민등록전입신고
2019. 4. 19. C 가압류
2021. 5. 18. D 가압류
2022. 8. 15. E 가압류
2023. 6. 25. F 가처분
2024. 1. 31. D 강제경매 개시결정

2) 해 설

임대차 등기가 없는 경우에도 주택임차인이 ① 적법한 임대차계약 ② 주민등록 전입신고 ③ 주택의 인도(引渡)라는 3가지 요건(대항요건)을 갖추게 되면, 그 다음 날부터 대외적으로 임차권을 주장할 수 있는 대항력을 취득한다.[11] 다

---

1. 배당요구의 종기까지 경매신청을 한 압류채권자
2. 배당요구의 종기까지 배당요구를 한 채권자
3. 첫 경매개시결정등기전에 등기된 가압류채권자
4. 저당권·전세권, 그 밖의 우선변제청구권으로서 첫 경매개시결정등기 전에 등기되었고 매각으로 소멸하는 것을 가진 채권자

11) 주택임대차보호법 제3조(대항력 등) ① 임대차는 그 등기(登記)가 없는 경우에도 임차인(賃借人)이 주택의 인도(引渡)와 주민등록을 마친 때에는 그 다음 날부터 제삼자에 대하여

만, 위 대항요건은 계속 존속되어야 한다(대법원 1987. 2. 24. 선고 86다카1695 판결).

따라서 대항력 취득시점이 말소기준등기보다 선순위인 경우에는 매수인이 이를 인수하고, 후순위인 경우에는 모두 소멸한다.[12] 선순위 담보권 등이 확보한 담보가치가 후순위의 임차권에 손상되지 않도록 보장해 주어야 하기 때문이다.

본건의 경우, C가압류가 말소기준등기가 된다. 따라서 C가압류를 포함하여 그 뒤에 존재하는 권리 D, E, F는 모두 소멸한다. 그러나 위 말소기준등기는 선순위인 B주택임차권에 대해서는 대항할 수 없으므로, B주택임차권은 매수인에게 인수된다. 따라서 보증금과 그 잔여기간을 매수인이 그대로 인수해야 한다.

특히, 선순위 주택임차인 B는 임차주택에 대하여 경매가 행해져 임차권이 소멸한 경우에도, 보증금이 모두 변제되지 않은 이상 계약기간 만료 시까지 점유, 사용을 계속하고 임차기간 만료 시 매수인으로부터 보증금을 반환받는다.[13]

(2) 사례 2

1) 권리관계

2015. 7. 17. A 소유권 보존
2018. 3. 25. B 근저당
2019. 4. 19. C 주택임차인 인도＋주민등록전입신고
2021. 5. 18. D 가압류
2022. 8. 15. E 가압류

효력이 생긴다. 이 경우 전입신고를 한 때에 주민등록이 된 것으로 본다. ④ 임차주택의 양수인(讓受人)은 임대인(賃貸人)의 지위를 승계한 것으로 본다.

12) 민사집행법 제91조 3항, 4항, 국세징수법 제92조 2항, 3항.

13) 주택임대차보호법 제3조의5(경매에 의한 임차권의 소멸) 임차권은 임차주택에 대하여 「민사집행법」에 따른 경매가 행하여진 경우에는 그 임차주택의 경락(競落)에 따라 소멸한다. 다만, 보증금이 모두 변제되지 아니한, 대항력이 있는 임차권은 그러하지 아니하다.

2023. 6. 25. F 가처분
2024. 1. 31. D 강제경매 개시결정

2) 해 설

본건의 경우, B근저당이 말소기준등기가 된다. 따라서 B근저당을 포함하여 그 뒤에 존재하는 권리 C, D, E, F는 모두 소멸한다. 또한 말소기준등기보다 앞선 선순위 권리도 없으므로, 본건은 매수인이 인수해야 할 부담이 없는 안전한 물건이다.

대항력 취득시점이 말소기준등기보다 후순위인 C주택임차권은 소멸되고, C임차인은 요건을 갖춰 배당요구를 할 수 있음에 그친다.

(3) 사례 3

1) 권리관계

2015. 7. 17. A 소유권 보존
2018. 3. 25. B 주택임차인 인도+주민등록전입신고+확정일자
2019. 4. 19. C 가압류
2021. 5. 18. D 가압류
2022. 8. 15. E 가압류
2023. 6. 25. F 가처분
2024. 1. 31. D 강제경매 개시결정

2) 해 설

임대차 등기가 없는 경우에도 주택임대차보호법상의 대항요건과 임대차계약증서상의 확정일자(確定日字)를 갖춘 주택임차인은 경매 또는 공매의 경우, 보증금의 우선변제권(후순위 권리자나 그 밖의 채권자보다 우선하여 보증금을

변제받을 권리)을 가진다.[14)]

따라서 우선변제권 취득시점이 말소기준등기보다 선순위인 주택임차인은 대항력을 주장하여 임차기간까지 점유, 사용할 수 있는 권리와 배당요구[15)16)]를 하여 보증금의 우선변제를 받을 수 있는 권리를 모두 갖고 있다. 특히 배당요구를 한 선순위 임차인이 보증금 중 일부금만 받았다면 나머지는 매수인이 이를 인수한다.[17)18)]

본건의 경우, C가압류가 말소기준등기가 된다. 따라서 C가압류를 포함하여 그 뒤에 존재하는 권리 D, E, F는 모두 소멸한다. 그러나 위 말소기준등기는 선순위인 B주택임차권에 대해서는 대항할 수 없으므로, B주택임차권은 그대로 매수인에게 인수된다.

(4) 사례 4

1) 권리관계

2015. 7. 17. A 소유권 보존

14) 주택임대차보호법 제3조의2 2항.

15) 민사집행법 제88조(배당요구) ① 집행력 있는 정본을 가진 채권자, 경매개시결정이 등기된 뒤에 가압류를 한 채권자, 민법·상법, 그 밖의 법률에 의하여 우선변제청구권이 있는 채권자는 배당요구를 할 수 있다. ② 배당요구에 따라 매수인이 인수하여야 할 부담이 바뀌는 경우 배당요구를 한 채권자는 배당요구의 종기가 지난 뒤에 이를 철회하지 못한다.

16) 민사집행법 제148조(배당받을 채권자의 범위) 제147조 제1항에 규정한 금액을 배당받을 채권자는 다음 각호에 규정된 사람으로 한다.
1. 배당요구의 종기까지 경매신청을 한 압류채권자
2. 배당요구의 종기까지 배당요구를 한 채권자
3. 첫 경매개시결정등기전에 등기된 가압류채권자
4. 저당권·전세권, 그 밖의 우선변제청구권으로서 첫 경매개시결정등기 전에 등기되었고 매각으로 소멸하는 것을 가진 채권자

17) 주택임대차보호법 제3조의5(경매에 의한 임차권의 소멸) 임차권은 임차주택에 대하여 「민사집행법」에 따른 경매가 행하여진 경우에는 그 임차주택의 경락(競落)에 따라 소멸한다. 다만, 보증금이 모두 변제되지 아니한, 대항력이 있는 임차권은 그러하지 아니하다.

18) 대법원 1997. 8. 22. 선고 96다53628 판결, 대법원 2001. 3. 23. 선고 2000다30165 판결 등.

2018. 3. 25. B 근저당
2019. 4. 19. C 주택임차인 인도+주민등록전입신고+확정일자
2021. 5. 18. D 가압류
2022. 8. 15. E 가압류
2023. 6. 25. F 가처분
2024. 1. 31. D 강제경매 개시결정

2) 해 설

본건의 경우, B근저당이 말소기준등기가 된다. 따라서 B근저당을 포함하여 그 뒤에 존재하는 권리 C, D, E, F는 모두 소멸한다. 또한 말소기준등기보다 앞선 선순위 권리도 없으므로, 본건은 매수인이 인수해야 할 부담이 없는 안전한 물건이다.

우선변제권 취득시점이 말소기준등기보다 후순위인 C주택임차권은 소멸되고, 배당절차에서 순위에 따른 우선변제권이 인정될 뿐이다.

4. 상가건물임대차보호법상의 대항력을 갖춘 상가건물임차권의 분석

(1) 사례 1

1) 권리관계

2015. 7. 17. A 소유권 보존
2018. 3. 25. B 상가건물임차인 인도+사업자등록신고
2019. 4. 19. C 가압류
2021. 5. 18. D 가압류
2022. 8. 15. E 가압류

2023. 6. 25. F 가처분
2024. 1. 31. D 강제경매 개시결정

2) 해 설

임대차 등기가 없는 경우에도 상가건물임차인이 ① 적법한 임대차계약 ② 사업자등록 신고 ③ 건물의 인도(引渡)라는 3가지 요건(대항요건)을 갖추게 되면, 그 다음 날부터 대외적으로 임차권을 주장할 수 있는 대항력을 취득한다.[19] 다만, 위 대항요건은 계속 존속되어야 한다(대법원 1987. 2. 24. 선고 86다카1695 판결).

따라서 대항력 취득시점이 말소기준등기보다 선순위인 경우에는 매수인이 이를 인수하고, 후순위인 경우에는 모두 소멸한다.[20] 선순위 담보권 등이 확보한 담보가치가 후순위의 임차권에 손상되지 않도록 보장해 주어야 하기 때문이다.

본건의 경우, C가압류가 말소기준등기가 된다. 따라서 C가압류를 포함하여 그 뒤에 존재하는 권리 D, E, F는 모두 소멸한다. 그러나 위 말소기준등기는 선순위인 B상가건물임차권에 대해서는 대항할 수 없으므로, B임차권은 매수인에게 인수된다. 따라서 보증금과 그 잔여기간을 매수인이 그대로 인수해야 한다.

특히, 선순위 상가건물임차인 B는 임차건물에 대하여 경매가 행해져 임차권이 소멸한 경우에도, 보증금이 모두 변제되지 않은 이상 계약기간 만료 시까지 점유, 사용을 계속하고 임차기간 만료 시 매수인으로부터 보증금을 반환받는다.[21]

19) 상가건물임대차보호법 제3조(대항력 등) ① 임대차는 그 등기가 없는 경우에도 임차인이 건물의 인도와 「부가가치세법」 제8조, 「소득세법」 제168조 또는 「법인세법」 제111조에 따른 사업자등록을 신청하면 그 다음 날부터 제3자에 대하여 효력이 생긴다. ② 임차건물의 양수인(그 밖에 임대할 권리를 승계한 자를 포함한다)은 임대인의 지위를 승계한 것으로 본다.

20) 민사집행법 제91조 3항, 4항, 국세징수법 제92조 2항, 3항.

21) 상가건물임대차보호법 제8조(경매에 의한 임차권의 소멸) 임차권은 임차건물에 대하여 「민사집행법」에 따른 경매가 실시된 경우에는 그 임차건물이 매각되면 소멸한다. 다만, 보증금이 전액 변제되지 아니한 대항력이 있는 임차권은 그러하지 아니하다.

(2) 사례 2

1) 권리관계

2015. 7. 17. A 소유권 보존
2018. 3. 25. B 근저당
2019. 4. 19. C 상가건물임차인 인도+사업자등록신고
2021. 5. 18. D 가압류
2022. 8. 15. E 가압류
2023. 6. 25. F 가처분
2024. 1. 31. D 강제경매 개시결정

2) 해 설

본건의 경우, B근저당이 말소기준등기가 된다. 따라서 B근저당을 포함하여 그 뒤에 존재하는 권리 C, D, E, F는 모두 소멸한다. 또한 말소기준등기보다 앞선 선순위 권리도 없으므로, 본건은 매수인이 인수해야 할 부담이 없는 안전한 물건이다.

대항력 취득시점이 말소기준등기보다 후순위인 C상가건물임차권은 소멸되고, C임차인은 요건을 갖춰 배당요구를 할 수 있음에 그친다.

(3) 사례 3

1) 권리관계

2015. 7. 17. A 소유권 보존
2018. 3. 25. B 상가건물임차인 인도+사업자등록신고+확정일자
2019. 4. 19. C 가압류
2021. 5. 18. D 가압류

2022. 8. 15. E 가압류

2023. 6. 25. F 가처분

2024. 1. 31. D 강제경매 개시결정

2) 해 설

임대차 등기가 없는 경우에도 상가건물임대차보호법상의 대항요건과 임대차계약증서상의 확정일자(確定日字)를 갖춘 상가건물임차인은 경매 또는 공매 절차에서 보증금의 우선변제권(후순위 권리자나 그 밖의 채권자보다 우선하여 보증금을 변제받을 권리)을 가진다.[22]

따라서 우선변제권 취득시점이 말소기준등기보다 선순위인 상가건물임차인은 대항력을 주장하여 임차기간까지 점유, 사용할 수 있는 권리와 배당요구[23][24]를 하여 보증금의 우선변제를 받을 수 있는 권리를 모두 갖고 있다. 특히 배당요구를 한 선순위 임차인이 보증금 중 일부금만 받았다면 나머지는 매수인이 이를 인수한다.[25]

본건의 경우, C가압류가 말소기준등기가 된다. 따라서 C가압류를 포함하여 그 뒤에 존재하는 권리 D, E, F는 모두 소멸한다. 그러나 위 말소기준등기는 선

22) 상가건물임대차보호법 제5조 2항.

23) 민사집행법 제88조(배당요구) ① 집행력 있는 정본을 가진 채권자, 경매개시결정이 등기된 뒤에 가압류를 한 채권자, 민법·상법, 그 밖의 법률에 의하여 우선변제청구권이 있는 채권자는 배당요구를 할 수 있다. ② 배당요구에 따라 매수인이 인수하여야 할 부담이 바뀌는 경우 배당요구를 한 채권자는 배당요구의 종기가 지난 뒤에 이를 철회하지 못한다.

24) 민사집행법 제148조(배당받을 채권자의 범위) 제147조 제1항에 규정한 금액을 배당받을 채권자는 다음 각호에 규정된 사람으로 한다.
1. 배당요구의 종기까지 경매신청을 한 압류채권자
2. 배당요구의 종기까지 배당요구를 한 채권자
3. 첫 경매개시결정등기전에 등기된 가압류채권자
4. 저당권·전세권, 그 밖의 우선변제청구권으로서 첫 경매개시결정등기 전에 등기되었고 매각으로 소멸하는 것을 가진 채권자

25) 상가건물임대차보호법 제8조(경매에 의한 임차권의 소멸) 임차권은 임차건물에 대하여 「민사집행법」에 따른 경매가 실시된 경우에는 그 임차건물이 매각되면 소멸한다. 다만, 보증금이 전액 변제되지 아니한 대항력이 있는 임차권은 그러하지 아니하다.

순위인 B상가건물임차권에 대해서는 대항할 수 없으므로, B임차권은 그대로 매수인에게 인수된다.

(4) 사례 4

1) 권리관계

2015. 7. 17. A 소유권 보존
2018. 3. 25. B 근저당
2019. 4. 19. C 상가건물임차인 인도+사업자등록신고+확정일자
2021. 5. 18. D 가압류
2022. 8. 15. E 가압류
2023. 6. 25. F 가처분
2024. 1. 31. D 강제경매 개시결정

2) 해 설

본건의 경우, B근저당이 말소기준등기가 된다. 따라서 B근저당을 포함하여 그 뒤에 존재하는 권리 C, D, E, F는 모두 소멸한다. 또한 말소기준등기보다 앞선 선순위 권리도 없으므로, 본건은 매수인이 인수해야 할 부담이 없는 안전한 물건이다.

특히, 우선변제권 취득시점이 말소기준등기보다 후순위인 C상가건물임차권은 소멸되고, 배당절차에서 순위에 따른 우선변제권이 인정될 뿐이다.

(5) 사례 5

1) 권리관계

2015. 7. 17. A 소유권 보존

2018. 3. 25. B 근저당(경매절차 진행 중에 변제된 경우)
2019. 4. 19. C 상가건물임차인 인도+사업자등록신고+확정일자
2021. 5. 18. D 가압류
2022. 8. 15. E 가압류
2023. 6. 25. D 강제경매 개시결정
2024. 1. 31. G 매수

2) 해 설

본건의 경우, 경매개시결정 후에 경매절차가 취소 또는 정지되지 아니한 채 진행된 결과, 매각허가결정이 확정되고 매수인 G가 매각대금을 완납하였다면, 도중에 B근저당이 변제됨으로써 C임차권의 대항력이 존속하는 것으로 변경되었다 하더라도 매수인 G는 적법하게 목적부동산의 소유권을 취득한다. 따라서 채무자는 매수인의 소유권 취득을 다투지 못한다.[26)]

민사집행법 제267조는 "대금완납에 따른 매수인의 부동산 취득은 담보권 소멸로 영향을 받지 아니한다."고 규정함으로써, 임의경매에서도 부분적으로 공신력을 인정, 매수인의 지위 안정을 도모하고 있다.

한편, 이 순위변경 사실을 매수인에게 고지하지 아니하여 이와 같은 사정을 모른 채 매수인G가 매각대금을 완납하였다면, 채무자는 매수인G에게 민법 제578조 3항에 따른 손해배상책임을 진다.[27)]

26) 대법원 1992. 11. 11. 자 92마719 결정, 대법원 2001. 2. 27. 선고 2000다44348 판결 등.
27) 대법원 2003. 4. 25. 선고 2002다70075 판결.

5. 미등기 및 대항력을 갖추지 못한 부동산 임차권의 권리분석

(1) 사례 1

1) 권리관계

2015. 7. 17. A 소유권 보존
2018. 3. 25. B 미등기 부동산 임차권(토지, 건물, 주택 등)
2019. 4. 19. C 근저당
2021. 5. 18. D 근저당
2022. 8. 15. E 가압류
2023. 6. 25. F 가처분
2024. 1. 31. C 임의경매 개시결정

2) 해 설

미등기 및 대항력을 갖추지 못한 부동산에 성립한 임차권은 채권에 불과하고, 따라서 제3자에게 대항할 수 없다. 그러므로 위 미등기 임차권은 말소기준등기보다 후에 성립한 경우는 물론, 성립일자가 앞선 경우라도 매수인에게 인수되지 않고, 해당 보증금 및 잔여기간은 무시된 채 소멸한다. 따라서 B미등기 부동산임차권은 말소기준등기보다 앞서 성립했음에도 매수인에게 인수되지 않고 소멸한다.

본건은 C근저당이 말소기준등기가 된다. 따라서 C근저당을 포함하여 그 뒤에 존재하는 권리 D, E, F는 모두 소멸한다. 결국 본건은 매수인이 인수해야 할 부담이 없는 안전한 물건이다.

(2) 사례 2

1) 권리관계

2015. 7. 17. A 소유권 보존
2018. 3. 25. B 근저당
2019. 4. 19. C 미등기 부동산 임차권(토지, 건물, 주택 등)
2021. 5. 18. D 근저당
2022. 8. 15. E 가압류
2023. 6. 25. F 가처분
2024. 1. 31. C 임의경매 개시결정

2) 해 설

본건은 B근저당이 말소기준등기가 된다. 따라서 B근저당을 포함하여 그 뒤에 존재하는 권리 C, D, E, F는 모두 소멸한다. 또한 말소기준등기보다 앞선 선순위 권리도 없으므로, 매수인이 인수해야 할 부담이 없는 안전한 물건이다.

제 7 장
보전가등기, 가처분, 환매권의 권리분석

1. 요 약

(1) 보전가등기, 가처분, 환매권의 의의

1) 보전가등기(保全假登記)란 본등기를 할 수 있는 요건을 갖추지 못한 때에 미리 그 순위를 보전하기 위한 수단으로 하는 예비등기를 말하며, 일반적으로 매매예약이나 매매계약을 그 등기원인으로 '소유권이전청구권 가등기' 형식으로 한다. 가등기에 의한 본등기(本登記)를 한 경우 본등기의 순위는 가등기의 순위에 따른다.[1] 선순위 가등기권자의 본등기에 의하여 매수인은 소유권을 잃을 수 있다.

2) 가처분(假處分)이란 금전채권 이외의 권리 또는 법률관계에 관한 확정판결의 강제집행을 보전하기 위한 수단으로 하는 등기를 말하며, 일반적으로 현상이 바뀌면 당사자가 권리를 실행하지 못하거나 권리를 실행하는 것이 매우 곤란할 염려가 있을 경우에 행사된다.[2] 선순위 가처분(假處分)의 승소본안판결에 의

1) 부동산등기법 제88조, 제91조.
2) 민사집행법 제300조, 제301조.

하여 매수인은 소유권을 잃을 수 있다.

3) 환매권(還買權)은 매도인이 매매계약을 하면서 환매할 권리를 보류한 경우, 매매대금과 매수인이 부담한 매매비용을 반환하고 해당 물건을 환매할 수 있는 권리를 말한다. 매매의 목적물이 부동산인 경우에 매매등기와 동시에 환매권의 보류를 등기한 때에는 제삼자에 대하여 그 효력이 있다.[3] 선순위 환매권자의 환매권행사에 의하여 매수인은 소유권을 잃을 수 있다.

(2) 보전가등기, 가처분, 환매권의 권리분석

위 보전가등기, 가처분, 등기된 환매권은 직접 금전채권을 보존하기 위한 권리가 아니고, 배당참가 또한 쉽지 않으므로 용익권에 준하여 저당권 등 말소기준등기보다 선순위인 경우에 한하여 매수인이 인수하며, 말소기준등기를 기준으로 후순위 권리는 모두 소멸한다. 선순위 저당권이 확보한 담보가치 또는 선순위 압류의 처분금지 효력이 후순위 용익권(지상권, 전세권, 임대차) 등에 의해 손상되지 않도록 보장해 주어야 하기 때문이다.[4]

2. 보전가등기(保全假登記)의 권리분석 연습

(1) 사례 1

1) 권리관계

2015. 7. 17. A 소유권 보존

2018. 3. 25. B 보전가등기

3) 민법 제592조(환매등기) 매매의 목적물이 부동산인 경우에 매매등기와 동시에 환매권의 보류를 등기한 때에는 제삼자에 대하여 그 효력이 있다.

4) 민사집행법 제91조 3항, 4항, 제92조 1항 및 국세징수법 제92조 2항, 3항, 제43조 1항.

2019. 4. 19. C 근저당
2021. 5. 18. D 근저당
2022. 8. 15. E 가압류
2023. 6. 25. F 가처분
2024. 1. 31. D 임의경매 개시결정

2) 해 설

C근저당이 말소기준등기가 된다. 따라서 C근저당을 포함하여 그 뒤에 존재하는 권리 D, E, F는 모두 소멸한다. 그러나 위 말소기준등기는 선순위인 B보전가등기에 대해서는 대항할 수 없으므로, B보전가등기는 매수인에게 인수된다. 가등기에 의한 본등기(本登記)를 한 경우 본등기의 순위는 가등기의 순위에 따르므로,[5] 선순위 B보전가등기권자의 본등기에 의하여 매수인은 소유권을 잃을 수 있다.

(2) 사례 2

1) 권리관계

2015. 7. 17. A 소유권 보존
2018. 3. 25. B 담보가등기
2019. 4. 19. C 상가건물임차인 인도+사업자등록신고+확정일자
2021. 5. 18. D 가압류
2022. 8. 15. E 가압류
2023. 6. 25. F 가처분
2024. 1. 31. D 강제경매 개시결정

5) 부동산등기법 제88조, 제91조.

2) 해 설

담보가등기는 경매 등 절차에서 저당권과 그 효력이 같다.[6] 본건의 경우 B담보가등기가 말소기준등기가 된다. 따라서 B담보가등기를 포함하여 그 뒤에 존재하는 권리 C, D, E, F는 모두 소멸한다. 또한 말소기준등기보다 앞선 선순위 권리도 없으므로, 본건은 매수인이 인수해야 할 부담이 없는 안전한 물건이다. 우선변제권 취득시점이 말소기준등기보다 후순위인 C상가건물임차권은 소멸되고, 배당절차에서 순위에 따른 우선변제권이 인정될 뿐이다.

(3) 사례 3

1) 권리관계

2015. 7. 17. A 소유권 보존
2018. 3. 25. B 근저당
2019. 4. 19. C 보전가등기
2021. 5. 18. D 가압류
2022. 8. 15. E 근저당
2023. 6. 25. F 근저당
2024. 1. 31. E 임의경매 개시결정

2) 해 설

B근저당이 말소기준등기가 된다. 따라서 B근저당을 포함하여 그 뒤에 존재하는 권리 C, D, E, F는 모두 소멸한다. 또한 말소기준등기보다 앞선 선순위 권

6) 가등기담보 등에 관한 법률 제13조(우선변제청구권) 담보가등기를 마친 부동산에 대하여 강제경매등이 개시된 경우에 담보가등기권리자는 다른 채권자보다 자기채권을 우선변제 받을 권리가 있다. 이 경우 그 순위에 관하여는 그 담보가등기권리를 저당권으로 보고, 그 담보가등기를 마친 때에 그 저당권의 설정등기(設定登記)가 행하여진 것으로 본다.

리도 없으므로, 본건은 매수인이 인수해야 할 부담이 없는 안전한 물건이다.

위 보전가등기를 비롯하여 가처분, 등기된 환매권은 직접 금전채권을 보존하기 위한 권리가 아니고, 배당참가 또한 쉽지 않으므로 용익권에 준하여 저당권 등 말소기준등기보다 선순위인 경우에 한하여 매수인이 인수하며, 말소기준등기를 기준으로 후순위 권리는 모두 소멸한다. 선순위 저당권이 확보한 담보가치 또는 선순위 압류의 처분금지 효력이 후순위 용익권 등에 의해 손상되지 않도록 보장해 주어야 하기 때문이다.[7]

(4) 사례 4

1) 권리관계

2015. 7. 17. A 소유권 보존
2018. 3. 25. B 등기된 임차권(토지)
2019. 4. 19. C 보전가등기
2021. 5. 18. D 근저당
2022. 8. 15. E 가압류
2023. 6. 25. F 가처분
2024. 1. 31. D 임의경매 개시결정

2) 해 설

D근저당이 말소기준등기가 된다. 따라서 D근저당을 포함하여 그 뒤에 존재하는 권리 E, F는 모두 소멸한다. 그러나 위 말소기준등기는 선순위인 B등기된 임차권과 C보전가등기에 대해서는 대항할 수 없으므로, B임차권과 C보전가등기는 매수인에게 인수된다.

따라서 선순위 토지임차인 B는 대항력을 주장하여 임차기간까지 점유, 사

---

7) 민사집행법 제91조 3항, 4항, 제92조 1항 및 국세징수법 제92조 2항, 3항, 제43조 1항.

용할 수 있는 권리가 있다. 또한 가등기에 의한 본등기(本登記)를 한 경우 본등기의 순위는 가등기의 순위에 따르므로,[8] 선순위 C보전가등기권자의 본등기에 의하여 매수인은 소유권을 잃을 수 있다.

(5) 사례 5

1) 권리관계

2015. 7. 17. A 소유권 보존
2018. 3. 25. B 주택임차인 인도+주민등록전입신고
2019. 4. 19. C 보전가등기
2021. 5. 18. D 근저당
2022. 8. 15. E 가압류
2023. 6. 25. F 가처분
2024. 1. 31. D 임의경매 개시결정

2) 해 설

D근저당이 말소기준등기가 된다. 따라서 D근저당을 포함하여 그 뒤에 존재하는 권리 E, F는 모두 소멸한다. 그러나 위 말소기준등기는 선순위인 B대항력을 갖춘 임차권과 C보전가등기에 대해서는 대항할 수 없으므로, B임차권과 C보전가등기는 매수인에게 인수된다.

따라서 선순위 주택임차인 B는 대항력을 주장하여 임차기간까지 점유, 사용할 수 있는 권리가 있다.

8) 부동산등기법 제88조, 제91조.

(6) 사례 6

1) 권리관계

2015. 7. 17. A 소유권 보존
2018. 3. 25. B 주택임차인 인도+주민등록전입신고+확정일자
(배당을 요구한 경우)
2019. 4. 19. C 보전가등기
2021. 5. 18. D 근저당
2022. 8. 15. E 가압류
2023. 6. 25. F 가처분
2024. 1. 31. D 임의경매 개시결정

2) 해 설

D근저당이 말소기준등기가 된다. 따라서 D근저당을 포함하여 그 뒤에 존재하는 권리 E, F는 모두 소멸한다. 또한 말소기준등기에 앞서는 선순위 B확정일자 주택임차권은 배당요구에 따라 소멸한다.

선순위 확정일자임차권자의 배당요구에 의해 임차권이 소멸하는 것과 관련하여, 확정일자임차권이 저당권 등 담보권과 거의 같은 권리이기 때문에 최선순위의 임차권자가 배당을 요구한 경우에는 매각에 의해 후순위의 보전가등기, 가처분권 등은 인수되지 않고 모두 말소된다는 견해가 많다.[9]

그러나 확정일자주택임차권이 본질적으로는 용익권임에도 불구하고 선순위 확정일자임차권자에게 우선변제권 및 선택적 배당요구권을 인정한 것은 오로지 주택임차권의 보장성 강화 및 경매절차의 간명성을 고려한 특별한 조치에 불과할 뿐, 이에 확정일자임차권의 말소기준등기성을 인정해야 할 어떠한 법리도 찾기 어렵다. 더욱이 확정일자임차권자의 선택적 권리에 불과한 배당요구권의 행사 여하

9) 윤경, 민사집행법 연구 제1권, 89쪽 이하 등.

에 따라 후순위 권리의 운명이 결정되는 것은 법적 안정성의 이념에도 크게 어긋난다. 결국, 비록 최선순위에 속한 확정일자임차권이라도 말소기준등기는 될 수 없다. 따라서 최선순위 확정일자임차권과 말소기준등기와의 사이에 존재하고 있는 보전가등기, 가처분권 등은 말소되지 않고 그대로 매수인에게 인수된다.[10]

본건의 경우, 최선순위인 B확정일자주택임차권과 말소기준등기 D근저당과의 사이에 존재하고 있는 C보전가등기는 말소되지 않고 그대로 매수인에게 인수된다.

(7) 사례 7

1) 권리관계

2015. 7. 17. A 소유권 보존
2018. 3. 25. B 등기된 주택임차권
2019. 4. 19. C 보전가등기
2021. 5. 18. D 가압류
2022. 8. 15. E 가압류
2023. 6. 25. F 가처분
2024. 1. 31. E 강제경매 개시결정

2) 해 설

주택임대차보호법은 임차권등기명령의 집행에 따라 임차권등기를 마친 주택임대차에 대하여 대항력과 우선변제권을 취득케 하고, 이를 민법 제621조에 따른 주택임대차등기의 효력에 준용한다.[11]

상가건물임대차보호법 또한 위와 같은 내용으로 임차권등기를 마친 상가건

10) 법원실무제요, 민사집행(Ⅱ) 383쪽 이하 참조.
11) 주택임대차보호법 제3조의3 5항, 제3조의4.

물임대차에 대하여 각각 대항력과 우선변제권을 취득케 하고, 이를 민법 제621조에 따른 건물임대차등기의 효력에 준용한다.[12)]

따라서 등기된 모든 주택임차권과 건물임차권은 대항력과 우선변제권을 갖고 있다.

본건의 경우, D가압류가 말소기준등기가 된다. 따라서 D가압류를 포함하여 그 뒤에 존재하는 권리 E, F는 모두 소멸한다. 그러나 위 말소기준등기는 선순위인 B의 등기된 주택임차권과 C보전가등기에 대해서는 대항할 수 없으므로, B 주택임차권과 C보전가등기는 매수인에게 인수된다.

따라서 우선변제권 취득시점(등기시점)이 말소기준등기보다 선순위인 주택임차인 B는 대항력을 주장하여 임차기간까지 점유, 사용할 수 있는 권리와 배당요구[13)][14)]를 하여 보증금의 우선변제를 받을 수 있는 권리를 모두 갖고 있다.

(8) 사례 8

1) 권리관계

2015. 7. 17. A 소유권 보존

2018. 3. 25. B 등기된 주택임차권(배당을 요구한 경우)

---

12) 상가건물임대차보호법 제6조 5항, 제7조.

13) 민사집행법 제88조(배당요구) ① 집행력 있는 정본을 가진 채권자, 경매개시결정이 등기된 뒤에 가압류를 한 채권자, 민법·상법, 그 밖의 법률에 의하여 우선변제청구권이 있는 채권자는 배당요구를 할 수 있다. ② 배당요구에 따라 매수인이 인수하여야 할 부담이 바뀌는 경우 배당요구를 한 채권자는 배당요구의 종기가 지난 뒤에 이를 철회하지 못한다.

14) 민사집행법 제148조(배당받을 채권자의 범위) 제147조 제1항에 규정한 금액을 배당받을 채권자는 다음 각호에 규정된 사람으로 한다.
1. 배당요구의 종기까지 경매신청을 한 압류채권자
2. 배당요구의 종기까지 배당요구를 한 채권자
3. 첫 경매개시결정등기전에 등기된 가압류채권자
4. 저당권·전세권, 그 밖의 우선변제청구권으로서 첫 경매개시결정등기 전에 등기되었고 매각으로 소멸하는 것을 가진 채권자

2019. 4. 19. C 보전가등기
2021. 5. 18. D 근저당
2022. 8. 15. E 가압류
2023. 6. 25. F 가처분
2024. 1. 31. D 강제경매 개시결정

2) 해 설

D근저당이 말소기준등기가 된다. 따라서 D근저당을 포함하여 그 뒤에 존재하는 권리 E, F는 모두 소멸한다. 또한 말소기준등기에 앞서는 선순위 B의 등기된 주택임차권은 배당요구에 따라 소멸한다.

선순위 등기된 주택임차권자의 배당요구에 의해 임차권이 소멸하는 것과 관련하여, 최선순위의 임차권자가 배당을 요구한 경우에는 매각에 의해 후순위의 보전가등기, 가처분권 등은 인수되지 않고 모두 말소된다는 견해가 많다.

그러나 등기된 주택임차권이 본질적으로는 용익권임에도 불구하고 선순위 등기된 주택임차권자에게 우선변제권 및 선택적 배당요구권을 인정한 것은 오로지 주택임차권의 보장성 강화 및 경매절차의 간명성을 고려한 특별한 조치에 불과할 뿐, 이에 등기된 주택임차권의 말소기준등기성을 인정해야 할 어떠한 법리도 찾기 어렵다. 더욱이 등기된 주택임차권자의 선택적 권리에 불과한 배당요구권의 행사 여하에 따라 후순위 권리의 운명이 결정되는 것은 법적 안정성의 이념에도 크게 어긋난다. 결국, 비록 최선순위에 속한 등기된 주택임차권이라도 말소기준등기는 될 수 없다. 따라서 최선순위 등기된 주택임차권과 말소기준등기와의 사이에 존재하고 있는 보전가등기, 가처분권 등은 말소되지 않고 그대로 매수인에게 인수된다.[15]

본건의 경우, 최선순위인 B의 등기된 주택임차권과 말소기준등기 D근저당과의 사이에 존재하고 있는 C보전가등기는 말소되지 않고 그대로 매수인에게

15) 법원실무제요, 민사집행(Ⅱ) 383쪽 이하 참조.

인수된다.

3. 가처분(假處分)의 권리분석 연습

(1) 사례 1

1) 권리관계

2015. 7. 17. A 소유권 보존
2018. 3. 25. B 근저당
2019. 4. 19. C 가처분
2021. 5. 18. D 전세권
2022. 8. 15. E 가압류
2023. 6. 25. F 근저당
2024. 1. 31. E 강제경매 개시결정

2) 해 설

B근저당이 말소기준등기가 된다. 따라서 B근저당을 포함하여 그 뒤에 존재하는 권리 C, D, E, F는 모두 소멸한다. 또한 말소기준등기보다 앞선 선순위 권리도 없으므로, 본건은 매수인이 인수해야 할 부담이 없는 안전한 물건이다.

가처분은 직접 금전채권을 보존하기 위한 권리가 아니고, 배당참가 또한 쉽지 않으므로 용익권에 준하여 저당권 등 말소기준등기보다 선순위인 경우에 한하여 매수인이 인수하며, 말소기준등기를 기준으로 후순위 권리는 모두 소멸한다. 선순위 저당권이 확보한 담보가치 또는 선순위 압류의 처분금지 효력이 후순위 용익권 등에 의해 손상되지 않도록 보장해 주어야 하기 때문이다.[16]

16) 민사집행법 제91조 3항, 4항, 제92조 1항 및 국세징수법 제92조 2항, 3항, 제43조 1항.

(2) 사례 2

1) 권리관계

2015. 7. 17. A 소유권 보존
2018. 3. 25. B 가처분
2019. 4. 19. C 근저당
2021. 5. 18. D 근저당
2022. 8. 15. E 전세권
2023. 6. 25. F 가압류
2024. 1. 31. D 임의경매 개시결정

2) 해 설

C근저당이 말소기준등기가 된다. 따라서 C근저당을 포함하여 그 뒤에 존재하는 권리 D, E, F는 모두 소멸한다. 그러나 위 말소기준등기는 선순위인 B가처분에 대해서는 대항할 수 없으므로, B가처분은 매수인에게 인수된다. 선순위 가처분(假處分)의 승소본안판결에 의하여 매수인은 소유권을 잃을 수 있다.

(3) 사례 3

1) 권리관계

2015. 7. 17. A 소유권 보존
2018. 3. 25. B 가처분
2019. 4. 19. C 보전가등기
2021. 5. 18. D 근저당
2022. 8. 15. E 전세권
2023. 6. 25. F 가압류

2024. 1. 31. D 임의경매 개시결정

2) 해 설

D근저당이 말소기준등기가 된다. 따라서 D근저당을 포함하여 그 뒤에 존재하는 권리 E, F는 모두 소멸한다. 그러나 위 말소기준등기는 선순위인 B가처분과 C보전가등기에 대해서는 대항할 수 없으므로, B가처분과 C보전가등기는 매수인에게 인수된다.

따라서 매수인은 선순위 B가처분권자의 승소본안판결에 의하여, 또는 선순위 C보전가등기권자의 본등기에 의하여 소유권을 잃을 수 있다.

(4) 사례 4

1) 권리관계

2015. 7. 17. A 소유권 보존
2018. 3. 25. B 주택임차인 인도＋주민등록전입신고＋확정일자
(배당을 요구한 경우)
2019. 4. 19. C 가처분
2021. 5. 18. D 근저당
2022. 8. 15. E 가압류
2023. 6. 25. F 가처분
2024. 1. 31. D 임의경매 개시결정

2) 해 설

D근저당이 말소기준등기가 된다. 따라서 D근저당을 포함하여 그 뒤에 존재하는 권리 E, F는 모두 소멸한다. 또한 말소기준등기에 앞서는 선순위 B확정일자 주택임차권은 배당요구에 따라 소멸한다.

선순위 확정일자임차권자의 배당요구에 의해 임차권이 소멸하는 것과 관련하여, 확정일자임차권이 저당권 등 담보권과 거의 같은 권리이기 때문에 최선순위의 임차권이 배당을 요구한 경우에는 매각에 의해 후순위의 보전가등기, 가처분권 등은 인수되지 않고 모두 말소된다는 견해가 많다.[17]

그러나 확정일자주택임차권이 본질적으로는 용익권임에도 불구하고 선순위 확정일자임차권자에게 우선변제권 및 선택적 배당요구권을 인정한 것은 오로지 주택임차권의 보장성 강화 및 경매절차의 간명성을 고려한 특별한 조치에 불과할 뿐, 이에 확정일자임차권의 말소기준등기성을 인정해야 할 어떠한 법리도 찾기 어렵다. 더욱이 확정일자임차권자의 선택적 권리에 불과한 배당요구권의 행사 여하에 따라 후순위 권리의 운명이 결정되는 것은 법적 안정성의 이념에도 크게 어긋난다.

결국, 비록 최선순위에 속한 확정일자임차권이라도 말소기준등기는 될 수 없다. 따라서 본건의 경우, 최선순위인 B확정일자 주택임차권(배당요구)과 말소기준등기 D근저당과의 사이에 존재하고 있는 C가처분은 말소되지 않고 그대로 매수인에게 인수된다.[18]

(5) 사례 5

1) 권리관계

2015. 7. 17. A 소유권 보존
2018. 3. 25. B 등기된 임차권(토지)
2019. 4. 19. C 가처분
2021. 5. 18. D 근저당
2022. 8. 15. E 가압류

17) 윤경, 민사집행법 연구 제1권, 89쪽 이하 등.
18) 법원실무제요, 민사집행(Ⅱ) 383쪽 이하 참조.

2023. 6. 25. F 가압류
2024. 1. 31. D 임의경매 개시결정

2) 해 설

D근저당이 말소기준등기가 된다. 따라서 D근저당을 포함하여 그 뒤에 존재하는 권리 E, F는 모두 소멸한다. 그러나 위 말소기준등기는 선순위인 B등기된 임차권(토지)과 C가처분에 대해서는 대항할 수 없으므로, B임차권과 C가처분은 매수인에게 인수된다.

따라서 선순위 토지임차인 B는 대항력을 주장하여 임차기간까지 점유, 사용할 수 있는 권리가 있다. 한편 매수인은 선순위 C가처분권자의 승소본안판결에 의하여 소유권을 잃을 수도 있다.

4. 등기된 환매권(還買權)의 권리분석 연습

(1) 사례 1

1) 권리관계

2015. 7. 17. A 소유권 보존
2018. 3. 25. B 근저당
2019. 4. 19. C 소유권 이전(환매특약 등기)
2021. 5. 18. D 전세권
2022. 8. 15. E 가압류
2023. 6. 25. F 근저당
2024. 1. 31. E 강제경매 개시결정

2) 해 설

B근저당이 말소기준등기가 된다. 따라서 B근저당을 포함하여 그 뒤에 존재하는 권리 C, D, E, F는 모두 소멸한다. 또한 말소기준등기보다 앞선 선순위 권리도 없으므로, 본건은 매수인이 인수해야 할 부담이 없는 안전한 물건이다.

환매권은 직접 금전채권을 보존하기 위한 권리가 아니고, 배당참가 또한 쉽지 않으므로 용익권에 준하여 저당권 등 말소기준등기보다 선순위인 경우에 한하여 매수인이 인수하며, 말소기준등기를 기준으로 후순위 권리는 모두 소멸한다. 선순위 저당권이 확보한 담보가치 또는 선순위 압류의 처분금지 효력이 후순위 용익권 등에 의해 손상되지 않도록 보장해 주어야 하기 때문이다.[19)]

(2) 사례 2

1) 권리관계

2015. 7. 17. A 소유권 보존
2018. 3. 25. B 소유권 이전(환매특약 등기)
2019. 4. 19. C 근저당
2021. 5. 18. D 근저당
2022. 8. 15. E 가압류
2023. 6. 25. F 가처분
2024. 1. 31. D 임의경매 개시결정

2) 해 설

C근저당이 말소기준등기가 된다. 따라서 C근저당을 포함하여 그 뒤에 존재하는 권리 D, E, F는 모두 소멸한다. 그러나 위 말소기준등기는 선순위인 B

19) 민사집행법 제91조 3항, 4항, 제92조 1항 및 국세징수법 제92조 2항, 3항, 제43조 1항.

환매특약등기에 대해서는 대항할 수 없으므로, B환매특약등기는 매수인에게 인수된다. 선순위 환매권자의 환매권행사에 의하여 매수인은 소유권을 잃을 수 있다.

제 8 장
법정지상권(法定地上權)의 권리분석

1. 요 약

(1) 법정지상권의 의의

1) 법정지상권은 토지와 그 지상건물이 동일인에게 귀속하는 경우에 토지와 건물 중 어느 하나 또는 둘 모두에 저당권이 설정된 후, 저당권의 실행으로 경매됨으로써 토지와 건물의 소유자가 다르게 된 때에, 건물의 소유자에게 당연히 인정되는 지상권을 말한다.[1)]

법정지상권은 건물을 토지와는 별개의 부동산으로 다루고 있는 우리 법제에 있어서 당사자 사이에 건물을 위한 토지이용권을 현실화할 기회가 없었던 경우에, 건물소유자의 토지 이용을 보장할 필요에서 인정된 공익적 권리이고, 따라서 이를 규정한 민법 제366조는 강행규정에 속한다.[2)]

---

1) 민법 제366조(법정지상권) 저당물의 경매로 인하여 토지와 그 지상건물이 다른 소유자에 속한 경우에는 토지소유자는 건물소유자에 대하여 지상권을 설정한 것으로 본다. 그러나 지료는 당사자의 청구에 의하여 법원이 이를 정한다.

2) 대법원 1988. 10. 25. 선고 87다카1564 판결.

2) 위와 같이 법정지상권이 건물을 위한 토지이용권을 현실화할 기회가 없었던 경우에, 건물소유자의 토지 이용을 보장할 필요에서 인정된 제도인 점을 감안하면, 현행법상 법정지상권이 성립되는 사유는 그 한계가 뚜렷하다. 여기서 입법적 한계를 보완하기 위하여 대법원판례는 그 성립사유를 완화하여 법정지상권의 성립을 인정한다. 이를 관습법상의 법정지상권이라 한다.

(2) 법정지상권의 성립요건

1) 민법상의 법정지상권(제366조)

① 저당권 설정 당시에 토지 위에 건물이 존재하고, ② 그 토지와 건물이 동일인 소유일 것 및 ③ 저당권 실행(임의경매)으로 인하여 그 토지와 건물이 각각 소유자를 달리하게 될 것을 성립요건으로 한다.

2) 관습법상의 법정지상권

관습법상의 법정지상권은 ① 토지와 건물소유자가 동일하고, ② 그 토지와 건물 중 어느 하나가 매매 기타 사유로 처분되어 토지와 건물소유자가 각각 달라질 것 및 ③ 관습법상의 법정지상권 포기 특약이 없을 것을 성립요건으로 한다.

민법상의 법정지상권(제366조)이 저당권의 실행(임의경매)으로 인하여 토지와 건물이 각각 소유자를 달리하게 될 것을 성립요건으로 하는 것과 달리 관습법상의 법정지상권은 판례에 의하면 매매, 증여, 대물변제, 민사집행법상의 강제경매, 국세징수법상의 공매 등 그 성립원인에 제한이 없다. 요컨대 관습법상의 법정지상권은 입법의 한계를 보완하기 위해 형성된 것이라고 볼 수 있다.

(3) 법정지상권의 권리분석

말소기준등기(최우선순위의 저당권 등)보다 앞서 법정지상권의 성립요건을 갖춘 경우에 한하여, 용익권에 준하여 경매의 토지매수인이 이를 인수하고, 후순위인 경우에는 모두 소멸한다.[3] 선순위 담보권 등이 확보한 담보가치가 후순위의 용익권에 손상되지 않도록 보장해 주어야 하기 때문이다.

2. 법정지상권의 권리분석 연습 1(민법 제366조)

(1) 사례 1

1) 권리관계

2015. 7. 17. A 소유권 보존(토지+건물)
2018. 3. 25. B 근저당 설정(토지)
2019. 4. 19. C 전세권
2021. 5. 18. D 보전가등기
2022. 8. 15. E 가압류
2023. 6. 25. B 임의경매 개시결정(토지)
2024. 1. 31. G 매수(토지)

2) 해 설

법정지상권은 토지와 그 지상건물이 동일인에게 귀속하는 경우에 토지와 건물 중 어느 하나 또는 둘 모두에 저당권이 설정된 후, 저당권의 실행으로 경매됨으로써 토지와 건물의 소유자가 다르게 된 때에, 건물의 소유자에게 당연히

3) 민사집행법 제91조 3항, 4항, 국세징수법 제92조 2항, 3항.

인정된다.

본건의 경우, B근저당의 실행(임의경매)으로 인하여 A의 토지를 매수한 G는 경매 대상이 아닌 A의 토지 위에 존재하는 건물을 위한 법정지상권의 성립을 인정해야 한다. 한편 B근저당은 말소기준등기가 된다. 그러므로 B근저당을 포함하여 그 뒤에 존재하는 권리 C, D, E는 모두 소멸한다.

(2) 사례 2

1) 권리관계

2015. 7. 17. A 소유권 보존(토지+건물)
2018. 3. 25. B 근저당 설정(토지+건물)
2019. 4. 19. C 전세권
2021. 5. 18. D 가압류
2022. 8. 15. E 가압류
2023. 6. 25. B 임의경매 개시결정(토지+건물)
2024. 1. 31. G 매수(토지+건물)

2) 해 설

법정지상권이 성립하려면 저당권 실행(임의경매)으로 인해, 토지와 건물이 각각 소유자를 달리하게 되어야 한다. 그러므로 그 둘이 모두 동일인에게 매각된 때에는 법정지상권은 인정될 필요가 없다.

본건의 경우, B근저당의 실행(임의경매)으로 인하여 소유자 A의 토지와 건물이 모두 동일인 G에게 매각되었으므로 법정지상권은 성립될 여지가 없다.

그리고 B근저당은 말소기준등기가 된다. 따라서 B근저당을 포함하여 그 뒤에 존재하는 권리 C, D, E는 모두 소멸한다. 또한 말소기준등기보다 앞선 선순위 권리도 없으므로, 본건은 매수인이 인수해야 할 부담이 없는 안전한 물건이다.

(3) 사례 3

1) 권리관계

2015. 7. 17. A 소유권 보존(토지)
2018. 3. 25. B 근저당 설정(토지)
2019. 4. 19. C 신축 및 소유권 보존(건물)
2021. 5. 18. D 보전가등기(토지+건물)
2022. 8. 15. E 가압류
2023. 6. 25. B 임의경매 개시결정(토지)
2024. 1. 31. G 매수(토지)

2) 해 설

법정지상권은 저당권 설정 당시에 저당권의 목적되는 토지 위에 건물이 존재하는 경우에 한하여 인정되므로, 저당권 설정 후에 신축된 건물을 위한 법정지상권은 성립이 인정되지 않는다. 선순위 담보권 등이 확보한 담보가치가 후순위의 용익권에 손상되지 않도록 보장해 주어야 하기 때문이다.

본건의 경우, B근저당 설정 후에 저당권의 목적인 토지 위에 신축된 C건물을 위한 법정지상권은 성립이 인정되지 않는다. 그러므로 A의 토지를 매수한 G는 C건물의 철거를 요구할 수 있다.

한편, B근저당은 말소기준등기가 되므로 B근저당을 포함하여 그 뒤에 존재하는 권리 C, D, E는 모두 소멸한다.

(4) 사례 4

1) 권리관계

2015. 7. 17. A 소유권 보존(토지+미등기 건물)
2018. 3. 25. B 근저당 설정(토지)
2019. 4. 19. C 등기된 임대차
2021. 5. 18. D 보전가등기
2022. 8. 15. E 가압류
2023. 6. 25. B 임의경매 개시결정(토지)
2024. 1. 31. G 매수(토지)

2) 해 설

법정지상권은 저당권 설정 당시에 저당권의 목적되는 토지 위에 건물이 존재하는 경우에 한하여 인정된다. 판례는 저당권 설정 당시에 토지 위에 존재하는 무허가, 미등기 또는 미완성 건물에도 법정지상권의 성립을 인정한다.[4)]

본건의 경우, B근저당의 실행(임의경매)으로 인하여 A의 토지를 매수한 G는 A의 미등기 건물을 위한 법정지상권을 인정해야 한다. 또한 B근저당은 말소기준등기가 된다. 그러므로 B근저당을 포함하여 그 뒤에 존재하는 권리 C, D, E는 모두 소멸한다.

(5) 사례 5

1) 권리관계

2015. 7. 17. A 소유권 보존(토지)
2018. 3. 25. B 근저당 설정(토지)

4) 대법원 1988. 4. 12. 선고 87다카2404 판결 등.

2019. 4. 19. C 신축 및 소유권 보존(건물)
2021. 5. 18. D 근저당(토지+건물)
2022. 8. 15. E 근저당(토지+건물)
2023. 6. 25. D 임의경매 개시결정(토지)
2024. 1. 31. G 매수(토지)

2) 해 설

동일한 토지에 여러 개의 저당권이 설정된 경우, 법정지상권이 성립하기 위해서는 가장 선순위의 저당권이 설정될 당시에 건물이 존재해야 한다. 최우선순위의 저당권이 말소기준등기가 되므로, 말소기준등기를 포함하여 그 뒤에 존재하는 후순위 권리는 모두 소멸하기 때문이다.[5)]

본건의 경우, B근저당 설정 후에 저당권의 목적인 토지 위에 신축된 C건물을 위한 법정지상권은 성립이 인정되지 않는다. 따라서 A의 토지를 매수한 G는 C건물의 철거를 요구할 수 있다.

한편 B근저당은 말소기준등기가 되므로 B근저당을 포함하여 그 뒤에 존재하는 권리 C, D, E는 모두 소멸한다.

(6) 사례 6

1) 권리관계

2015. 7. 17. A 소유권 보존(토지+미등기 건물)
2018. 3. 25. B 소유권 이전(토지+미등기 건물)
2019. 4. 19. <u>C 근저당 설정(토지)</u>
2021. 5. 18. D 가압류
2022. 8. 15. E 가압류

---

5) 민사집행법 제91조 3항, 4항, 국세징수법 제92조 2항, 3항.

2023. 6. 25. C 임의경매 개시결정(토지)
2024. 1. 31. G 매수(토지)

2) 해 설

법정지상권은 저당권 설정 당시에 토지와 그 지상건물이 동일인에게 귀속하는 경우에 한하여 성립된다. 따라서 저당권의 설정 당시에 토지와 건물이 각각 다른 사람의 소유에 속한 경우에는 법정저당권이 성립될 여지가 없다.[6] 이 경우에는 그 건물을 위하여 이미 토지소유자에게 대항할 수 있는 용익권이 설정되어 있거나 용익권을 설정할 수 있었음에도 설정하지 않았을 것이므로 법정저당권의 성립을 인정할 필요가 없기 때문이다.

본건의 경우, B는 대지와 함께 미등기 건물도 일괄 매수했음에도, C근저당 설정 당시 토지의 소유자는 B이나, B는 아직 미등기 건물의 소유권을 취득하지 못한 상태이므로,[7] 건물의 소유자는 A이다. 따라서 토지와 건물이 각각 다른 사람의 소유에 속한 경우에 해당하므로 A의 건물을 위한 법정지상권은 인정될 여지가 없다. 또한, C근저당은 말소기준등기가 된다. 따라서 C근저당을 포함하여 그 뒤에 존재하는 권리 D, E는 모두 소멸한다.

(7) 사례 7

1) 권리관계

2015. 7. 17. A 소유권 보존(토지+건물)
2018. 3. 25. <u>B 근저당 설정(토지+건물)</u>
2019. 4. 19. C 전세권

6) 대법원 2002. 6. 20. 선고 2002다9660 판결 등.
7) 판례는 그 소유권이전등기를 경료 받지 못하고 있는 한, 미등기 또는 무허가 건물 양수인의 동 건물에 대한 소유권 취득을 인정하지 않는다(대법원 2006. 10. 27. 선고 2006다49000 판결 등 다수).

2021. 5. 18. D 보전가등기
2022. 8. 15. E 가압류
2023. 6. 25. B 임의경매 개시결정(토지)
2024. 1. 31. G 매수(토지)

2) 해 설

법정지상권은 동일인의 소유에 속하는 토지 및 그 지상건물에 대하여 공동저당권이 설정되었으나 그중 하나에 대해서만 경매가 실행되어 소유자가 달라지게 된 경우에도 성립한다.[8]

본건의 경우, B근저당(공동저당)의 목적물 중 토지에 대해서만 경매가 행해짐으로 인하여 A의 토지를 매수한 G는 경매 대상이 아닌 A의 토지 위에 존재하는 건물을 위한 법정지상권의 성립을 인정해야 한다. 또한 B근저당은 말소기준등기가 된다. 그러므로 B근저당을 포함하여 그 뒤에 존재하는 권리 C, D, E는 모두 소멸한다.

3. 법정지상권의 권리분석 연습 2(관습법상의 법정지상권)

(1) 사례 1

1) 권리관계

2015. 7. 17. A 소유권 보존(토지+건물)
2018. 3. 25. B 가압류(토지)
2019. 4. 19. C 등기된 임차권
2021. 5. 18. D 보전가등기

8) 대법원 2013. 3. 14. 선고 2012다108634 판결.

2022. 8. 15. E 가압류
2023. 6. 25. B 강제경매 개시결정(토지)
2024. 1. 31. G 매수(토지)

2) 해 설

관습법상의 법정지상권은 ① 토지와 건물소유자가 동일하고, ② 그 토지와 건물 중 어느 하나가 매매 기타 사유로 처분되어 토지와 건물소유자가 각각 달라질 것 및 ③ 관습법상의 법정지상권 포기 특약이 없을 것을 성립요건으로 한다.

민법상의 법정지상권(제366조)이 저당권의 실행(임의경매)으로 인하여 그 토지와 건물이 각각 소유자를 달리하게 될 것을 성립요건으로 하는 것과 달리 관습법상의 법정지상권은 판례에 의하면 매매, 증여, 대물변제, 민사집행법상의 강제경매, 국세징수법상의 공매 등 그 성립원인에 제한이 없다. 요컨대 관습법상의 법정지상권은 입법의 한계를 보완하기 위해 형성된 것이라고 볼 수 있다.

본건의 경우, 저당권의 실행에 인한 경우는 아니라 하더라도, B가압류에 기한 강제경매로 인하여 A의 토지를 매수한 G는 경매 대상이 아닌 그 토지 위에 존재하는 건물을 위한 관습법상 법정지상권의 성립을 인정해야 한다. 한편 B가압류는 말소기준등기가 된다. 그러므로 B가압류를 포함하여 그 뒤에 존재하는 권리 C, D, E는 모두 소멸한다.

(2) 사례 2

1) 권리관계

2015. 7. 17. A 소유권 보존(토지+건물)
2018. 3. 25. B 근저당 설정(토지+건물)
2019. 4. 19. C 전세권
2021. 5. 18. D 보전가등기

2022. 8. 15. E 가압류(토지)
2023. 6. 25. E 강제경매 개시결정(토지)
2024. 1. 31. G 매수(토지)

2) 해 설

민법상의 법정지상권(제366조)은 저당권의 실행(임의경매)으로 인하여 토지와 건물이 각각 소유자를 달리하게 될 경우에 한하여 성립된다. 따라서 후순위의 가압류 등에 기해 실행되는 강제경매로 인하여 최선순위의 저당권이 말소기준등기가 된다 하더라도, 가압류 등에 기한 강제경매로 인하여 토지와 건물이 각각 소유자를 달라진 이상, 동 법정지상권은 성립되지 않고 관습법상의 법정지상권이 성립될 뿐이다.[9]

본건의 경우, A의 토지를 매수한 G는 경매 대상이 아닌 그 토지 위에 존재하는 건물을 위한 관습법상 법정지상권의 성립을 인정해야 한다. 한편 B근저당은 말소기준등기가 된다. 그러므로 B근저당을 포함하여 그 뒤에 존재하는 권리 C, D, E는 모두 소멸한다.

(3) 사례 3

1) 권리관계

2015. 7. 17. A 소유권 보존(토지+건물)
2018. 3. 25. B 전세권 설정(건물)
2019. 4. 19. C 근저당
2021. 5. 18. D 가압류
2022. 8. 15. E 가압류
2023. 6. 25. B 임의경매 개시결정(건물)

9) 대법원 2013. 4. 11. 선고 2009다62059 판결.

2024. 1. 31. G 매수(건물)

2) 해 설

본건의 경우, 저당권의 실행에 인한 경우는 아니라 하더라도, B전세권에 기한 임의경매로 인하여 A의 건물을 매수한 G에 대하여 토지소유자 A는 관습법상 법정지상권의 성립을 인정해야 한다. 한편 C근저당은 말소기준등기가 된다. 그러므로 C근저당을 포함하여 그 뒤에 존재하는 권리 D, E는 모두 소멸한다.

제 9 장 유치권(留置權)의 권리분석

1. 요 약

(1) 유치권의 의의

유치권은 타인의 물건 또는 유가증권을 점유한 자가 그 물건이나 유가증권에 관하여 생긴 채권이 변제기에 있는 경우에 그 채권의 변제를 받을 때까지 그 물건 또는 유가증권을 유치할 수 있는 물권이다.[1)]

신축공사를 한 수급인이 해당 건물을 점유하고 있고 또 그 건물에 관하여 생긴 공사대금 채권이 존재할 경우, 수급인이 위 공사대금을 전부 변제받을 때까지 공사를 한 당해 건물을 유치할 수 있는 권리가 유치권의 대표적 예이다.

(2) 유치권의 성립요건

유치권은 다음의 모든 요건에 해당할 경우, 당연히 성립하게 되는 법정 담

1) 민법 제320조 1항.

보물권이다.

1) 유치권의 목적물로 될 수 있는 것은 타인 소유의 물건과 유가증권이고, 법률상 당연히 성립하기 때문에 부동산이 목적물인 경우에도 등기가 필요하지 않다.

2) 유치권이 성립되기 위해서는 목적물에 대한 점유가 불법행위에 의하여 시작되지 않았어야 하고,[2] 적법한 점유가 계속되어야 한다. 유치권자가 점유를 잃으면 유치권은 소멸한다.[3]

3) 피담보채권의 변제기가 도래해야 한다. 경매절차에서는 경매개시결정으로써 변제기가 도래한 것으로 본다.

4) 유치권이 성립하기 위해서는 피담보채권이 유치권의 목적물에 관하여 생긴 것이어야 한다.[4] 즉 피담보채권과 목적물 간에 견련성이 있을 것을 요한다. 견련성이 인정될 수 있는 것은 용익대상 부동산에 지출한 필요비나 유익비 채권,[5] 시공한 해당 건물의 공사비 채권[6] 등이 있다.

5) 유치권이 성립하기 위해서는 유치권을 배제하는 특약이 없어야 한다. 유치권은 법정요건만 갖추면 당연히 성립하게 되지만, 유치권의 발생을 배제하는 당사자 간의 특약도 유효하기 때문이다. 따라서 원상회복 특약조건 아래 지출한 공사비,[7] 임대인 귀속 특약조건 아래 지출한 공사비[8] 등을 이유로 한 유치권은 인정되지 않는다.

6) 유치권이 성립하기 위해서는 경매개시결정등기 기입 전에 점유하고 있어야 한다. 따라서 공사비 채권을 가지고 있는 수급인에게 경매개시결정등기 기입 후에 그 부동산의 점유를 이전하더라도 유치권은 인정되지 않는다. 이는 압류등기

---

2) 민법 제320조 2항.
3) 민법 제328조.
4) 민법 제320조 1항.
5) 대법원 1972. 1. 31. 선고 71다2414 판결.
6) 대법원 1995. 9. 15. 선고 95다16202 판결.
7) 대법원 1983. 5. 10. 선고 81다187, 대법원 1975. 4. 22. 선고 73다2010 판결.
8) 대법원 1983. 2. 22. 선고 80다589 판결.

가 경료되면 처분금지 효력으로 인해 후순위 권리는 모두 소멸되기 때문이다.[9)]

(3) 유치권의 권리분석

현행법은 유치권에 대하여는 무조건 불소멸 및 인수주의를 채택함으로써, 원칙적으로 유치권은 전 소유자 때 성립한 것이라도 전부 매수인에게 인수된다. 따라서 매수인은 유치권자에게 그 유치권(留置權)으로 담보하는 채권을 변제할 책임이 있다.[10)]

다만 경매기입등기 이후 성립된 유치권에 한하여 예외적으로 대항력이 배제되어 소멸한다. 이는 압류등기가 경료되면 처분금지 효력으로 인해 후순위 권리는 모두 소멸되기 때문이다.[11)]

여기서 경매기입등기라 함은 강제경매 개시결정등기, 임의경매 개시결정등기, 체납 공과세금 압류에 대한 공매공고 기입등기를 말한다.[12)]

2. 유치권의 권리분석 연습

(1) 사례 1

1) 권리관계

2015. 7. 17. A 소유권 보존

2018. 3. 25. B 근저당

2019. 4. 19. C 근저당

9) 대법원 2005. 8. 19. 선고 2005다22688 판결 등.
10) 민사집행법 제91조 5항, 국세징수법 제92조 4항.
11) 대법원 2005. 8. 19. 선고 2005다22688 판결 등.
12) 대법원 2014. 3. 20. 선고 2009다60336 전원합의체 판결.

2021. 5. 18. D 전세권
2022. 8. 15. C 임의경매 개시결정
2023. 6. 25. F 유치권
2024. 1. 31. G 매수

2) 해 설

현행법은 유치권에 대하여는 무조건 불소멸 및 인수주의를 채택함으로써, 원칙적으로 유치권은 전 소유자 때 성립한 것이라도 전부 매수인에게 인수된다. 다만 경매개시결정등기 기입(경매기입등기) 이후 성립된 유치권에 한하여 예외적으로 대항력이 배제되어 소멸한다. 이는 압류등기가 경료되면 처분금지 효력으로 인해 후순위 권리는 모두 소멸되기 때문이다.[13)]

그러므로 본건의 경우, 경매개시결정등기 경료 이후 성립된 유치권 F로서는 매수인에게 대항할 수 없다. 한편 B근저당은 말소기준등기가 된다. 따라서 B근저당을 포함하여 그 뒤에 존재하는 권리 C, D, F는 모두 소멸한다. 또한 말소기준등기보다 앞선 선순위 권리도 없으므로, 본건은 매수인이 인수해야 할 부담이 없는 안전한 물건이다.

(2) 사례 2

1) 권리관계

2015. 7. 17. A 소유권 보존
2018. 3. 25. B 근저당
2019. 4. 19. C 근저당
2021. 5. 18. D 유치권
2022. 8. 15. E 가압류

13) 대법원 2005. 8. 19. 선고 2005다22688 판결 등.

2023. 6. 25. C 임의경매 개시결정
2024. 1. 31. G 매수

2) 해 설

현행법은 유치권에 대하여는 무조건 불소멸 및 인수주의를 채택함으로써, 원칙적으로 유치권은 전 소유자 때 성립한 것이라도 전부 매수인에게 인수된다. 따라서 매수인은 유치권자에게 그 유치권(留置權)으로 담보하는 채권을 변제할 책임이 있다.[14] 다만 경매개시결정등기 기입(경매기입등기) 이후 성립된 유치권에 한하여 예외적으로 대항력이 배제되어 소멸한다.

따라서 부동산에 저당권이 설정되거나 가압류등기가 된 뒤에 유치권을 취득하였더라도, 경매개시결정등기 기입(경매기입등기) 이전이라면, 경매절차의 매수인에게 유치권을 행사할 수 있다.[15]

그러므로 본건의 경우, 근저당권 설정 후에 유치권을 취득한 D는 경매절차의 매수인 G에게 유치권을 행사할 수 있고 G는 이에 대항할 수 없으므로, D의 유치권은 결국 G에게 인수된다. 한편 B근저당은 말소기준등기가 되므로 B근저당을 포함하여 그 뒤에 존재하는 권리 C, E는 모두 소멸한다.

(3) 사례 3

1) 권리관계

2015. 7. 17. A 소유권 보존
2018. 3. 25. B 가압류
2019. 4. 19. C 가압류
2021. 5. 18. <u>D 유치권</u>

14) 민사집행법 제91조 5항, 국세징수법 제92조 4항.
15) 대법원 2014. 3. 20. 선고 2009다60336 전원합의체 판결.

2022. 8. 15. E 근저당

2023. 6. 25. C 강제경매 개시결정

2024. 1. 31. G 매수

2) 해 설

현행법은 유치권에 대하여는 무조건 불소멸 및 인수주의를 채택함으로써, 원칙적으로 유치권은 전 소유자 때 성립한 것이라도 전부 매수인에게 인수된다. 다만 경매개시결정등기 기입(경매기입등기) 이후 성립된 유치권에 한하여 예외적으로 대항력이 배제되어 소멸한다. 여기서 경매기입등기라 함은 강제경매 개시결정등기, 임의경매 개시결정등기, 체납 공과세금 압류에 대한 공매공고 기입등기를 말한다.[16)]

그러므로 본건의 경우, 가압류등기가 된 뒤에 유치권을 취득한 D는 경매절차의 매수인 G에게 유치권을 행사할 수 있고,[17)] G는 이에 대항할 수 없으므로, D의 유치권은 결국 G에게 인수된다. 한편 B가압류는 말소기준등기가 되므로 B 가압류를 포함하여 그 뒤에 존재하는 권리 C, E는 모두 소멸한다.

(4) 사례 4

1) 권리관계

2015. 7. 17. A 소유권 보존

2018. 3. 25. B 세무서장 압류

2019. 4. 19. C 유치권

2021. 5. 18. D 가압류

2022. 8. 15. E 가압류

---

16) 대법원 2014. 3. 20. 선고 2009다60336 전원합의체 판결.

17) 대법원 2014. 3. 20. 선고 2009다60336 전원합의체 판결, 대법원 2011. 11. 24. 선고 2009다19246 판결 등.

2023. 6. 25. B 공매공고 기입등기
2024. 1. 31. G 매수

2) 해 설

체납처분에 따른 세무서장의 압류등기가 된 뒤에 유치권을 취득하였더라도, 강제경매 개시결정등기, 임의경매 개시결정등기, 체납 공과세금 압류에 대한 공매공고 기입등기[18] 전(前)이라면, 경매절차의 매수인에게 유치권을 행사할 수 있다. 체납처분에 따른 세무서장의 압류와 동시에 매각절차인 국세징수법상의 공매 또는 민사집행법상의 경매절차가 개시되지는 않기 때문이다.[19]

그러므로 본건의 경우, 세무서장의 압류등기가 된 뒤에 유치권을 취득한 C는 경매절차의 매수인 G에게 유치권을 행사할 수 있고, G는 이에 대항할 수 없으므로, C의 유치권은 결국 G에게 인수된다. 한편 B압류는 말소기준등기가 되므로 B압류를 포함하여 그 뒤에 존재하는 권리 D, E는 모두 소멸한다.

(5) 사례 5

1) 권리관계

2015. 7. 17. A 소유권 보존
2018. 3. 25. B 근저당
2019. 4. 19. C 세무서장 압류
2021. 5. 18. D 전세권
2022. 8. 15. C 공매공고 기입등기
2023. 6. 25. F 유치권
2024. 1. 31. G 매수

---

18) 국세징수법 제72조, 제74조.

19) 대법원 2014. 3. 20. 선고 2009다60336 전원합의체 판결, 대법원 2011. 11. 24. 선고 2009다19246 판결 등.

2) 해 설

현행법은 유치권에 대하여는 무조건 불소멸 및 인수주의를 채택함으로써, 원칙적으로 유치권은 전 소유자 때 성립한 것이라도 전부 매수인에게 인수된다. 다만 경매개시결정등기 기입(경매기입등기) 이후 성립된 유치권에 한하여 예외적으로 대항력이 배제되어 소멸한다. 여기서 경매기입등기라 함은 강제경매 개시결정등기, 임의경매 개시결정등기, 체납 공과세금 압류에 대한 공매공고 기입등기를 말한다.[20]

그러므로 본건의 경우, 공매공고 기입등기 경료 이후 성립된 유치권 F로서는 매수인에게 대항할 수 없다. 한편 B근저당은 말소기준등기가 된다. 따라서 B근저당을 포함하여 그 뒤에 존재하는 권리 C, D, F는 모두 소멸한다. 또한 말소기준등기보다 앞선 선순위 권리도 없으므로, 본건은 매수인이 인수해야 할 부담이 없는 안전한 물건이다.

---

20) 대법원 2014. 3. 20. 선고 2009다60336 전원합의체 판결.

제10장

구분지상권, 분묘기지권의 권리분석

1. 요 약

(1) 구분지상권의 권리분석

구분지상권은 건물 기타 공작물을 소유하기 위하여 타인토지의 지상 또는 지하의 공간을 상하의 범위를 정하여 사용하는 물권이다.[1)]

예컨대, 구분지상권은 지표의 하 10미터부터 하 20미터 사이의 공간을 객체로 하여 설정의 합의와 등기에 의하여 성립한다.[2)]

도시철도법 등에 따라 설정된 구분지상권처럼 공익 목적으로 설정된 구분지상권은 말소기준등기의 선후를 가리지 않고 매수인이 그대로 인수한다.

1) 민법 제289조의2(구분지상권) ① 지하 또는 지상의 공간은 상하의 범위를 정하여 건물 기타 공작물을 소유하기 위한 지상권의 목적으로 할 수 있다. 이 경우 설정행위로써 지상권의 행사를 위하여 토지의 사용을 제한할 수 있다.

2) 민법 제186조.

(2) 분묘기지권의 권리분석

분묘기지권은 타인의 토지에서 분묘를 소유하기 위하여 분묘기지 부분의 타인 토지를 사용할 수 있는 지상권 유사의 물권이다. 판례에 의해 확인된 관습법상의 물권이다.

분묘기지권이 성립하기 위해서는 다음 세 경우 중 하나에 해당해야 하고, 분묘기지권은 분묘의 소유자가 취득한다.

1) 토지소유자의 승낙을 얻어 그 토지에 분묘를 설치한 경우.[3]

2) 자기 소유의 토지에 분묘를 설치한 자가 그 분묘기지에 대한 소유권을 보류하거나 또는 분묘도 함께 이전한다는 특약을 함이 없이 토지를 매매 등으로 양도한 경우.[4] 이는 관습법상의 법정지상권의 법리를 유추적용한 것이다.

3) 토지소유자의 승낙 없이 타인 소유의 토지에 분묘를 설치하고 20년 간 평온 및 공연하게 그 분묘의 기지를 점유한 경우. 이는 취득시효에 의하여 분묘기지권을 취득하는 경우이다.

<u>분묘기지권은 말소기준등기보다 앞서 분묘가 존재하고, 그 성립요건을 갖춘 경우에 한하여 매수인이 그대로 인수한다.</u>

2. 분묘기지권의 권리분석 연습

(1) 사례 1

1) 권리관계

2015. 7. 17. A 소유권 보존(토지+분묘)

2018. 3. 25. <u>B 가압류(토지)</u>

---

3) 대법원 2000. 9. 26. 선고 99다14006 판결 등.

4) 대법원 1967. 10. 12. 선고 67다1920 판결.

2019. 4. 19. C 가압류
2021. 5. 18. D 보전가등기
2022. 8. 15. E 가압류
2023. 6. 25. B 강제경매 개시결정(토지)
2024. 1. 31. G 매수(토지)

2) 해 설

분묘기지권은 자기 소유의 토지에 분묘를 설치한 자가 그 분묘기지에 대한 소유권을 보류하거나 또는 분묘도 함께 이전한다는 특약을 함이 없이 토지를 매매 등으로 양도한 경우에 성립한다.[5] 이는 관습법상의 법정지상권의 법리를 유추적용한 것이다.

분묘기지권은 말소기준등기보다 앞서 분묘가 존재하고, 그 성립요건을 갖춘 경우에 한하여 매수인이 그대로 인수한다.

따라서, 본건의 경우, B가압류에 기한 강제경매로 인하여 A의 토지를 매수한 G는 그 토지 위에 존재하는 A의 분묘 수호 및 관리를 위한 분묘기지권을 인정해야 한다. 한편 B가압류는 말소기준등기가 된다. 그러므로 B가압류를 포함하여 그 뒤에 존재하는 권리 C, D, E는 모두 소멸한다.

(2) 사례 2

1) 권리관계

2015. 7. 17. A 소유권 보존(토지)
2018. 3. 25. B 근저당 설정(토지)
2019. 4. 19. C 분묘 설치
2021. 5. 18. D 보전가등기

5) 대법원 1967. 10. 12. 선고 67다1920 판결.

2022. 8. 15. E 가압류(토지)
2023. 6. 25. E 강제경매 개시결정(토지)
2024. 1. 31. G 매수(토지)

2) 해 설

분묘기지권은 말소기준등기보다 앞서 분묘가 존재하고, 그 성립요건을 갖춘 경우에 한하여 매수인이 그대로 인수한다.

따라서 본건의 경우, B근저당 설정 후에 저당권의 목적인 토지 위에 설치된 C분묘를 위한 분묘기지권은 성립이 인정되지 않는다. 따라서 A의 토지를 매수한 G는 C분묘의 철거를 요구할 수 있다.

한편 B근저당은 말소기준등기가 되므로 B근저당을 포함하여 그 뒤에 존재하는 권리 C, D, E는 모두 소멸한다. 또한 말소기준등기보다 앞선 선순위 권리도 없으므로, 본건은 매수인이 인수해야 할 부담이 없는 안전한 물건이다.

제11장
토지별도등기의 권리분석

1. 요 약

토지별도등기란 집합건물과 각 구분건물의 소유권 보존등기에 앞서, 대지권의 목적인 토지가 되기 전부터 당해 토지의 등기기록에 존재하고 있던 권리등기를 말한다. 토지별도등기는 일반적으로 집합건물의 법정대지를 담보로 제공하고 건축자금을 융자받았거나, 동 대지 소유권자의 채권자가 압류, 가압류, 가처분, 보전가등기 등을 한 경우에 존재하게 된다.

토지별도등기 있는 구분건물의 매수인은 원칙적으로 그 등기 내용에 따른 권리를 인수할 수밖에 없다. 다만 토지별도등기가 저당권, 가압류채권, 압류채권 등 배당권 있는 금전채권의 형태로 존재할 경우, 법원 실무에서는 특별매각조건 결정의 방법으로 저당권자 등으로 하여금 채권신고를 하게 하여 그중 경매 대상 구분건물의 대지권비율만큼 배당을 해 주고 일부 말소시키는 형태로 처리하고 있다.[1]

1) 대법원 2008. 3. 13. 선고 2005다15048 판결.

토지별도등기로 인한 부담을 해소해 주기 위함이다.

2. 토지별도등기의 권리분석 연습

(1) 사례 1

1) 권리관계

2015. 7. 17. A 소유권 보존(토지)
2018. 3. 25. B 저당권
2019. 4. 19. C 집합건물 신축
2019. 4. 19. D 구분건물(건물소유권 보존등기+대지권 등기)
2022. 8. 15. E 근저당
2023. 6. 25. F 가압류
2024. 1. 31. E 임의경매 개시결정

2) 해 설

토지별도등기 있는 구분건물의 매수인은 원칙적으로 그 등기 내용에 따른 권리를 인수할 수밖에 없다. 다만 토지별도등기가 저당권, 가압류채권, 압류채권 등 배당권 있는 금전채권의 형태로 존재할 경우, 법원 실무에서는 저당권자 등으로 하여금 채권신고를 하게 하여 그중 경매 대상 구분건물의 대지권비율만큼 배당을 해 주고 일부 말소시키는 형태로 처리하고 있다. 토지별도등기로 인한 부담을 해소해 주기 위함이다.

따라서 본건의 경우, 법원 실무에서는 대지권의 목적인 토지에 존재하는 별도등기인 B저당권으로 하여금 채권신고를 하게 하여 그중 경매 대상 구분건물의 대지권비율만큼 배당을 해 주고 B저당권을 말소시킨다. 한편 E근저당은 말소기준등기가 되므로 E근저당을 포함하여 그 뒤에 존재하는 권리 F는 소멸한다.

또한 말소기준등기보다 앞선 선순위 권리도 없으므로, 본건은 매수인이 인수해야 할 부담이 없는 안전한 물건이다.

(2) 사례 2

1) 권리관계

2015. 7. 17. A 소유권 보존(토지)
2018. 3. 25. B 보전가등기
2019. 4. 19. C 집합건물 신축
2019. 4. 19. D 구분건물(건물소유권 보존등기＋대지권 등기)
2022. 8. 15. E 근저당
2023. 6. 25. F 가압류
2024. 1. 31. E 임의경매 개시결정

2) 해 설

토지별도등기 있는 구분건물의 매수인은 원칙적으로 그 등기 내용에 따른 권리를 인수할 수밖에 없다. 따라서 본건의 경우, 토지별도등기인 B보전가등기는 구분건물의 매수인에게 인수됨으로써, 그 본등기로 인해 매수인은 대지권을 상실할 수 있다. 한편 E근저당은 말소기준등기가 된다. 그러므로 E근저당을 포함하여 그 뒤에 존재하는 권리 F는 소멸한다.

제12장
배당우선권리의 분석

1. 총 설

(1) 금전채권의 법정매각조건

현행법은 매각대금을 높이고 매수인의 지위를 안정시키기 위하여 원칙적으로 금전채권 및 금전채권을 담보 또는 보전하기 위한 권리에 관하여 소제주의를 채택, 매각으로 소멸케 한다.[1] 저당권은 물론 전세권의 경우에도 전세권자가 제88조에 따라 배당요구를 하면 전세보증금 전액 배당여부와 무관하게 매각으로 소멸한다. 또한 당해 부동산에 부과된 제세공과금(諸稅公課金)은 체납처분에 의한 압류등기 여부에 불구하고 선후 순위를 가리지 않고 매각에 의해 소멸된다.

위와 같이 금전채권은 원칙적으로 매각에 의해 소멸됨으로써, 매수인이 인수해야 할 부담은 없다. 법원은 매각대금이 지급되면 민법, 상법, 그 밖의 법률에 의한 우선순위에 따라 채권자들에게 배당하여야 한다.

민사집행법 제145조(매각대금의 배당) ① 매각대금이 지급되면 법원은 배

1) 민사집행법 제91조 2항, 국세징수법 제92조 1항, 가등기담보 등에 관한 법률 제15조.

당절차를 밟아야 한다. ② 매각대금으로 배당에 참가한 모든 채권자를 만족하게 할 수 없는 때에는 법원은 민법·상법, 그 밖의 법률에 의한 우선순위에 따라 배당하여야 한다.

(2) 배당의 원칙

1) 물권과 채권 사이의 배당순위: 항상 물권이 우선한다.[2]

2) 물권과 물권 사이의 배당순위: 시간적으로 먼저 성립한 물권이 우선한다.[3]

3) 채권과 채권 사이의 배당순위: 시간적 순서에 관계없이 동등한 지위에 있다.

4) 선순위 가압류와 물권 사이의 배당순위: 동순위 안분배당 원칙에 따라 처리한다.

(3) 배당의 방법

1) 순위배당: 법이 정한 순위에 따른 배당[4]

2) 안분배당: 동순위 사이의 배당방법

3) 흡수배당: 안분배당 후 자기보다 후순위권자의 배당액 흡수

4) 순환배당: 상호 순위 모순의 조정

---

2) 저당권자는 일반채권자에 우선한다. 다만 확정일자를 갖춘 주택임차인 또는 등기된 주택임차인의 임차보증금반환채권은 저당권으로 담보되는 채권과 같은 순위로 취급한다.

3) 부동산등기법 제4조(권리의 순위) ① 같은 부동산에 관하여 등기한 권리의 순위는 법률에 다른 규정이 없으면 등기한 순서에 따른다. ② 등기의 순서는 등기기록 중 같은 구(區)에서 한 등기 상호간에는 순위번호에 따르고, 다른 구에서 한 등기 상호간에는 접수번호에 따른다.

4) 민사집행법 제145조(매각대금의 배당) ① 매각대금이 지급되면 법원은 배당절차를 밟아야 한다. ② 매각대금으로 배당에 참가한 모든 채권자를 만족하게 할 수 없는 때에는 법원은 민법·상법, 그 밖의 법률에 의한 우선순위에 따라 배당하여야 한다.

(4) 배당우선권리의 의의와 유형

1) 배당우선권리, 최우선 변제권의 의의

배당우선권리란 후순위 권리임에도 배당에서는 선순위 권리보다 우선권이 인정되는 권리를 말한다. 권리의 우열은 성립순위에 따라 결정되는 것이 원칙이나 현행법은 공익적 사유에 의해 예외적으로 배당우선권리를 인정한다.

특히, 배당우선권리 중 일부는 배당절차에서 항상 말소기준등기의 피담보채권보다 우선권이 인정된다. 이를 최우선변제권 또는 최우선배당권이라 한다.

2) 배당우선권리의 유형

현행법이 인정하는 배당우선권리에는 제세공과금(諸稅公課金), 근로자의 임금채권, 주택임차인의 보증금채권, 상가건물임차인의 보증금채권이 있다.

그리고 위 제세공과금(諸稅公課金) 중 당해세, 근로자의 임금채권 중 일정부분, 주택임차인의 보증금채권 중 일정액 및 상가건물임차인의 보증금채권 중 일정액의 경우에는 최우선변제권(또는 최우선배당권)이 인정된다.

2. 제세공과금(諸稅公課金)의 권리분석

(1) 조세채권 등

국세 및 강제징수비는 다른 공과금이나 그 밖의 채권에 우선하여 징수한다. 다만, 저당권 또는 전세권이 국세의 법정기일[5] 전에 등기된 때에는 저당권 또는

5) 법정기일이란 다음 각 호의 어느 하나에 해당하는 기일을 말한다(국세기본법 제35조 2항).
  1. 과세표준과 세액의 신고에 따라 납세의무가 확정되는 국세[중간예납하는 법인세와 예정신고납부하는 부가가치세 및 소득세(「소득세법」 제105조에 따라 신고하는 경우로 한정한다)를 포함한다]의 경우 신고한 해당 세액: 그 신고일

전세권이 우선한다. 확정일자를 갖춘 주택 또는 상가건물임차인의 임차보증금반환채권도 같다.[6)]

(2) 당해세의 최우선 징수권

당해세는 매각부동산 자체에 대하여 부과된 조세(재산세, 상속세, 증여세, 종합부동산세)와 가산금을 말한다.

당해세는 배당절차에서 무조건 전세권, 저당권 또는 「주택임대차보호법」 제3조의2 제2항 또는 「상가건물임대차보호법」 제5조 제2항에 따라 대항요건과 확정일자를 갖춘 임차권보다 우선하여, 최우선으로 징수하여야 한다.[7)]

---

2. 과세표준과 세액을 정부가 결정·경정 또는 수시부과 결정을 하는 경우 고지한 해당 세액: 그 납부고지서의 발송일
3. 인지세와 원천징수의무자나 납세조합으로부터 징수하는 소득세·법인세 및 농어촌특별세: 그 납세의무의 확정일

6) 국세기본법 제35조(국세의 우선) 국세 및 강제징수비는 다른 공과금이나 그 밖의 채권에 우선하여 징수한다. 다만, 법정기일 전에 다음 각 목의 어느 하나에 해당하는 권리에 의하여 담보된 채권 또는 임대차보증금반환채권에 대해서는 그러하지 아니하다.
가. 전세권, 질권 또는 저당권
나. 「주택임대차보호법」 제3조의2 제2항 또는 「상가건물임대차보호법」 제5조 제2항에 따른 대항요건과 확정일자를 갖춘 임차권
다. 납세의무자를 등기의무자로 하고 채무불이행을 정지조건으로 하는 대물변제(代物辨濟)의 예약에 따라 채권 담보의 목적으로 가등기(가등록을 포함한다. 이하 같다)를 마친 가등기 담보권
지방세기본법 제71조(지방세의 우선 징수) ① 지방자치단체의 징수금은 다른 공과금과 그 밖의 채권에 우선하여 징수한다. 다만, "법정기일" 전에 전세권·질권·저당권의 설정을 등기·등록한 사실 또는 「주택임대차보호법」 제3조의2 제2항 및 「상가건물임대차보호법」 제5조 제2항에 따른 대항요건과 임대차계약증서상의 확정일자(確定日字)를 갖춘 사실이 대통령령으로 정하는 바에 따라 증명되는 재산을 매각하여 그 매각금액에서 지방세와 가산금(그 재산에 대하여 부과된 지방세와 가산금은 제외한다)을 징수하는 경우의 그 전세권·질권·저당권에 따라 담보된 채권, 등기 또는 확정일자를 갖춘 임대차계약증서상의 보증금채권에 대해서는 우선 징수하지 아니한다.

7) 국세기본법 제35조 ③ 해당 재산에 대하여 부과된 상속세, 증여세 및 종합부동산세는 전세권, 저당권 또는 「주택임대차보호법」 제3조의2제2항 또는 「상가건물임대차보호법」 제5조 제2항에 따라 대항요건과 확정일자를 갖춘 임차권보다 우선한다.

(3) 제세공과금의 권리분석

당해 부동산에 부과된 제세공과금은 체납처분에 의한 압류등기 여부에 불구하고 선후 순위를 가리지 않고 매각에 의해 소멸된다. 따라서 매수인이 인수해야 할 부담은 없다. 다만 아파트 경매의 경우에 체납관리비 중 공용부분은 매수인이 특정승계인으로서 인수하여야 한다.[8] 그러나 공용부분 관리비의 연체료까지는 승계되지 아니한다.

3. 근로자의 임금채권의 권리분석

(1) 임금채권의 우선변제권

근로자는 체불임금 등을 이유로 사용자의 총재산에서 배당우선권을 가진다. 임금, 퇴직금, 재해보상금 그 밖에 근로 관계로 인한 채권은 사용자의 총재산에 대하여 질권·저당권에 따라 담보된 채권 외에는 조세·공과금 및 다른 채권에 우선하여 변제되어야 한다.[9]

지방세기본법 제71조 ⑤ 그 재산에 대하여 부과된 지방세는 다음 각 호와 같다.
1. 재산세
2. 자동차세(자동차 소유에 대한 자동차세만 해당한다)
3. 지역자원시설세(소방분에 대한 지역자원시설세만 해당한다)

8) 집합건물의 소유 및 관리에 관한 법률 제18조(공용부분에 관하여 발생한 채권의 효력) 공유자가 공용부분에 관하여 다른 공유자에 대하여 가지는 채권은 그 특별승계인에 대하여도 행사할 수 있다.

9) 근로기준법 제38조 1항, 근로자퇴직급여보장법 제12조 1항.
근로기준법 제38조(임금채권의 우선변제) ① 임금, 재해보상금, 그 밖에 근로 관계로 인한 채권은 사용자의 총재산에 대하여 질권(質權)·저당권 또는 「동산·채권 등의 담보에 관한 법률」에 따른 담보권에 따라 담보된 채권 외에는 조세·공과금 및 다른 채권에 우선하여 변제되어야 한다. 다만, 질권·저당권 또는 「동산, 채권 등의 담보에 관한 법률」에 따른 담보권에 우선하는 조세·공과금에 대하여는 그러하지 아니하다.

(2) 임금채권 중 일정부분의 최우선변제권

특히, 임금채권 중 근로자의 최종 3개월분 임금채권의 원금, 최종 3년간의 퇴직금 및 재해보상금채권은 배당절차에서 사용자의 총재산에 대하여 질권·저당권에 따라 담보된 채권, 조세·공과금 및 다른 채권에 우선하여, 최우선으로 변제되어야 한다.[10)]

(3) 임금채권의 권리분석

위와 같이 임금채권은 매각에 따른 배당으로 소멸함으로써, 매수인이 인수해야 할 부담은 없다.

---

10) 근로기준법 제38조 2항, 근로자퇴직급여보장법 제12조 2항.
근로기준법 제38조(임금채권의 우선변제) ② 제1항에도 불구하고 다음 각 호의 어느 하나에 해당하는 채권은 사용자의 총재산에 대하여 질권·저당권 또는 「동산·채권 등의 담보에 관한 법률」에 따른 담보권에 따라 담보된 채권, 조세·공과금 및 다른 채권에 우선하여 변제되어야 한다.
1. 최종 3개월분의 임금
2. 재해보상금
근로자퇴직급여보장법 제12조(퇴직급여등의 우선변제) ② 제1항에도 불구하고 최종 3년간의 퇴직급여등은 사용자의 총재산에 대하여 질권 또는 저당권에 의하여 담보된 채권, 조세·공과금 및 다른 채권에 우선하여 변제되어야 한다.

4. 주택임차인의 보증금채권에 대한 권리분석

(1) 주택 보증금채권의 우선변제권

1) 주택임차인의 우선변제권 취득

주택임대차보호법 제3조의2(우선변제권) ② 제3조 제1항의 대항요건(對抗要件)과 임대차계약증서상의 확정일자(確定日字)를 갖춘 임차인은 등기가 없어도 「민사집행법」에 따른 경매 또는 「국세징수법」에 따른 공매를 할 때에 임차주택(대지를 포함한다)의 환가대금(換價代金)에서 후순위권리자나 그 밖의 채권자보다 우선하여 보증금을 변제받을 권리가 있다.

주택임대차보호법 제3조의3(임차권등기명령) ① 임대차가 종료된 후 보증금이 반환되지 아니한 경우 임차인은 임차건물의 소재지를 관할하는 지방법원, 지방법원지원 또는 시·군법원에 임차권등기명령을 신청할 수 있다. ⑤ 임차인은 임차권등기명령의 집행에 따른 임차권등기를 마치면 제3조 제1항에 따른 대항력과 제3조의2 제2항에 따른 우선변제권을 취득한다. 다만, 임차인이 임차권등기 이전에 이미 대항력이나 우선변제권을 취득한 경우에는 그 대항력이나 우선변제권은 그대로 유지되며, 임차권등기 이후에는 제3조 제1항의 대항요건을 상실하더라도 이미 취득한 대항력이나 우선변제권을 상실하지 아니한다.

주택임대차보호법 제3조의4(민법에 따른 주택임대차등기의 효력 등) ① 「민법」 제621조에 따른 주택임대차등기의 효력에 관하여는 제3조의3 제5항(대항력과 우선변제권 취득) 및 제6항을 준용한다. 따라서 등기된 모든 주택임차권은 대항력과 우선변제권을 갖고 있다.

2) 주택 보증금채권의 권리분석

① 임차인의 우선변제권 취득시점이 말소기준등기보다 선순위인 경우

대항력을 주장하여 임차기간까지 점유, 사용할 수 있는 권리와 배당요구[11][12]를 하여 보증금의 우선변제를 받을 수 있는 권리[13][14]를 모두 갖고 있다.

11) 민사집행법 제88조(배당요구) ① 집행력 있는 정본을 가진 채권자, 경매개시결정이 등기된 뒤에 가압류를 한 채권자, 민법·상법, 그 밖의 법률에 의하여 우선변제청구권이 있는 채권자는 배당요구를 할 수 있다. ② 배당요구에 따라 매수인이 인수하여야 할 부담이 바뀌는 경우 배당요구를 한 채권자는 배당요구의 종기가 지난 뒤에 이를 철회하지 못한다.

12) 국세징수법 제76조(배분요구 등) ① 제74조에 따른 공매공고의 등기 또는 등록 전까지 등기 또는 등록되지 아니한 다음 각 호의 채권을 가진 자는 제96조 제1항에 따라 배분을 받으려는 경우 배분요구의 종기까지 관할 세무서장에게 배분을 요구하여야 한다.
1. 압류재산과 관계되는 체납액
2. 교부청구와 관계되는 체납액·지방세 또는 공과금
3. 압류재산에 설정된 전세권·질권·저당권 또는 가등기담보권에 의하여 담보된 채권
4. 「주택임대차보호법」 또는 「상가건물임대차보호법」에 따라 우선변제권이 있는 임차보증금 반환채권
5. 「근로기준법」 또는 「근로자퇴직급여 보장법」에 따라 우선변제권이 있는 임금, 퇴직금, 재해보상금 및 그 밖에 근로관계로 인한 채권
6. 압류재산과 관계되는 가압류채권
7. 집행문이 있는 판결 정본에 의한 채권

13) 민사집행법 제148조(배당받을 채권자의 범위) 제147조 제1항에 규정한 금액을 배당받을 채권자는 다음 각호에 규정된 사람으로 한다.
1. 배당요구의 종기까지 경매신청을 한 압류채권자
2. 배당요구의 종기까지 배당요구를 한 채권자
3. 첫 경매개시결정등기전에 등기된 가압류채권자
4. 저당권·전세권, 그 밖의 우선변제청구권으로서 첫 경매개시결정등기 전에 등기되었고 매각으로 소멸하는 것을 가진 채권자

14) 국세징수법 제96조(배분 방법) ① 제94조 제2호 및 제3호의 금전은 다음 각 호의 체납액과 채권에 배분한다. 이 경우, 제76조 제1항 및 제2항에 따라 배분요구의 종기까지 배분요구를 하여야 하는 채권의 경우에는 배분요구를 한 채권에 대해서만 배분한다.
1. 압류재산과 관계되는 체납액
2. 교부청구를 받은 체납액·지방세 또는 공과금
3. 압류재산과 관계되는 전세권·질권·저당권 또는 가등기담보권에 의하여 담보된 채권
4. 「주택임대차보호법」 또는「상가건물임대차보호법」에 따라 우선변제권이 있는 임차보증금 반환채권

특히 배당요구를 한 선순위 임차인이 보증금 중 일부금만 받았다면 나머지는 매수인이 이를 인수한다.[15][16]

② 임차인의 우선변제권 취득시점이 말소기준등기보다 후순위인 경우

임차권은 소멸되고, 배당절차에서 순위에 따른 우선변제권이 인정될 뿐이다.

(2) 주택 소액보증금채권의 최우선변제권

1) 주택임차인의 최우선변제권 취득

최우선변제권은 경매기입등기 하루 전까지 대항요건을 구비한 소액보증금 임차인(담보권설정일 현재 각 지역별로 정해진 소액보증금 이하에 해당하는 임차인)에게 인정된다.[17]

2) 주택 소액보증금채권의 권리분석

① 주택에 대한 경매신청의 등기 전에 대항요건을 갖춘 임차인은 소액보증금(보증금 중 일정액)의 경우, 선후 순위에 관계없이 무조건 다른 담보물권자보다 우선하여, 최우선으로 변제받을 권리가 있다.[18]

---

5. 「근로기준법」 또는 「근로자퇴직급여 보장법」에 따라 우선변제권이 있는 임금, 퇴직금, 재해보상금 및 그 밖에 근로관계로 인한 채권
6. 압류재산과 관계되는 가압류채권
7. 집행문이 있는 판결정본에 의한 채권

15) 주택임대차보호법 제3조의5(경매에 의한 임차권의 소멸) 임차권은 임차주택에 대하여 「민사집행법」에 따른 경매가 행하여진 경우에는 그 임차주택의 경락(競落)에 따라 소멸한다. 다만, 보증금이 모두 변제되지 아니한, 대항력이 있는 임차권은 그러하지 아니하다.

16) 대법원 1997. 8. 22. 선고 96다53628 판결, 대법원 2001. 3. 23. 선고 2000다30165 판결 등.

17) 주택임대차보호법 제8조(보증금 중 일정액의 보호) ① 임차인은 보증금 중 일정액을 다른 담보물권자보다 우선하여 변제받을 권리가 있다. 이 경우 임차인은 주택에 대한 경매신청의 등기 전에 대항요건을 갖추어야 한다.

18) 주택임대차보호법 제8조(보증금 중 일정액의 보호).

② 임차인의 소액보증금이 주택가액의 2분의 1을 초과하는 경우에는 주택가액의 2분의 1에 해당하는 금액까지만 최우선변제권이 있다.

3) 소액보증금(보증금 중 일정액)의 범위

① 최우선변제를 받을 소액보증금의 범위는 다음 각 호의 구분에 의한 금액 이하로 한다(개정 2023. 2. 21.).[19]

㉠ 서울특별시: 5천500만원

㉡ 「수도권정비계획법」에 따른 과밀억제권역(서울특별시는 제외한다), 세종특별자치시, 용인시, 화성시 및 김포시: 4천800만원

㉢ 광역시(수도권정비계획법상의 과밀억제권역에 포함된 지역과 군지역은 제외), 안산시, 광주시, 파주시, 이천시 및 평택시: 2천800만원

㉣ 그 밖의 지역: 2천500만원

② 하나의 주택에 임차인이 2명 이상이고 이들이 그 주택에서 가정공동생활을 하는 경우에는 이들을 1명의 임차인으로 보아 이들의 각 보증금을 합산한다.

③ 하나의 주택에 임차인이 2명 이상이고, 그 각 보증금 중 일정액을 모두 합한 금액이 주택가액의 2분의 1을 초과하는 경우에는 그 각 보증금 중 일정액을 모두 합한 금액에 대한 각 임차인의 보증금 중 일정액의 비율로 그 주택가액의 2분의 1에 해당하는 금액을 분할한 금액을 각 임차인의 보증금 중 일정액으로 본다.

4) 최우선변제를 받을 임차인의 범위

최우선변제를 받을 임차인은 보증금이 다음 각 호의 구분에 의한 금액 이하인 임차인으로 한다(개정 2023. 2. 21.).[20]

---

19) 주택임대차보호법 시행령 제10조(보증금 중 일정액의 범위 등).
20) 주택임대차보호법 시행령 제11조(최우선변제를 받을 임차인의 범위).

㉠ 서울특별시: 1억6천500만원

㉡ 「수도권정비계획법」에 따른 과밀억제권역(서울특별시는 제외한다), 세종특별자치시, 용인시, 화성시 및 김포시: 1억4천500만원

㉢ 광역시(수도권정비계획법상의 과밀억제권역에 포함된 지역과 군지역은 제외), 안산시, 광주시, 파주시, 이천시 및 평택시: 8천500만원

㉣ 그 밖의 지역: 7천500만원

5. 상가건물임차인의 보증금채권에 대한 권리분석

(1) 상가건물 보증금채권의 우선변제권

1) 상가건물임차인의 우선변제권 취득

제5조(우선변제권) ② 제3조 제1항의 대항요건을 갖추고 관할 세무서장으로부터 임대차계약서상의 확정일자를 받은 임차인은 「민사집행법」에 따른 경매 또는 「국세징수법」에 따른 공매 시 임차건물(임대인 소유의 대지를 포함한다)의 환가대금에서 후순위권리자나 그 밖의 채권자보다 우선하여 보증금을 변제받을 권리가 있다.

제6조(임차권등기명령) ① 임대차가 종료된 후 보증금이 반환되지 아니한 경우 임차인은 임차건물의 소재지를 관할하는 지방법원, 지방법원지원 또는 시·군법원에 임차권등기명령을 신청할 수 있다.

⑤ 임차권등기명령의 집행에 따른 임차권등기를 마치면 임차인은 제3조 제1항에 따른 대항력과 제5조 제2항에 따른 우선변제권을 취득한다. 다만, 임차인이 임차권등기 이전에 이미 대항력 또는 우선변제권을 취득한 경우에는 그 대항력 또는 우선변제권이 그대로 유지되며, 임차권등기 이후에는 제3조 제1항의 대항요건을 상실하더라도 이미 취득한 대항력 또는 우선변제권을 상실하지 아니

한다.

제7조(「민법」에 따른 임대차등기의 효력 등) ①「민법」 제621조에 따른 건물임대차등기의 효력에 관하여는 제6조 제5항 및 제6항을 준용한다. 따라서 등기된 모든 상가건물 임차권은 대항력과 우선변제권을 갖고 있다.

2) 상가건물 보증금채권의 권리분석

① 임차인의 우선변제권 취득시점이 말소기준등기보다 선순위인 경우

선순위 임차인은 대항력을 주장하여 임차기간까지 점유, 사용할 수 있는 권리와 배당요구[21][22]를 하여 보증금의 우선변제를 받을 수 있는 권리[23][24]를 모

---

21) 민사집행법 제88조(배당요구) ① 집행력 있는 정본을 가진 채권자, 경매개시결정이 등기된 뒤에 가압류를 한 채권자, 민법·상법, 그 밖의 법률에 의하여 우선변제청구권이 있는 채권자는 배당요구를 할 수 있다. ② 배당요구에 따라 매수인이 인수하여야 할 부담이 바뀌는 경우 배당요구를 한 채권자는 배당요구의 종기가 지난 뒤에 이를 철회하지 못한다.

22) 국세징수법 제76조(배분요구 등) ① 제74조에 따른 공매공고의 등기 또는 등록 전까지 등기 또는 등록되지 아니한 다음 각 호의 채권을 가진 자는 제96조 제1항에 따라 배분을 받으려는 경우 배분요구의 종기까지 관할 세무서장에게 배분을 요구하여야 한다.
1. 압류재산과 관계되는 체납액
2. 교부청구와 관계되는 체납액·지방세 또는 공과금
3. 압류재산에 설정된 전세권·질권·저당권 또는 가등기담보권에 의하여 담보된 채권
4. 「주택임대차보호법」 또는 「상가건물임대차보호법」에 따라 우선변제권이 있는 임차보증금 반환채권
5. 「근로기준법」 또는 「근로자퇴직급여 보장법」에 따라 우선변제권이 있는 임금, 퇴직금, 재해보상금 및 그 밖에 근로관계로 인한 채권
6. 압류재산과 관계되는 가압류채권
7. 집행문이 있는 판결 정본에 의한 채권

23) 민사집행법 제148조(배당받을 채권자의 범위) 제147조 제1항에 규정한 금액을 배당받을 채권자는 다음 각호에 규정된 사람으로 한다.
1. 배당요구의 종기까지 경매신청을 한 압류채권자
2. 배당요구의 종기까지 배당요구를 한 채권자
3. 첫 경매개시결정등기전에 등기된 가압류채권자
4. 저당권·전세권, 그 밖의 우선변제청구권으로서 첫 경매개시결정등기전에 등기되었고 매각으로 소멸하는 것을 가진 채권자

24) 국세징수법 제96조(배분 방법) ① 제94조 제2호 및 제3호의 금전은 다음 각 호의 체납액

두 갖고 있다. 특히 배당요구를 한 선순위 임차인이 보증금 중 일부금만 받았다면 나머지는 매수인이 인수한다.[25][26]

② 임차인의우선변제권 취득시점이 말소기준등기보다 후순위인 경우

임차권은 소멸되고, 배당절차에서 순위에 따른 우선변제권이 인정될 뿐이다.

(2) 상가건물 소액보증금채권의 최우선변제권

1) 상가건물임차인의 최우선변제권 취득

최우선변제권은 경매기입등기 하루 전까지 대항요건을 구비한 소액보증금 임차인(담보권설정일 현재 각 지역별로 정해진 소액 환산보증금 이하에 해당하는 임차인)에게 인정된다.[27]

과 채권에 배분한다. 이 경우, 제76조 제1항 및 제2항에 따라 배분요구의 종기까지 배분요구를 하여야 하는 채권의 경우에는 배분요구를 한 채권에 대해서만 배분한다.

1. 압류재산과 관계되는 체납액
2. 교부청구를 받은 체납액·지방세 또는 공과금
3. 압류재산과 관계되는 전세권·질권·저당권 또는 가등기담보권에 의하여 담보된 채권
4. 「주택임대차보호법」 또는 「상가건물임대차보호법」에 따라 우선변제권이 있는 임차보증금 반환채권
5. 「근로기준법」 또는 「근로자퇴직급여 보장법」에 따라 우선변제권이 있는 임금, 퇴직금, 재해보상금 및 그 밖에 근로관계로 인한 채권
6. 압류재산과 관계되는 가압류채권
7. 집행문이 있는 판결정본에 의한 채권

25) 제8조(경매에 의한 임차권의 소멸) 임차권은 임차건물에 대하여 「민사집행법」에 따른 경매가 실시된 경우에는 그 임차건물이 매각되면 소멸한다. 다만, 보증금이 전액 변제되지 아니한 대항력이 있는 임차권은 그러하지 아니하다.

26) 대법원 1997. 8. 22. 선고 96다53628 판결, 대법원 2001. 3. 23. 선고 2000다30165 판결 등.

27) 상가건물임대차보호법 제14조(보증금 중 일정액의 보호) ① 임차인은 보증금 중 일정액을 다른 담보물권자보다 우선하여 변제받을 권리가 있다. 이 경우 임차인은 건물에 대한 경매신청의 등기 전에 제3조 제1항의 요건을 갖추어야 한다.

2) 상가건물 소액보증금채권의 권리분석

① 상가건물에 대한 경매신청의 등기 전에 대항요건을 갖춘 소액보증금 임차인은 소액보증금(보증금 중 일정액)의 경우, 선후순위에 관계없이 무조건 다른 담보물권자보다 우선하여, 최우선으로 변제받을 권리가 있다.[28)]

②임차인의 소액보증금이 상가건물의 가액의 2분의 1을 초과하는 경우에는 상가건물의 가액의 2분의 1에 해당하는 금액에 한하여 최우선변제권이 있다.

3) 소액보증금(보증금 중 일정액)의 범위

① 최우선변제를 받을 소액보증금(보증금 중 일정액)의 범위는 다음 각 호의 구분에 의한 금액 이하로 한다(개정 2013. 12. 30.).[29)]

㉠ 서울특별시: 2천200만원

㉡ 「수도권정비계획법」에 따른 과밀억제권역: 1천900만원

㉢ 광역시(수도권정비계획법에 따른 과밀억제권역에 포함된 지역과 군지역은 제외), 안산시, 용인시, 김포시 및 광주시: 1천300만원

㉣ 그 밖의 지역: 1천만원

② 하나의 상가건물에 임차인이 2인 이상이고, 그 각 보증금중 일정액의 합산액이 상가건물의 가액의 2분의 1을 초과하는 경우에는 그 각 보증금중 일정액의 합산액에 대한 각 임차인의 보증금중 일정액의 비율로 그 상가건물의 가액의 2분의 1에 해당하는 금액을 분할한 금액을 각 임차인의 보증금 중 일정액으로 본다.

4) 최우선변제를 받을 임차인의 범위

최우선변제를 받을 임차인은 보증금과 차임이 있는 경우 법 제2조 제2항의

28) 상가건물임대차보호법 제14조(보증금 중 일정액의 보호).
29) 상가건물임대차보호법 시행령 제7조(우선변제를 받을 보증금의 범위 등).

규정에 의하여 환산한 금액의 합계가 다음 각 호의 구분에 의한 금액 이하인 임차인으로 한다(개정 2013. 12. 30.).[30]

㉠ 서울특별시: 6천500만원

㉡ 「수도권정비계획법」에 따른 과밀억제권역: 5천500만원

㉢ 광역시(「수도권정비계획법」에 따른 과밀억제권역에 포함된 지역과 군지역은 제외), 안산시, 용인시, 김포시 및 광주시: 3천8백만원

㉣ 그 밖의 지역: 3천만원

30) 상가건물임대차보호법 시행령 제6조(우선변제를 받을 임차인의 범위).

제 2 편

부동산 물권법 · 계약법

제1장

부동산 물권변동과 등기

1. 법률행위에 의한 부동산 물권의 변동

(1) 성립요건주의 채택

물권변동에서 물권변동을 목적으로 하는 법률행위(물권행위)만으로는 그 효력이 발생하지 않고, 이에 부가하여 등기·인도라는 공시방법을 갖추어야만 비로소 물권변동이 일어난다는 입법주의를 말한다(독일법주의).

민법 제186조(부동산물권변동의 효력) 부동산에 관한 법률행위로 인한 물권의 득실변경은 등기하여야 그 효력이 생긴다.

(2) 등기를 요하는 부동산물권

1) 소유권[1)]

1) 민법 제211조(소유권의 내용) 소유자는 법률의 범위내에서 그 소유물을 사용, 수익, 처분

2) 저당권[2)]

3) 전세권[3)]

4) 지상권[4)]

5) 지역권[5)]

(3) 등기를 갖추지 않은 부동산매수인의 법적 지위

민법이 성립요건주의를 취하고 있는 만큼 등기를 갖추지 않은 부동산매수인은 법률상 소유권을 취득하지 못한다. 예컨대 A와 B 사이의 계약만으로는 소유권 변동이 일어나지 않고, B가 그의 명의로 등기를 하는 때에 B는 처음으로, 또한 확정적으로 소유권을 취득한다.

(4) 중간생략등기의 문제

1) 중간생략등기의 금지

중간생략등기는 부동산물권이 최초의 양도인으로부터 중간취득자를 거쳐 최후의 양수인에게 전전이전되어야 할 경우에 중간취득자에의 등기를 생략해서

할 권리가 있다.

2) 민법 제356조(저당권의 내용) 저당권자는 채무자 또는 제삼자가 점유를 이전하지 아니하고 채무의 담보로 제공한 부동산에 대하여 다른 채권자보다 자기채권의 우선변제를 받을 권리가 있다.

3) 민법 제303조(전세권의 내용) ① 전세권자는 전세금을 지급하고 타인의 부동산을 점유하여 그 부동산의 용도에 좇아 사용·수익하며, 그 부동산 전부에 대하여 후순위권리자 기타 채권자보다 전세금의 우선변제를 받을 권리가 있다. ② 농경지는 전세권의 목적으로 하지 못한다.

4) 민법 제279조(지상권의 내용) 지상권자는 타인의 토지에 건물 기타 공작물이나 수목을 소유하기 위하여 그 토지를 사용하는 권리가 있다.

5) 민법 제291조(지역권의 내용) 지역권자는 일정한 목적을 위하여 타인의 토지를 자기토지의 편익에 이용하는 권리가 있다.

최초의 양도인으로부터 직접 최후의 양수인에게 등기하는 것을 말한다. 중간생략등기가 행해지면 물권변동의 과정이 등기부에 제대로 드러나지 않게 된다. 그 때문에 중간생략등기는 과거에 탈세 및 투기수단으로 널리 이용되어 왔다.

부동산등기특별조치법 제2조(소유권이전등기등 신청의무) ① 부동산의 소유권이전을 내용으로 하는 계약을 체결한 자는 다음 각호의 1에 정하여진 날부터 60일 이내에 소유권이전등기를 신청하여야 한다. 다만, 그 계약이 취소·해제되거나 무효인 경우에는 그러하지 아니하다.

㉠ 계약의 당사자가 서로 대가적인 채무를 부담하는 경우에는 반대급부의 이행이 완료된 날

㉡ 계약당사자의 일방만이 채무를 부담하는 경우에는 그 계약의 효력이 발생한 날

② 제1항의 경우에 부동산의 소유권을 이전받을 것을 내용으로 하는 계약을 체결한 자가 제1항 각호에 정하여진 날 이후 그 부동산에 대하여 다시 제3자와 소유권이전을 내용으로 하는 계약이나 제3자에게 계약당사자의 지위를 이전하는 계약을 체결하고자 할 때에는 그 제3자와 계약을 체결하기 전에 먼저 체결된 계약에 따라 소유권이전등기를 신청하여야 한다.

③ 제1항의 경우에 부동산의 소유권을 이전받을 것을 내용으로 하는 계약을 체결한 자가 제1항 각호에 정하여진 날 전에 그 부동산에 대하여 다시 제3자와 소유권이전을 내용으로 하는 계약을 체결한 때에는 먼저 체결된 계약의 반대급부의 이행이 완료되거나 계약의 효력이 발생한 날부터 60일 이내에 먼저 체결된 계약에 따라 소유권이전등기를 신청하여야 한다.

부동산등기특별조치법 제8조(벌칙) 조세부과를 면하려 하거나 다른 시점간의 가격변동에 따른 이득을 얻으려 하거나 소유권 등 권리변동을 규제하는 법령의 제한을 회피할 목적으로 제2조 제2항 또는 제3항의 규정에 위반한 때에는 3년 이하의 징역이나 1억원 이하의 벌금에 처한다.

2) 중간생략등기의 유효성

중간생략등기는 3자 전원의 합의가 있음을 전제로 유효하다(판례).

(5) 명의신탁

1) 명의신탁약정의 의의

명의신탁약정(名義信託約定)이란 부동산에 관한 소유권이나 그 밖의 물권을 보유한 자 또는 사실상 취득하거나 취득하려고 하는 자[이하 "실권리자"(實權利者)라 한다]가 타인과의 사이에서 대내적으로는 실권리자가 부동산에 관한 물권을 보유하거나 보유하기로 하고 그에 관한 등기(가등기를 포함한다. 이하 같다)는 그 타인의 명의로 하기로 하는 약정을 말한다.

명의신탁약정에 따라 자신의 부동산에 관한 물권을 타인의 명의로 등기하게 하는 실권리자를 명의신탁자, 실권리자의 부동산에 관한 물권을 자신의 명의로 등기하는 자를 명의수탁자(名義受託者)라 한다.[6)]

2) 실권리자명의 등기의무

부동산 실권리자명의 등기에 관한 법률은 부동산에 관한 물권을 실체적 권리관계에 부합하도록 실권리자 명의로 등기하게 함으로써, 부동산등기제도를 악용한 투기, 탈법행위 등 반사회적 행위를 방지한다.

부동산 실권리자명의 등기에 관한 법률 제3조(실권리자명의 등기의무 등) ① 누구든지 부동산에 관한 물권을 명의신탁약정에 따라 명의수탁자의 명의로 등기하여서는 아니 된다.

② 채무의 변제를 담보하기 위하여 채권자가 부동산에 관한 물권을 이전받

6) 부동산 실권리자명의 등기에 관한 법률 제2조.

는 경우에는 채무자, 채권금액 및 채무변제를 위한 담보라는 뜻이 적힌 서면을 등기신청서와 함께 등기관에게 제출하여야 한다.

부동산 실권리자명의 등기에 관한 법률 제5조(과징금) ① 다음 각 호의 어느 하나에 해당하는 자에게는 해당 부동산 가액(價額)의 100분의 30에 해당하는 금액의 범위에서 과징금을 부과한다.

㉠ 제3조 제1항을 위반한 명의신탁자

㉡ 제3조 제2항을 위반한 채권자 및 같은 항에 따른 서면에 채무자를 거짓으로 적어 제출하게 한 실채무자(實債務者)

부동산 실권리자명의 등기에 관한 법률 제7조(벌칙) ① 다음 각 호의 어느 하나에 해당하는 자는 5년 이하의 징역 또는 2억원 이하의 벌금에 처한다.

㉠ 제3조 제1항을 위반한 명의신탁자

㉡ 제3조 제2항을 위반한 채권자 및 같은 항에 따른 서면에 채무자를 거짓으로 적어 제출하게 한 실채무자

② 제3조 제1항을 위반한 명의수탁자는 3년 이하의 징역 또는 1억원 이하의 벌금에 처한다.

3) 명의신탁약정의 효력

부동산 실권리자명의 등기에 관한 법률 제4조(명의신탁약정의 효력) ① 명의신탁약정은 무효로 한다. ② 명의신탁약정에 따른 등기로 이루어진 부동산에 관한 물권변동은 무효로 한다. ③ 제1항 및 제2항의 무효는 제3자에게 대항하지 못한다.

2. 법률행위에 의하지 않는 부동산 물권의 변동

(1) 성립요건주의 불채택

민법은 상속 등 등기를 요구하는 것이 성질상 불가능한 경우, 공용징수·판결 등 국가기관의 행위 및 특별한 정책적 이유 등으로 성립요건주의를 불채택, 부동산물권 변동에 등기를 요하지 않는 경우를 예외적으로 규정한다.

민법 제187조(등기를 요하지 아니하는 부동산물권취득) 상속, 공용징수, 판결, 경매 기타 법률의 규정에 의한 부동산에 관한 물권의 취득은 등기를 요하지 아니한다. 그러나 등기를 하지 아니하면 이를 처분하지 못한다.

(2) 민법 제187조의 적용범위

1) 민법의 규정

① 상속
② 공용징수
③ 판결
④ 경매

2) 기타 법률의 규정(주요한 예)

① 신축 건물의 소유권 취득
② 법정지상권의 취득(민법 제366조)
③ 피담보채권의 소멸에 의한 저당권의 소멸(민법 제369조) 등

제 2 장

부동산등기 일반론

1. 등기할 수 있는 권리와 법적 순위

(1) 등기할 수 있는 권리

부동산등기법 제3조(등기할 수 있는 권리 등) 등기는 부동산의 표시(表示)와 다음 각 호의 어느 하나에 해당하는 권리의 보존, 이전, 설정, 변경, 처분의 제한 또는 소멸에 대하여 한다.

1) 소유권(所有權)
2) 지상권(地上權)
3) 지역권(地役權)
4) 전세권(傳貰權)
5) 저당권(抵當權)
6) 권리질권(權利質權)[1)]

1) 민법 제348조(저당채권에 대한 질권과 부기등기) 저당권으로 담보한 채권을 질권의 목적으로 한 때에는 그 저당권등기에 질권의 부기등기를 하여야 그 효력이 저당권에 미친다.

7) 채권담보권(債權擔保權)

8) 임차권(賃借權)[2]

9) 환매권(還買權)(제53조)[3]

(2) 등기권리의 처분제한 등기

1) 가등기(부동산등기법 제88조)

가등기는 본등기를 할 수 있는 요건을 갖추지 못한 때에 미리 그 순위를 보전하기 위한 수단으로 하는 등기를 말한다(본등기 순위보전 목적).

2) 가압류(민사집행법 제276조, 제277조, 제293조)

가압류는 금전채권에 관하여 장래의 강제집행을 보전하기 위한 수단으로 하는 등기를 말한다. 미리 채무자의 재산을 압류하여 그 처분권을 빼앗기 위한 목적으로 행한다.

3) 가처분(민사집행법 제300조, 제301조)

금전채권 이외의 권리 또는 법률관계에 관한 확정판결의 강제집행을 보전하기 위한 수단으로 하는 등기. 일반적으로 현상이 바뀌면 당사자가 권리를 실행하지 못하거나 권리를 실행하는 것이 매우 곤란할 염려가 있을 경우에 행사된다.

---

2) 민법 제621조(임대차의 등기) ① 부동산임차인은 당사자간에 반대약정이 없으면 임대인에 대하여 그 임대차등기절차에 협력할 것을 청구할 수 있다. ② 부동산임대차를 등기한 때에는 그때부터 제삼자에 대하여 효력이 생긴다.

3) 민법 제592조(환매등기) 매매의 목적물이 부동산인 경우에 매매등기와 동시에 환매권의 보류를 등기한 때에는 제삼자에 대하여 그 효력이 있다.

(3) 등기권리의 법적 순위

부동산등기법 제4조(권리의 순위) ① 같은 부동산에 관하여 등기한 권리의 순위는 법률에 다른 규정이 없으면 등기한 순서에 따른다. ② 등기의 순서는 등기기록 중 같은 구(區)에서 한 등기 상호간에는 순위번호에 따르고, 다른 구에서 한 등기 상호간에는 접수번호에 따른다.

부동산등기법 제91조(가등기에 의한 본등기의 순위) 가등기에 의한 본등기(本登記)를 한 경우 본등기의 순위는 가등기의 순위에 따른다.

부동산등기법 제5조(부기등기의 순위) 부기등기(附記登記)의 순위는 주등기(主登記)의 순위에 따른다. 다만, 같은 주등기에 관한 부기등기 상호간의 순위는 그 등기 순서에 따른다.

2. 등기부

(1) 등기부의 구성

부동산등기법 제14조(등기부의 종류 등) ① 등기부는 토지등기부(土地登記簿)와 건물등기부(建物登記簿)로 구분한다.

부동산등기법 제15조(물적 편성주의) ① 등기부를 편성할 때에는 1필의 토지 또는 1개의 건물에 대하여 1개의 등기기록을 둔다. 다만, 1동의 건물을 구분한 건물에 있어서는 1동의 건물에 속하는 전부에 대하여 1개의 등기기록을 사용한다. ② 등기기록에는 부동산의 표시에 관한 사항을 기록하는 표제부와 소유권에 관한 사항을 기록하는 갑구(甲區) 및 소유권 외의 권리에 관한 사항을 기록하는 을구(乙區)를 둔다.

(2) 등기사항

1) 표제부 등기사항

부동산등기법 제34조(등기사항) 등기관은 토지 등기기록의 표제부에 다음 각 호의 사항을 기록하여야 한다.

1. 표시번호
2. 접수연월일
3. 소재와 지번(地番)
4. 지목(地目)
5. 면적
6. 등기원인

부동산등기법 제40조(등기사항) ① 등기관은 건물 등기기록의 표제부에 다음 각 호의 사항을 기록하여야 한다.

1. 표시번호
2. 접수연월일
3. 소재, 지번 및 건물번호. 다만, 같은 지번 위에 1개의 건물만 있는 경우에는 건물번호는 기록하지 아니한다.
4. 건물의 종류, 구조와 면적. 부속건물이 있는 경우에는 부속건물의 종류, 구조와 면적도 함께 기록한다.
5. 등기원인
6. 도면의 번호[같은 지번 위에 여러 개의 건물이 있는 경우와 「집합건물의 소유 및 관리에 관한 법률」 제2조 제1호의 구분소유권(區分所有權)의 목적이 되는 건물(이하 "구분건물"이라 한다)인 경우로 한정한다]

② 등기할 건물이 구분건물(區分建物)인 경우에 등기관은 제1항 제3호의 소재, 지번 및 건물번호 대신 1동 건물의 등기기록의 표제부에는 소재와 지번, 건물명칭 및 번호를 기록하고 전유부분의 등기기록의 표제부에는 건물번호를 기

록하여야 한다.

③ 구분건물에 「집합건물의 소유 및 관리에 관한 법률」 제2조 제6호의 대지사용권(垈地使用權)으로서 건물과 분리하여 처분할 수 없는 것[이하 "대지권"(垈地權)이라 한다]이 있는 경우에는 등기관은 제2항에 따라 기록하여야 할 사항 외에 1동 건물의 등기기록의 표제부에 대지권의 목적인 토지의 표시에 관한 사항을 기록하고 전유부분의 등기기록의 표제부에는 대지권의 표시에 관한 사항을 기록하여야 한다.

2) 갑구 및 을구 등기사항

부동산등기법 제48조(등기사항) ① 등기관이 갑구 또는 을구에 권리에 관한 등기를 할 때에는 다음 각 호의 사항을 기록하여야 한다.

1. 순위번호
2. 등기목적
3. 접수연월일 및 접수번호
4. 등기원인 및 그 연월일
5. 권리자

② 제1항 제5호의 권리자에 관한 사항을 기록할 때에는 권리자의 성명 또는 명칭 외에 주민등록번호 또는 부동산등기용등록번호와 주소 또는 사무소 소재지를 함께 기록하여야 한다. ④ 제1항 제5호의 권리자가 2인 이상인 경우에는 권리자별 지분을 기록하여야 하고 등기할 권리가 합유(合有)인 때에는 그 뜻을 기록하여야 한다.

(3) 부기등기

부기등기란 독립한 번호를 갖지 않고 주등기(보통의 등기)의 순위번호에 가지번호(예 1－1, 1－1－1)를 붙여서 하는 등기를 말한다. 주등기와의 동일성을 유지하게 하거나(예 변경등기, 경정등기) 또는 주등기의 순위를 유지하게 할 필요가 있을 때(예 저당권 이전등기)에 하게 한다.

부동산등기법 제52조(부기로 하는 등기) 등기관이 다음 각 호의 등기를 할 때에는 부기로 하여야 한다. 다만, 제5호의 등기는 등기상 이해관계 있는 제3자의 승낙이 없는 경우에는 그러하지 아니하다.

1. 등기명의인표시의 변경이나 경정의 등기
2. 소유권 외의 권리의 이전등기
3. 소유권 외의 권리를 목적으로 하는 권리에 관한 등기
4. 소유권 외의 권리에 대한 처분제한 등기
5. 권리의 변경이나 경정의 등기
6. 제53조의 환매특약등기
7. 제54조의 권리소멸약정등기
8. 제67조 제1항 후단의 공유물 분할금지의 약정등기
9. 그 밖에 대법원규칙으로 정하는 등기

부동산등기규칙 제2조(부기등기의 번호 기록) 등기관이 부기등기를 할 때에는 그 부기등기가 어느 등기에 기초한 것인지 알 수 있도록 주등기 또는 부기등기의 순위번호에 가지번호를 붙여서 하여야 한다.

3. 등기의 효력

(1) 본등기의 효력

1) 창설적 효력

① 물권행위와 부합하는 등기가 있으면 부동산물권변동의 효력이 생긴다.(민법 제186조)

② 환매권, 부동산 임차권 또는 제한물권(저당권, 전세권 등)에 관하여 전세

권 양도금지 특약, 채무불이행(債務不履行)으로 인한 손해배상에 관한 약정 등 일정사항을 등기한 경우에는 이를 제3자에게 대항할 수 있다(대항력).

2) 추정력(推定力)

등기의 추정력이라 함은 어떤 등기가 있으면 등기된 바와 같은 실체적 권리관계가 존재하는 것으로 추정하게 하는 효력을 말한다. 민법은 이에 관한 명문의 규정을 두고 있지 않으나, 학설·판례가 일치하여 이를 인정하고 있다.

3) 공신력(公信力) 여부

① 등기의 공신력이라 함은 등기가 진실한 권리관계에 부합하지 않더라도 그 등기를 진실한 것으로 믿는 경우에, 그 신뢰를 보호하여 그 신뢰한 대로의 효력을 발생시키는 것을 말한다. 등기의 공신력이 인정되는 법제에서는 A의 토지에 관하여 B가 그 토지를 A로부터 매수한 것처럼 서류를 위조하여 자신의 이름으로 소유권이전등기를 한 후에 C에게 이를 매도한 경우에, C가 B의 소유권등기를 진실한 것으로 믿고 있었을 때에는, C는 그 토지의 소유권을 유효하게 취득한다.

② 우리 민법은 이를 인정하지 않는다. 거래의 안전보다는 진정한 권리자의 권리보호에 가치를 둔 것이다. 그 결과 실체관계에 부합하지 않는 등기는 무효이며, 이를 토대로 한 그 이후의 등기도 모두 무효가 된다.

(2) 가등기의 효력

1) 요 건

가등기는 ① 부동산등기법 제3조 각 호가 정한 등기대상 권리의 어느 하나에 해당하는 권리의 설정, 이전, 변경 또는 소멸의 청구권(예: 부동산 매매에서 매수인의 소유권이전 청구권)을 보전(保全)하려 할 경우 ② 그 청구권이 시기부

(始期附) 또는 정지조건부(停止條件附)일 경우 ③ 그 청구권이 장래에 확정될 것인 경우에 할 수 있다(부동산등기법 제88조).

2) 효 력

부동산등기법 제91조(가등기에 의한 본등기의 순위) 가등기에 의한 본등기(本登記)를 한 경우 본등기의 순위는 가등기의 순위에 따른다.

부동산등기법 제92조(가등기에 의하여 보전되는 권리를 침해하는 가등기 이후 등기의 직권말소) ① 등기관은 가등기에 의한 본등기를 하였을 때에는 대법원규칙으로 정하는 바에 따라 가등기 이후에 된 등기로서 가등기에 의하여 보전되는 권리를 침해하는 등기를 직권으로 말소하여야 한다.

제 3 장 소 유 권

1. 부동산소유권의 내용과 범위

민법 제211조(소유권의 내용) 소유자는 법률의 범위내에서 그 소유물을 사용, 수익, 처분할 권리가 있다.

민법 제212조(토지소유권의 범위) 토지의 소유권은 정당한 이익있는 범위내에서 토지의 상하에 미친다.

2. 건물의 구분소유

(1) 구분소유권

집합건물의 소유 및 관리에 관한 법률(약칭 집합건물법)에 의하면, "구분소유권"이란 1동의 건물 중 구조상 구분된 여러 개의 부분이 독립한 건물로서 사용될 수 있을 때 그 각 부분 또는 일정한 방식으로 여러 개의 건물부분이 이용상 구분된 경우에 그 건물부분(이하 "구분점포"라 한다)을 목적으로 하는 소유권을 말한다. 구분소유권을 가지는 자를 "구분소유자"라 한다.

(2) 전유부분(專有部分)과 공용부분

"전유부분"(專有部分)이란 구분소유권의 목적인 건물부분을 말하며, "공용부분"이란 전유부분 외의 건물부분, 전유부분에 속하지 아니하는 건물의 부속물 및 제3조 제2항 및 제3항에 따라 공용부분으로 된 부속의 건물을 말한다.

(3) 대지사용권

"건물의 대지"란 전유부분이 속하는 1동의 건물이 있는 토지를 말하며, "대지사용권"이란 구분소유자가 전유부분을 소유하기 위하여 건물의 대지에 대하여 가지는 권리를 말한다.

집합건물법 제20조(전유부분과 대지사용권의 일체성) ① 구분소유자의 대지사용권은 그가 가지는 전유부분의 처분에 따른다. ② 구분소유자는 그가 가지는 전유부분과 분리하여 대지사용권을 처분할 수 없다. 다만, 규약으로써 달리 정한 경우에는 그러하지 아니하다. ③ 제2항 본문의 분리처분금지는 그 취지를 등기하지 아니하면 선의(善意)로 물권을 취득한 제3자에게 대항하지 못한다.

(4) 구분소유자의 권리·의무

집합건물법 제5조(구분소유자의 권리·의무 등) ① 구분소유자는 건물의 보존에 해로운 행위나 그 밖에 건물의 관리 및 사용에 관하여 구분소유자 공동의 이익에 어긋나는 행위를 하여서는 아니 된다.

② 전유부분이 주거의 용도로 분양된 것인 경우에는 구분소유자는 정당한

사유 없이 그 부분을 주거 외의 용도로 사용하거나 그 내부 벽을 철거하거나 파손하여 증축·개축하는 행위를 해서는 안 된다.

③ 구분소유자는 그 전유부분이나 공용부분을 보존하거나 개량하기 위하여 필요한 범위에서 다른 구분소유자의 전유부분 또는 자기의 공유(共有)에 속하지 아니하는 공용부분의 사용을 청구할 수 있다. 이 경우 다른 구분소유자가 손해를 입었을 때에는 보상하여야 한다.

3. 부동산소유권의 취득시효

민법 제245조(점유로 인한 부동산소유권의 취득기간) ① 20년간 소유의 의사로 평온, 공연하게 부동산을 점유하는 자는 등기함으로써 그 소유권을 취득한다(원시취득, 판례). ② 부동산의 소유자로 등기한 자가 10년간 소유의 의사로 평온, 공연하게 선의이며 과실없이 그 부동산을 점유한 때에는 소유권을 취득한다.

민법 제247조(소유권취득의 소급효, 중단사유) ① 소유권취득의 효력은 점유를 개시한 때에 소급한다. ② 소멸시효의 중단에 관한 규정은 소유권취득기간에 준용한다.

4. 공유(共有)

민법 제262조(물건의 공유) ① 물건이 지분에 의하여 수인의 소유로 된 때에는 공유로 한다. ② 공유자의 지분은 균등한 것으로 추정한다.

민법 제263조(공유지분의 처분과 공유물의 사용, 수익) 공유자는 그 지분을 처분할 수 있고 공유물 전부를 지분의 비율로 사용, 수익할 수 있다.

민법 제264조(공유물의 처분, 변경) 공유자는 다른 공유자의 동의없이 공유물을 처분하거나 변경하지 못한다.

민법 제265조(공유물의 관리, 보존) 공유물의 관리에 관한 사항은 공유자의 지분의 과반수로써 결정한다. 그러나 보존행위는 각자가 할 수 있다.

민법 제266조(공유물의 부담) ① 공유자는 그 지분의 비율로 공유물의 관리비용 기타 의무를 부담한다. ② 공유자가 1년 이상 전항의 의무이행을 지체한 때에는 다른 공유자는 상당한 가액으로 지분을 매수할 수 있다.

민법 제268조(공유물의 분할청구) ① 공유자는 공유물의 분할을 청구할 수 있다. 그러나 5년내의 기간으로 분할하지 아니할 것을 약정할 수 있다. ② 전항의 계약을 갱신한 때에는 그 기간은 갱신한 날로부터 5년을 넘지 못한다. ③ 전2항의 규정은 제215조, 제239조의 공유물에는 적용하지 아니한다.

제 4 장
저당권, 근저당

1. 저당권, 근저당의 의의

저당권은 채무자 또는 제3자(물상보증인)가 점유를 이전하지 아니하고 채무의 담보로 제공한 부동산에 대하여, 채무의 변제가 없는 경우에 그 목적물로부터 다른 채권자보다 자기채권의 우선변제를 받는 물권이다(민법 제356조).

민법 제357조(근저당) ① 저당권은 그 담보할 채무의 최고액만을 정하고 채무의 확정을 장래에 보류하여 이를 설정할 수 있다. 이 경우에는 그 확정될 때까지의 채무의 소멸 또는 이전은 저당권에 영향을 미치지 아니한다. ② 전항의 경우에는 채무의 이자는 최고액 중에 산입한 것으로 본다.

2. 저당권의 설정

부동산등기법 제75조(저당권의 등기사항) ① 등기관이 저당권설정의 등기를 할 때에는 제48조에서 규정한 사항 외에 다음 각 호의 사항을 기록하여야 한다. 다만, 제3호부터 제8호까지는 등기원인에 그 약정이 있는 경우에만 기록한다.

1. 채권액
2. 채무자의 성명 또는 명칭과 주소 또는 사무소 소재지
3. 변제기(辨濟期)
4. 이자 및 그 발생기·지급시기
5. 원본(元本) 또는 이자의 지급장소
6. 채무불이행(債務不履行)으로 인한 손해배상에 관한 약정
7. 「민법」 제358조 단서의 약정
8. 채권의 조건

② 등기관은 제1항의 저당권의 내용이 근저당권(根抵當權)인 경우에는 제48조에서 규정한 사항 외에 다음 각 호의 사항을 기록하여야 한다. 다만, 제3호 및 제4호는 등기원인에 그 약정이 있는 경우에만 기록한다.

1. 채권의 최고액
2. 채무자의 성명 또는 명칭과 주소 또는 사무소 소재지
3. 「민법」 제358조 단서의 약정
4. 존속기간

3. 저당권의 효력

(1) 저당권에 의해 담보되는 채권의 범위

민법 제360조(피담보채권의 범위) 저당권은 원본, 이자, 위약금, 채무불이행으로 인한 손해배상 및 저당권의 실행비용을 담보한다. 그러나 지연배상에 대하여는 원본의 이행기일을 경과한 후의 1년분에 한하여 저당권을 행사할 수 있다.

(2) 우선변제적 효력

1) 일반채권자에 대한 관계

저당권자는 일반채권자에 우선한다. 다만 확정일자를 갖춘 주택임차인 또는 등기된 주택임차인의 임차보증금반환채권은 저당권으로 담보되는 채권과 같은 순위로 취급한다.

주택임대차보호법 제3조의2(보증금의 회수) ② 제3조 제1항·제2항 또는 제3항의 대항요건(對抗要件)[1]과 임대차계약증서상의 확정일자(確定日字)를 갖춘 임차인은「민사집행법」에 따른 경매 또는「국세징수법」에 따른 공매(公賣)를 할 때에 임차주택(대지를 포함한다)의 환가대금(換價代金)에서 후순위권리자(後順位權利者)나 그 밖의 채권자보다 우선하여 보증금을 변제(辨濟)받을 권리가 있다.[2]

---

1) 주택임대차보호법 제3조(대항력 등) ① 임대차는 그 등기(登記)가 없는 경우에도 임차인(賃借人)이 주택의 인도(引渡)와 주민등록을 마친 때에는 그 다음 날부터 제삼자에 대하여 효력이 생긴다. 이 경우 전입신고를 한 때에 주민등록이 된 것으로 본다.
② 주택도시기금을 재원으로 하여 저소득층 무주택자에게 주거생활 안정을 목적으로 전세임대주택을 지원하는 법인이 주택을 임차한 후 지방자치단체의 장 또는 그 법인이 선정한 입주자가 그 주택을 인도받고 주민등록을 마쳤을 때에는 제1항을 준용한다. 이 경우 대항력이 인정되는 법인은 대통령령으로 정한다.
③「중소기업기본법」 제2조에 따른 중소기업에 해당하는 법인이 소속 직원의 주거용으로 주택을 임차한 후 그 법인이 선정한 직원이 해당 주택을 인도받고 주민등록을 마쳤을 때에는 제1항을 준용한다. 임대차가 끝나기 전에 그 직원이 변경된 경우에는 그 법인이 선정한 새로운 직원이 주택을 인도받고 주민등록을 마친 다음 날부터 제삼자에 대하여 효력이 생긴다.
④ 임차주택의 양수인(讓受人)(그 밖에 임대할 권리를 승계한 자를 포함한다)은 임대인(賃貸人)의 지위를 승계한 것으로 본다.

2) 주택임대차보호법 제3조의3(임차권등기명령) ① 임대차가 끝난 후 보증금이 반환되지 아니한 경우 임차인은 임차주택의 소재지를 관할하는 지방법원·지방법원지원 또는 시·군법원에 임차권등기명령을 신청할 수 있다.
⑤ 임차인은 임차권등기명령의 집행에 따른 임차권등기를 마치면 제3조 제1항에 따른 대항력과 제3조의2 제2항에 따른 우선변제권을 취득한다. 다만, 임차인이 임차권등기 이전에 이미 대항력이나 우선변제권을 취득한 경우에는 그 대항력이나 우선변제권은 그대로 유지되며, 임차권등기 이후에는 제3조 제1항의 대항요건을 상실하더라도 이미 취득한 대

2) 전세권자에 대한 관계

동일한 부동산 위에 저당권과 전세권이 설정되어 있는 경우에 그 우선순위는 설정등기의 선후에 의한다.[3)]

3) 다른 저당권자에 대한 관계

동일한 부동산 위에 여러 개의 저당권을 설정된 때에 그 순위는 설정의 선후에 의한다(민법 제370조, 제333조).

4) 국세우선권과의 관계

조세와 저당권의 피담보채권 사이의 우선순위는 조세의 법정기일과 저당권 설정등기일의 선후에 의한다. 저당권(또는 전세권)이 국세의 법정기일[4)] 전에 등

항력이나 우선변제권을 상실하지 아니한다.
⑥ 임차권등기명령의 집행에 따른 임차권등기가 끝난 주택을 그 이후에 임차한 임차인은 제8조에 따른 최우선변제를 받을 권리가 없다.
주택임대차보호법 제3조의4(「민법」에 따른 주택임대차등기의 효력 등) ① 「민법」 제621조에 따른 주택임대차등기의 효력에 관하여는 제3조의3 제5항(대항력과 우선변제권 취득) 및 제6항을 준용한다.

3) 부동산등기법 제4조(권리의 순위) ① 같은 부동산에 관하여 등기한 권리의 순위는 법률에 다른 규정이 없으면 등기한 순서에 따른다. ② 등기의 순서는 등기기록중 같은 구(區)에서 한 등기 상호간에는 순위번호에 따르고, 다른 구에서 한 등기 상호간에는 접수번호에 따른다.
부동산등기법 제5조(부기등기의 순위) 부기등기(附記登記)의 순위는 주등기(主登記)의 순위에 따르고, 같은 주등기에 관한 부기등기 상호간의 순위는 그 등기 순서에 따른다.

4) "법정기일"이란 다음 각 호의 어느 하나에 해당하는 기일을 말한다(국세기본법 제35조 제2항).
1. 과세표준과 세액의 신고에 따라 납세의무가 확정되는 국세[중간예납하는 법인세와 예정신고납부하는 부가가치세 및 소득세(「소득세법」 제105조에 따라 신고하는 경우로 한정한다)를 포함한다]의 경우 신고한 해당 세액: 그 신고일
2. 과세표준과 세액을 정부가 결정·경정 또는 수시부과 결정을 하는 경우 고지한 해당 세액: 그 납부고지서의 발송일
3. 인지세와 원천징수의무자나 납세조합으로부터 징수하는 소득세·법인세 및 농어촌특별세: 그 납세의무의 확정일

기된 때에는 저당권(또는 전세권)이 우선한다.[5)]

5) 최우선변제채권과의 관계

최우선변제채권인 주택 또는 상가건물의 소액임차보증금채권, 최종 3개월분의 임금, 최종 3년간의 퇴직급여, 재해보상금채권 및 당해세[6)]는 항상 저당권의 피담보채권에 우선한다.[7)8)]

---

5) 국세기본법 제35조(국세의 우선) 국세 및 강제징수비는 다른 공과금이나 그 밖의 채권에 우선하여 징수한다. 다만, 법정기일 전에 다음 각 목의 어느 하나에 해당하는 권리에 의하여 담보된 채권 또는 임대차보증금반환채권에 대해서는 그러하지 아니하다.
가. 전세권, 질권 또는 저당권
나.「주택임대차보호법」제3조의2 제2항 또는「상가건물임대차보호법」제5조 제2항에 따라 대항요건과 확정일자를 갖춘 임차권
다. 납세의무자를 등기의무자로 하고 채무불이행을 정지조건으로 하는 대물변제(代物辨濟)의 예약에 따라 채권 담보의 목적으로 가등기(가등록을 포함한다. 이하 같다)를 마친 가등기 담보권
지방세기본법 제71조(지방세의 우선 징수) ① 지방자치단체의 징수금은 다른 공과금과 그 밖의 채권에 우선하여 징수한다. 다만, "법정기일" 전에 전세권·질권·저당권의 설정을 등기·등록한 사실 또는「주택임대차보호법」제3조의2 제2항 및「상가건물임대차보호법」제5조 제2항에 따른 대항요건과 임대차계약증서상의 확정일자(確定日字)를 갖춘 사실이 대통령령으로 정하는 바에 따라 증명되는 재산을 매각하여 그 매각금액에서 지방세와 가산금(그 재산에 대하여 부과된 지방세와 가산금은 제외한다)을 징수하는 경우의 그 전세권·질권·저당권에 따라 담보된 채권, 등기 또는 확정일자를 갖춘 임대차계약증서상의 보증금채권에 대해서는 우선 징수하지 아니한다.

6) 당해세는 매각부동산 자체에 대하여 부과된 조세(재산세, 상속세, 증여세, 종합부동산세)와 가산금을 말한다.
국세기본법 제35조 ③ 제1항 제3호에도 불구하고 해당 재산에 대하여 부과된 상속세, 증여세 및 종합부동산세는 같은 호에 따른 채권 또는 임대차보증금반환채권보다 우선하며, 제1항 제3호의2에도 불구하고 해당 재산에 대하여 부과된 종합부동산세는 같은 호에 따른 채권 또는 임대차보증금반환채권보다 우선한다.

7) 주택임대차보호법 제8조(보증금 중 일정액의 보호) ① 임차인은 보증금 중 일정액을 다른 담보물권자(擔保物權者)보다 우선하여 변제받을 권리가 있다. 이 경우 임차인은 주택에 대한 경매신청의 등기 전에 제3조 제1항의 요건을 갖추어야 한다.
상가건물임대차보호법 제14조(보증금 중 일정액의 보호) ① 임차인은 보증금 중 일정액을 다른 담보물권자보다 우선하여 변제받을 권리가 있다. 이 경우 임차인은 건물에 대한 경매신청의 등기 전에 제3조 제1항의 요건을 갖추어야 한다.

6) 파산채권자에 대한 관계

채무자 회생 및 파산에 관한 법률 제411조(별제권자) 파산재단에 속하는 재산상에 존재하는 유치권·질권·저당권·「동산·채권 등의 담보에 관한 법률」에 따른 담보권 또는 전세권을 가진 자는 그 목적인 재산에 관하여 별제권을 가진다. 별제권이란 파산재단의 특정재산에서 다른 채권자보다 우선하여 변제를 받을 수 있는 권리를 말한다.

4. 저당권 실행에 의한 매각의 효과

(1) 매수인의 권리취득 등

1) 저당권의 실행에 따른 경매에 의하여 매수인은 저당권의 목적이 되는 권리, 즉 소유권, 지상권, 전세권을 취득한다.

2) 저당권 실행경매(임의경매)는 강제경매[9]의 경우와는 달리 공신력이 없

8) 근로기준법 제38조(임금채권의 우선변제) ① 임금, 재해보상금, 그 밖에 근로 관계로 인한 채권은 사용자의 총재산에 대하여 질권(質權)·저당권에 따라 담보된 채권 외에는 조세·공과금 및 다른 채권에 우선하여 변제되어야 한다. ② 제1항에도 불구하고 다음 각 호의 어느 하나에 해당하는 채권은 사용자의 총재산에 대하여 질권·저당권에 따라 담보된 채권, 조세·공과금 및 다른 채권에 우선하여 변제되어야 한다.
   1. 최종 3개월분의 임금
   2. 재해보상금
   근로자퇴직급여보장법 제12조(퇴직급여등의 우선변제) ① 사용자에게 지급의무가 있는 퇴직금은 사용자의 총재산에 대하여 질권 또는 저당권에 의하여 담보된 채권을 제외하고는 조세·공과금 및 다른 채권에 우선하여 변제되어야 한다. ② 제1항에도 불구하고 최종 3년간의 퇴직급여등은 사용자의 총재산에 대하여 질권 또는 저당권에 의하여 담보된 채권, 조세·공과금 및 다른 채권에 우선하여 변제되어야 한다.

9) 강제경매는 공신력이 있다. 강제경매는 집행력 있는 정본이 존재하는 경우에 한하여 국가의 강제집행권의 실행으로서 실시되는 점에서, 일단 확정판결에 터 잡아 경매절차가 완결된 때에는, 뒷날 그 집행권원에 표상된 실체법상의 청구권이 당초부터 부존재 또는 무효

다. 임의경매는 담보권자의 담보권 실행을 국가기관이 대행하는 것에 불과하므로 담보권의 부존재, 무효, 피담보채권의 소멸 등과 같은 실체법상의 흠이 있는 경우에는 그것이 매각의 효력에 영향을 미치기 때문이다.[10)]

따라서, 피담보채권이나 저당권의 소멸, 무효, 부존재 같은 실체법상의 권리에 흠이 있는 경우, 예를 들어 원인무효의 소유권이전등기에 기하여 저당권설정등기를 한 경우에는 비록 매각허가결정이 확정되어 매수인이 매각대금을 다 내고 소유권이전등기를 넘겨받았다 하더라도 매수인은 목적부동산의 소유권을 취득하지 못한다.[11)]

3) 다만, 매수인 지위의 안정을 위하여 민사집행법 제267조는 "대금완납에 따른 매수인의 부동산 취득은 담보권 소멸로 영향을 받지 아니한다."고 규정함으로써, 임의경매에서도 부분적으로 공신력을 인정하고 있다. 이 규정을 대법원은 경매개시결정 전과 후를 구별하여, 일단 실체상 존재하는 저당권에 터 잡아 경매개시결정이 내려진 뒤에는 이후 피담보채권이나 저당권이 변제 등으로 소멸되었더라도 경매절차가 취소 또는 정지되지 아니한 채 진행된 결과, 매각허가결정이 확정되고 매각대금이 모두 지급된 경우에는 매수인이 적법하게 목적부동산의 소유권을 취득하도록 한 것이라고 해석한다. 따라서 채무자는 매수인의 권리취득을 다투지 못한다.[12)]

4) 경매신청한 저당권뿐만 아니라 매각부동산 위의 모든 저당권은 매각으로 소멸된다.[13)]

라든가, 경매절차가 진행 중에 변제 등의 사유로 인하여 소멸하였거나, 심지어 확정판결이 재심에서 취소되었다 하더라도 매수인은 유효하게 목적부동산의 소유권을 취득한다(사법연수원, 민사집행법 250쪽, 대법원 1996. 12. 20. 선고 96다42628 판결 등).

10) 사법연수원, 민사집행법 250쪽.

11) 대법원 1999. 2. 9. 선고 98다51855 판결 등.

12) 대법원 1992. 11. 11. 자 92마719 결정, 대법원 2001. 2. 27. 선고 2000다44348 판결 등.

13) 민사집행법 제268조, 제91조 2항.

(2) 저당권과 용익권(지상권, 지역권, 전세권, 등기된 임차권)의 관계

1) 이들 권리는 최우선순위의 저당권보다 선순위인 경우에는 매수인이 이를 인수하고, 후순위인 경우에는 모두 소멸한다. 선순위 저당권이 확보한 담보가치가 후순위의 용익권에 손상되지 않도록 보장해 주어야하기 때문이다(민사집행법 제91조 3항, 4항 및 국세징수법 제92조 2항, 3항).

2) 다만, 선순위 전세권자는 선택적으로 배당요구를 할 수 있고, 배당요구를 하는 경우 전세권은 소멸한다(민사집행법 제91조 4항 단서, 국세징수법 제92조 3항 단서).

(3) 법정지상권

1) 법정지상권의 의의

① 법정지상권은 토지와 그 지상건물이 동일인에게 귀속하는 경우에 토지와 건물 중 어느 하나 또는 둘 모두에 저당권이 설정된 후, 저당권의 실행으로 경매됨으로써 토지와 건물의 소유자가 다르게 된 때에, 건물의 소유자에게 당연히 인정되는 지상권을 말한다.[14]

법정지상권은 건물을 토지와는 별개의 부동산으로 다루고 있는 우리 법제에 있어서 당사자 사이에 건물을 위한 토지이용권을 현실화할 기회가 없었던 경우에, 건물소유자의 토지 이용을 보장할 필요에서 인정된 공익적 권리이고, 따라서 이를 규정한 민법 제366조는 강행규정에 속한다.[15] 대법원 판례는 무허가, 무등기 또는 미완성건물에도 법정지상권 인정한다.

② 위와 같이 법정지상권이 건물을 위한 토지이용권을 현실화할 기회가 없

14) 민법 제366조(법정지상권) 저당물의 경매로 인하여 토지와 그 지상건물이 다른 소유자에 속한 경우에는 토지소유자는 건물소유자에 대하여 지상권을 설정한 것으로 본다. 그러나 지료는 당사자의 청구에 의하여 법원이 이를 정한다.

15) 대법원 1988. 10. 25. 선고 87다카1564 판결.

었던 경우에, 건물소유자의 토지 이용을 보장할 필요에서 인정된 제도인 점을 감안하면, 현행법상 법정지상권이 성립되는 사유는 그 한계가 뚜렷하다. 여기서 입법적 한계를 보완하기 위하여 대법원판례는 그 성립사유를 완화하여 법정지상권의 성립을 인정한다. 이를 관습법상의 법정지상권이라 한다.

2) 법정지상권의 성립요건

가. 민법상의 법정지상권(제366조)

① 저당권 설정 당시에 토지 위에 건물이 존재하고, ② 그 토지와 건물이 동일인 소유일 것 및 ③ 저당권 실행(임의경매)으로 인하여 그 토지와 건물이 각각 소유자를 달리하게 될 것을 성립요건으로 한다.

나. 관습법상의 법정지상권

관습법상의 법정지상권은 ① 토지와 건물소유자가 동일하고, ② 그 토지와 건물 중 어느 하나가 매매 기타 사유로 처분되어 토지와 건물소유자가 각각 달라질 것 및 ③ 관습법상의 법정지상권 포기 특약이 없을 것을 성립요건으로 한다.

민법상의 법정지상권(제366조)이 저당권의 실행(임의경매)으로 인하여 토지와 건물이 각각 소유자를 달리하게 될 것을 성립요건으로 하는 것과 달리 관습법상의 법정지상권은 판례에 의하면 매매, 증여, 대물변제, 민사집행법상의 강제경매, 국세징수법상의 공매 등 그 성립원인에 제한이 없다. 요컨대 관습법상의 법정지상권은 입법의 한계를 보완하기 위해 형성된 것이라고 볼 수 있다.

3) 법정지상권의 효력

말소기준등기(최우선순위의 저당권 등)보다 앞서 법정지상권의 성립요건을 갖춘 경우에 한하여, 용익권에 준하여 경매의 토지매수인이 이를 인수하고, 후순위인 경우에는 모두 소멸한다.[16] 선순위 담보권 등이 확보한 담보가치가 후순

---

16) 민사집행법 제91조 3항, 4항, 국세징수법 제92조 2항, 3항.

위의 용익권에 손상되지 않도록 보장해 주어야 하기 때문이다.

법정지상권을 취득한 건물소유자는 등기 없이 토지매수인 및 그 전득자에게 그 권리를 주장할 수 있으나, 그 권리를 처분하려면 민법 제187조 단서에 의하여 먼저 자신의 명의로 지상권설정등기를 하여야 한다.

(4) 토지저당권자의 일괄경매권

민법 제365조(저당지상의 건물에 대한 경매청구권) 토지를 목적으로 저당권을 설정한 후 그 설정자가 그 토지에 건물을 축조한 때에는 저당권자는 토지와 함께 그 건물에 대하여도 경매를 청구할 수 있다. 그러나 그 건물의 경매대가에 대하여는 우선변제를 받을 권리가 없다.

제 5 장
유 치 권

1. 유치권의 의의

유치권은 타인의 물건 또는 유가증권을 점유한 자가 그 물건이나 유가증권에 관하여 생긴 채권이 변제기에 있는 경우에 그 채권의 변제를 받을 때까지 그 물건 또는 유가증권을 유치할 수 있는 물권이다.[1)]

신축공사를 한 수급인이 해당 건물을 점유하고 있고 또 그 건물에 관하여 생긴 공사대금 채권이 존재할 경우, 수급인이 위 공사대금을 전부 변제받을 때까지 공사를 한 당해 건물을 유치할 수 있는 권리가 유치권의 대표적 예이다.

2. 유치권의 성립요건

유치권은 다음의 모든 요건에 해당할 경우, 당연히 성립하게 되는 법정 담

1) 민법 제320조 1항.

보물권이다.

(1) 유치권의 목적물로 될 수 있는 것은 타인 소유의 물건과 유가증권이고, 법률상 당연히 성립하기 때문에 부동산이 목적물인 경우에도 등기가 필요하지 않다.

(2) 유치권이 성립되기 위해서는 목적물에 대한 점유가 불법행위에 의하여 시작되지 않았어야 하고,[2] 적법한 점유가 계속되어야 한다. 유치권자가 점유를 잃으면 유치권은 소멸한다.[3]

(3) 피담보채권의 변제기가 도래해야 한다. 경매절차에서는 경매개시결정으로써 변제기가 도래한 것으로 본다.

(4) 유치권이 성립하기 위해서는 피담보채권이 유치권의 목적물에 관하여 생긴 것이어야 한다.[4] 즉 피담보채권과 목적물 간에 견련성이 있을 것을 요한다. 견련성이 인정될 수 있는 것은 용익대상 부동산에 지출한 필요비나 유익비 채권,[5] 시공한 해당 건물의 공사비 채권[6] 등이 있다.

(5) 유치권이 성립하기 위해서는 유치권을 배제하는 특약이 없어야 한다. 유치권은 법정요건만 갖추면 당연히 성립하게 되지만, 유치권의 발생을 배제하는 당사자 간의 특약도 유효하기 때문이다. 따라서 원상회복 특약조건 아래 지출한 공사비,[7] 임대인 귀속 특약조건 아래 지출한 공사비[8] 등을 이유로 한 유치권은 인정되지 않는다.

(6) 유치권이 성립하기 위해서는 경매개시결정등기 기입 전에 점유하고 있어야 한다. 따라서 공사비 채권을 가지고 있는 수급인에게 경매개시결정등기 기입 후에 그 부동산의 점유를 이전하더라도 유치권은 인정되지 않는다. 이는 압

2) 민법 제320조 2항.
3) 민법 제328조.
4) 민법 제320조 1항.
5) 대법원 1972. 1. 31. 선고 71다2414 판결.
6) 대법원 1995. 9. 15. 선고 95다16202 판결.
7) 대법원 1983. 5. 10. 선고 81다187 판결, 대법원 1975. 4. 22. 선고 73다2010 판결.
8) 대법원 1983. 2. 22. 선고 80다589 판결.

류등기가 경료되면 처분금지 효력으로 인해 후순위 권리는 모두 소멸되기 때문이다.[9)]

3. 유치권의 효력

(1) 유치권의 권리분석

현행법은 유치권에 대하여는 무조건 불소멸 및 인수주의를 채택함으로써, 원칙적으로 유치권은 전 소유자 때 성립한 것이라도 전부 매수인에게 인수된다. 따라서 매수인은 유치권자에게 그 유치권(留置權)으로 담보하는 채권을 변제할 책임이 있다.[10)]

다만 경매개시결정등기 기입(경매기입등기) 이후 성립된 유치권에 한하여 예외적으로 대항력이 배제되어 소멸한다. 이는 압류등기가 경료되면 처분금지 효력으로 인해 후순위 권리는 모두 소멸되기 때문이다.[11)]

여기서 경매기입등기라 함은 강제경매 개시결정등기, 임의경매 개시결정등기, 체납 공과세금 압류에 대한 공매공고 기입등기를 말한다.[12)]

(2) 유치권자의 권리

민법 제321조(유치권의 불가분성) 유치권자는 채권전부의 변제를 받을 때까지 유치물 전부에 대하여 그 권리를 행사할 수 있다.

민법 제322조(경매, 간이변제충당) ① 유치권자는 채권의 변제를 받기 위하

9) 대법원 2005. 8. 19. 선고 2005다22688 판결 등.
10) 민사집행법 제91조 5항, 국세징수법 제92조 4항.
11) 대법원 2005. 8. 19. 선고 2005다22688 판결 등.
12) 대법원 2014. 3. 20. 선고 2009다60336 전원합의체 판결.

여 유치물을 경매할 수 있다. ② 정당한 이유있는 때에는 유치권자는 감정인의 평가에 의하여 유치물로 직접 변제에 충당할 것을 법원에 청구할 수 있다. 이 경우에는 유치권자는 미리 채무자에게 통지하여야 한다.

민법 제323조(과실수취권) ① 유치권자는 유치물의 과실을 수취하여 다른 채권보다 먼저 그 채권의 변제에 충당할 수 있다. 그러나 과실이 금전이 아닌 때에는 경매하여야 한다. ② 과실은 먼저 채권의 이자에 충당하고 그 잉여가 있으면 원본에 충당한다.

민법 제325조(유치권자의 상환청구권) ① 유치권자가 유치물에 관하여 필요비를 지출한 때에는 소유자에게 그 상환을 청구할 수 있다. ② 유치권자가 유치물에 관하여 유익비를 지출한 때에는 그 가액의 증가가 현존한 경우에 한하여 소유자의 선택에 좇아 그 지출한 금액이나 증가액의 상환을 청구할 수 있다. 그러나 법원은 소유자의 청구에 의하여 상당한 상환기간을 허여할 수 있다.

(3) 유치권자의 의무

민법 제324조(유치권자의 선관의무) ① 유치권자는 선량한 관리자의 주의로 유치물을 점유하여야 한다. ② 유치권자는 채무자의 승낙없이 유치물의 사용, 대여 또는 담보제공을 하지 못한다. 그러나 유치물의 보존에 필요한 사용은 그러하지 아니하다. ③ 유치권자가 전2항의 규정에 위반한 때에는 채무자는 유치권의 소멸을 청구할 수 있다.

제 6 장
지 상 권

1. 지상권의 의의

지상권은 타인의 토지에서 건물 기타 공작물이나 수목을 소유하기 위하여 그 토지를 사용하는 물권이다(민법 제279조).

2. 지상권의 존속기간

민법 제280조(존속기간을 약정한 지상권) ① 계약으로 지상권의 존속기간을 정하는 경우에는 그 기간은 다음 연한보다 단축하지 못한다.

㉠ 석조, 석회조, 연와조 또는 이와 유사한 견고한 건물이나 수목의 소유를 목적으로 하는 때에는 30년

㉡ 전호이외의 건물의 소유를 목적으로 하는 때에는 15년

㉢ 건물이외의 공작물의 소유를 목적으로 하는 때에는 5년

② 전항의 기간보다 단축한 기간을 정한 때에는 전항의 기간까지 연장한다.

민법 제281조(존속기간을 약정하지 아니한 지상권) ① 계약으로 지상권의 존속기간을 정하지 아니한 때에는 그 기간은 전조의 최단존속기간으로 한다. ② 지상권설정당시에 공작물의 종류와 구조를 정하지 아니한 때에는 지상권은 전조 제2호의 건물의 소유를 목적으로 한 것으로 본다.

3. 지상권의 효력

민법 제282조(지상권의 양도, 임대) 지상권자는 타인에게 그 권리를 양도하거나 그 권리의 존속기간 내에서 그 토지를 임대할 수 있다.

민법 제286조(지료증감청구권) 지료가 토지에 관한 조세 기타 부담의 증감이나 지가의 변동으로 인하여 상당하지 아니하게 된 때에는 당사자는 그 증감을 청구할 수 있다.

민법 제287조(지상권소멸청구권) 지상권자가 2년 이상의 지료를 지급하지 아니한 때에는 지상권설정자는 지상권의 소멸을 청구할 수 있다.

제 7 장
지 역 권

1. 지역권의 의의

지역권은 설정행위에서 정한 일정한 목적을 위하여 타인의 토지를 자기토지의 편익에 이용하는 물권이다(민법 제291조).

2. 지역권의 존속기간

지역권의 존속기간은 당사자가 약정할 수 있다. 그리고 등기하여야 제3자에게 대항할 수 있다.

3. 지역권의 효력

민법 제292조(부종성) ① 지역권은 요역지소유권에 부종하여 이전하며 또는 요역지에 대한 소유권이외의 권리의 목적이 된다. 그러나 다른 약정이 있는 때에는 그 약정에 의한다. ② 지역권은 요역지와 분리하여 양도하거나 다른 권리의 목적으로 하지 못한다.

<u>민법</u> 제298조(승역지소유자의 의무와 승계) 계약에 의하여 승역지소유자가 자기의 비용으로 지역권의 행사를 위하여 공작물의 설치 또는 수선의 의무를 부담한 때에는 승역지소유자의 특별승계인도 그 의무를 부담한다.

제 8 장
전 세 권

1. 전세권의 의의

민법 제303조(전세권의 내용) ① 전세권자는 전세금을 지급하고 타인의 부동산을 점유하여 그 부동산의 용도에 좇아 사용·수익하며, 그 부동산 전부에 대하여 후순위권리자 기타 채권자보다 전세금의 우선변제를 받을 권리가 있다. ② 농경지는 전세권의 목적으로 하지 못한다.

2. 전세권의 존속기간

민법 제312조(전세권의 존속기간) ① 전세권의 존속기간은 10년을 넘지 못한다. 당사자의 약정기간이 10년을 넘는 때에는 이를 10년으로 단축한다. ② 건물에 대한 전세권의 존속기간을 1년 미만으로 정한 때에는 이를 1년으로 한다. ③ 전세권의 설정은 이를 갱신할 수 있다. 그 기간은 갱신한 날로부터 10년을 넘지 못한다. ④ 건물의 전세권설정자가 전세권의 존속기간 만료전 6월부터 1월까지 사이에 전세권자에 대하여 갱신거절의 통지 또는 조건을 변경하지 아니하면 갱신하지 아니한다는 뜻의 통지를 하지 아니한 경우에는 그 기간이 만료된 때에 전전세권과 동일한 조건으로 다시 전세권을 설정한 것으로 본다. 이 경우 전세권의 존속기간은 정함이 없는 것으로 본다.

민법 제313조(전세권의 소멸통고) 전세권의 존속기간을 약정하지 아니한 때에는 각 당사자는 언제든지 상대방에 대하여 전세권의 소멸을 통고할 수 있고 상대방이 이 통고를 받은 날로부터 6월이 경과하면 전세권은 소멸한다.

3. 전세권의 효력

(1) 전세권 또는 전세권 목적부동산의 처분

민법 제306조(전세권의 양도, 임대 등) 전세권자는 (설정자의 동의 없이) 전세권을 타인에게 양도 또는 담보로 제공할 수 있고 그 존속기간내에서 그 목적물을 타인에게 전전세 또는 임대할 수 있다. 그러나 설정행위로 이를 금지한 때에는 그러하지 아니하다.

민법 제307조(전세권양도의 효력) 전세권양수인은 전세권설정자에 대하여 전세권양도인과 동일한 권리의무가 있다.

전세권의 목적부동산이 양도된 경우에는 양수인이 전세권설정자의 지위를 승계하여 전세금 반환의무를 부담한다(판례).

(2) 전세금 증감청구권

민법 제312조의2(전세금 증감청구권) 전세금이 목적 부동산에 관한 조세·공과금 기타 부담의 증감이나 경제사정의 변동으로 인하여 상당하지 아니하게 된 때에는 당사자는 장래에 대하여 그 증감을 청구할 수 있다. 그러나 증액의 경우에는 대통령령이 정하는 기준에 따른 비율을 초과하지 못한다.

4. 전세권의 소멸

(1) 전세금의 반환 및 목적부동산의 인도의 동시이행관계

민법 제317조(전세권의 소멸과 동시이행) 전세권이 소멸한 때에는 전세권설정자는 전세권자로부터 그 목적물의 인도 및 전세권설정등기의 말소등기에 필요한 서류의 교부를 받는 동시에 전세금을 반환하여야 한다.

(2) 전세권자의 경매청구권 및 우선변제권

민법 제318조(전세권자의 경매청구권) 전세권설정자가 전세금의 반환을 지체한 때에는 전세권자는 민사집행법의 정한 바에 의하여 전세권의 목적물의 경매를 청구할 수 있다.

민법 제303조(전세권의 내용) ① 전세권자는 그 부동산 전부에 대하여 후순위권리자 기타 채권자보다 전세금의 우선변제를 받을 권리가 있다.

(3) 전세권자의 유익비상환청구권

민법 제310조(전세권자의 상환청구권) ① 전세권자가 목적물을 개량하기 위하여 지출한 금액 기타 유익비에 관하여는 그 가액의 증가가 현존한 경우에 한하여 소유자의 선택에 좇아 그 지출액이나 증가액의 상환을 청구할 수 있다. ② 전항의 경우에 법원은 소유자의 청구에 의하여 상당한 상환기간을 허여할 수 있다.

민법 제309조(전세권자의 유지, 수선의무) 전세권자는 목적물의 현상을 유지하고 그 통상의 관리에 속한 수선을 하여야 한다.

제 9 장
임 대 차

1. 임대차의 의의

임대차는 당사자 일방이 상대방에게 목적물을 사용, 수익하게 할 것을 약정하고 상대방이 이에 대하여 차임을 지급할 것을 약정함으로써 성립하는 계약이다(민법 제618조).

2. 임대차의 존속기간

(1) 계약으로 기간을 정한 경우

임대차의 존속기간에 대하여는 제한이 없다. 당사자가 그 존속기간을 계약으로 정한 경우에는 그 기간이 존속기간이 되며, 당사자는 그 기간을 갱신할 수 있다.

민법 제639조(묵시의 갱신) ① 임대차기간이 만료한 후 임차인이 임차물의 사용, 수익을 계속하는 경우에 임대인이 상당한 기간내에 이의를 하지 아니한 때에는 전임대차와 동일한 조건으로 다시 임대차한 것으로 본다. 그러나 (존속기간은 약정이 없는 것으로 다루어져서) 당사자는 제635조의 규정에 의하여 (언제든지) 해지의 통고를 할 수 있다.

② 전항의 경우에 전임대차에 대하여 제삼자가 제공한 담보는 기간의 만료로 인하여 소멸한다.

(2) 계약으로 기간을 정하지 않은 경우

민법 제635조(기간의 약정없는 임대차의 해지통고) ① 임대차기간의 약정이 없는 때에는 당사자는 언제든지 계약해지의 통고를 할 수 있다.

② 상대방이 전항의 통고를 받은 날로부터 다음 각 호의 기간이 경과하면 해지의 효력이 생긴다. ㉠ 토지, 건물 기타 공작물에 대하여는 임대인이 해지를 통고한 경우에는 6월, 임차인이 해지를 통고한 경우에는 1월 ㉡ 동산에 대하여는 5일

민법 제636조(기간의 약정있는 임대차의 해지통고) 임대차기간의 약정이 있는 경우에도 당사자일방 또는 쌍방이 그 기간내에 해지할 권리를 보류한 때에는 전조의 규정을 준용한다.

3. 임대차의 효력

(1) 임대인의 의무

민법 제623조(임대인의 의무) 임대인은 목적물을 임차인에게 인도하고 계약존속중 그 사용, 수익에 필요한 상태를 유지하게 할 의무를 부담한다.

민법 제626조(임차인의 상환청구권) ① 임차인이 임차물의 보존에 관한 필요비를 지출한 때에는 임대인에 대하여 그 상환을 청구할 수 있다.

② 임차인이 유익비를 지출한 경우에는 임대인은 임대차종료시에 그 가액의 증가가 현존한 때에 한하여 임차인의 지출한 금액이나 그 증가액을 상환하여야 한다. 이 경우에 법원은 임대인의 청구에 의하여 상당한 상환기간을 허여할 수 있다.

(2) 임차인의 권리·의무

1) 임차권

임차권은 임대차에 기하여 임차인이 임대인에게 임차물을 사용·수익하게 할 것을 요구할 수 있는 권리이며, 일종의 채권이다.

임차인은 계약 또는 그 목적물의 성질에 의하여 정하여진 용법으로 이를 사용, 수익하여야 한다(민법 제654조, 제610조 1항).

계약 또는 목적물의 성질에 위반한 사용, 수익으로 인하여 생긴 손해배상의 청구와 임차인이 지출한 비용의 상환청구는 임대인이 물건의 반환을 받은 날로부터 6월내에 하여야 한다(민법 제654조, 제617조).

민법 제646조(임차인의 부속물매수청구권) ① 건물 기타 공작물의 임차인이 그 사용의 편익을 위하여 임대인의 동의를 얻어 이에 부속한 물건이 있는 때에는 임대차의 종료시에 임대인에 대하여 그 부속물의 매수를 청구할 수 있다.
② 임대인으로부터 매수한 부속물에 대하여도 전항과 같다.

2) 차임지급의무

민법 제618조(임대차의 의의) 임대차는 당사자 일방이 상대방에게 목적물을 사용, 수익하게 할 것을 약정하고 상대방이 이에 대하여 차임을 지급할 것을 약정함으로써 그 효력이 생긴다.

민법 제627조(일부멸실 등과 감액청구, 해지권) ① 임차물의 일부가 임차인의 과실없이 멸실 기타 사유로 인하여 사용, 수익할 수 없는 때에는 임차인은 그 부분의 비율에 의한 차임의 감액을 청구할 수 있다.

② 전항의 경우에 그 잔존부분으로 임차의 목적을 달성할 수 없는 때에는 임차인은 계약을 해지할 수 있다.

민법 제628조(차임증감청구권) 임대물에 대한 공과부담의 증감 기타 경제사정의 변동으로 인하여 약정한 차임이 상당하지 아니하게 된 때에는 당사자는 장래에 대한 차임의 증감을 청구할 수 있다.

민법 제633조(차임지급의 시기) 차임은 동산, 건물이나 대지에 대하여는 매월말에, 기타 토지에 대하여는 매년말에 지급하여야 한다. 그러나 수확기있는 것에 대하여는 그 수확후 지체없이 지급하여야 한다.

민법 제640조(차임연체와 해지) 건물 기타 공작물의 임대차의 경우에 임차인의 차임연체액이 2기의 차임액에 달하는 때에는 임대인은 계약을 해지할 수 있다.

민법 제641조(동전) 건물 기타 공작물의 소유 또는 식목, 채염, 목축을 목적으로 한 토지임대차의 경우에도 전조의 규정을 준용한다.

4. 임차권의 양도와 임차물의 전대

민법 제629조(임차권의 양도, 전대의 제한) ① 임차인은 임대인의 동의없이 그 권리를 양도하거나 임차물을 전대하지 못한다.

② 임차인이 전항의 규정에 위반한 때에는 임대인은 계약을 해지할 수 있다.

민법 제630조(전대의 효과) ① 임차인이 임대인의 동의를 얻어 임차물을 전대한 때에는 전차인은 직접 임대인에 대하여 의무를 부담한다. 이 경우에 전차인은 전대인에 대한 차임의 지급으로써 임대인에게 대항하지 못한다.

② 전항의 규정은 임대인의 임차인에 대한 권리행사에 영향을 미치지 아니한다.

민법 제631조(전차인의 권리의 확정) 임차인이 임대인의 동의를 얻어 임차물을 전대한 경우에는 임대인과 임차인의 합의로 계약을 종료한 때에도 전차인의 권리는 소멸하지 아니한다.

5. 보증금과 권리금

(1) 보증금

보증금은 부동산임대차에 있어서 임대인의 채권(차임채권·손해배상채권 등)을 담보하기 위하여 임차인이나 제3자가 임대인에게 금전 기타 유가물이다.

따라서 임대차가 종료되어 목적물을 반환받을 때, 명백하고도 명시적인 반대약정이 없는 한, 임대인의 모든 채권액이 별도의 의사표시 없이 보증금으로부터 당연히 공제된다(판례).

그리고 임대인의 보증금반환의무는 임차인의 임차물반환의무와 동시이행의 관계에 있다(판례).

(2) 권리금

권리금은 주로 도시에서 부동산 특히 점포의 임대차에 부수하여 임차물이 가지는 장소적 이익의 대가로서 임차인이 임대인에게 또는 임차권의 양수인이 양도인에게 지급하는 금전이다.

실제에 있어서 임차인은 임차권을 타인에게 양도하거나 임차물을 전대하면서 양수인이나 전차인으로부터 권리금을 받고 있다.

6. 부동산임차권의 물권화(부동산 임차권 등기의 대항력)

(1) 부동산 임차권 등의 등기사항

부동산등기법 제74조(임차권 등의 등기사항) 등기관이 임차권 설정 또는 임차물 전대(轉貸)의 등기를 할 때에는 제48조에서 규정한 사항 외에 다음 각 호의 사항을 기록하여야 한다. 다만, 제3호부터 제6호까지는 등기원인에 그 사항이 있는 경우에만 기록한다.

1. 차임(借賃)
2. 범위
3. 차임지급시기
4. 존속기간. 다만, 처분능력 또는 처분권한 없는 임대인에 의한 「민법」 제619조의 단기임대차인 경우에는 그 뜻도 기록한다.
5. 임차보증금
6. 임차권의 양도 또는 임차물의 전대에 대한 임대인의 동의
7. 임차권설정 또는 임차물전대의 범위가 부동산의 일부인 때에는 그 부분을 표시한 도면의 번호

(2) 부동산 임차권등기의 효력

민법 제621조(임대차의 등기) ① 부동산임차인은 당사자간에 반대약정이 없으면 임대인에 대하여 그 임대차등기절차에 협력할 것을 청구할 수 있고, ② 부동산임대차를 등기한 때에는 그때부터 제삼자에 대하여 효력이 생긴다.

민법 제622조(건물등기있는 차지권의 대항력) ① 건물의 소유를 목적으로 한 토지임대차는 이를 등기하지 아니한 경우에도 임차인이 그 지상건물을 등기한 때에는 제삼자에 대하여 임대차의 효력이 생긴다.

제 3 편

주택 및 상가건물임대차보호법

제 1 장
주택임대차

1. 주택임대차보호법의 입법취지와 내용

주택임대차보호법은 국민 주거생활의 안정을 보장할 목적으로 미등기 주택 임차권에 대하여, 일정한 요건을 갖춘 경우 등기된 임차권(또는 전세권)과 유사한 효력을 인정하거나, 그보다 더 강력한 효력을 보장하는 것을 내용으로 한다.

주택임대차보호법 제1조(목적) 이 법은 주거용 건물의 임대차(賃貸借)에 관하여 「민법」에 대한 특례를 규정함으로써 국민 주거생활의 안정을 보장함을 목적으로 한다.

주택임대차보호법 제10조(강행규정) 이 법에 위반된 약정(約定)으로서 임차인에게 불리한 것은 그 효력이 없다.

2. 주택임대차보호법의 적용범위

주택임대차보호법은 주거용 건물(이하 "주택"이라 한다)의 전부 또는 일부의 임대차에 관하여 적용한다. 그 임차주택(賃借住宅)의 일부가 주거 외의 목적으로 사용되는 경우에도 적용된다. 특히 이 법의 적용범위에 관하여 상가건물임대차보호법과 달리 보증금의 한도에 대해 제한을 두지 않고 있다.

제12조(미등기 전세에의 준용) 주택의 등기를 하지 아니한 전세계약에 관하여는 이 법을 준용한다. 이 경우 "전세금"은 "임대차의 보증금"으로 본다.

제11조(일시사용을 위한 임대차) 이 법은 일시사용하기 위한 임대차임이 명백한 경우에는 적용하지 아니한다.

3. 주택임대차의 효력(주택임차인의 보호)

(1) 주택임차권의 대항력

1) 대항력의 요건

주택임차인이 ① 적법한 임대차계약 ② 주민등록 전입신고 ③ 주택의 인도(引渡)라는 3가지 요건(대항요건)을 갖추게 되면, 등기가 없어도 그 다음 날부터 대외적으로 임차권을 주장할 수 있는 대항력을 취득한다.[1] 다만 위 대항요건은 계속 존속되어야 한다.[2]

1) 주택임대차보호법 제3조 1항.
2) 대법원 1987. 2. 24. 선고 86다카1695 판결.

2) 대항력의 내용

① 일반적인 양도의 경우(주택임대차보호법 제3조 4항)

임차주택의 양수인(讓受人)은 임대인(賃貸人)의 지위를 승계한 것으로 본다.

② 임차인의 대항력 취득시점이 말소기준등기보다 선순위인 경우

매수인이 임차권을 그대로 인수한다. 따라서 선순위 임차인은 임차주택에 대하여 민사집행법」에 따른 경매가 행해져 임차권이 소멸한 경우에도, 보증금이 모두 변제되지 않은 이상 계약기간 만료 시까지 점유, 사용을 계속하고 임차기간 만료 시 매수인으로부터 보증금을 반환받는다.[3] 그 결과 임대차 기간이 끝난 경우에도 임차인이 보증금 전액을 반환받을 때까지 임대차관계는 존속하는 것으로 본다.[4]

③ 임차인의 대항력 취득시점이 말소기준등기보다 후순위인 경우

임차권은 소멸되고, 임차인은 요건을 갖춰 배당요구를 할 수 있음에 그친다.

(2) 주택 보증금채권의 우선변제권

1) 주택임차인의 우선변제권 취득

주택임대차보호법 제3조의2(우선변제권) ② 제3조 제1항의 대항요건(對抗要件)과 임대차계약증서상의 확정일자(確定日字)를 갖춘 임차인은 등기가 없어도 「민사집행법」에 따른 경매 또는 「국세징수법」에 따른 공매를 할 때에 임차주택(대지를 포함한다)의 환가대금(換價代金)에서 후순위권리자나 그 밖의 채권자보다 우선하여 보증금을 변제받을 권리가 있다.

---

3) 제3조의5(경매에 의한 임차권의 소멸) 임차권은 임차주택에 대하여 「민사집행법」에 따른 경매가 행하여진 경우에는 그 임차주택의 경락(競落)에 따라 소멸한다. 다만, 보증금이 모두 변제되지 아니한, 대항력이 있는 임차권은 그러하지 아니하다.

4) 주택임대차보호법 제4조 2항.

주택임대차보호법 제3조의3(임차권등기명령) ① 임대차가 종료된 후 보증금이 반환되지 아니한 경우 임차인은 임차건물의 소재지를 관할하는 지방법원, 지방법원지원 또는 시·군법원에 임차권등기명령을 신청할 수 있다. ⑤ 임차인은 임차권등기명령의 집행에 따른 임차권등기를 마치면 제3조 제1항에 따른 대항력과 제3조의2제2항에 따른 우선변제권을 취득한다. 다만, 임차인이 임차권등기 이전에 이미 대항력이나 우선변제권을 취득한 경우에는 그 대항력이나 우선변제권은 그대로 유지되며, 임차권등기 이후에는 제3조 제1항의 대항요건을 상실하더라도 이미 취득한 대항력이나 우선변제권을 상실하지 아니한다.

주택임대차보호법 제3조의4(「민법」에 따른 주택임대차등기의 효력 등) ① 「민법」 제621조에 따른 주택임대차등기의 효력에 관하여는 제3조의3 제5항(대항력과 우선변제권 취득) 및 제6항을 준용한다. 따라서 등기된 모든 주택임차권은 대항력과 우선변제권을 갖고 있다.

2) 주택임차인의 우선변제권 내용

① 임차인의 우선변제권 취득시점이 말소기준등기보다 선순위인 경우

대항력을 주장하여 임차기간까지 점유, 사용할 수 있는 권리와 배당요구[5)6)]

5) 민사집행법 제88조(배당요구) ① 집행력 있는 정본을 가진 채권자, 경매개시결정이 등기된 뒤에 가압류를 한 채권자, 민법·상법, 그 밖의 법률에 의하여 우선변제청구권이 있는 채권자는 배당요구를 할 수 있다. ② 배당요구에 따라 매수인이 인수하여야 할 부담이 바뀌는 경우 배당요구를 한 채권자는 배당요구의 종기가 지난 뒤에 이를 철회하지 못한다.

6) 국세징수법 제76조(배분요구 등) ① 제74조에 따른 공매공고의 등기 또는 등록 전까지 등기 또는 등록되지 아니한 다음 각 호의 채권을 가진 자는 제96조 제1항에 따라 배분을 받으려는 경우 배분요구의 종기까지 관할 세무서장에게 배분을 요구하여야 한다.
1. 압류재산과 관계되는 체납액
2. 교부청구와 관계되는 체납액·지방세 또는 공과금
3. 압류재산에 설정된 전세권·질권·저당권 또는 가등기담보권에 의하여 담보된 채권
4. 「주택임대차보호법」 또는 「상가건물임대차보호법」에 따라 우선변제권이 있는 임차보증금 반환채권
5. 「근로기준법」 또는 「근로자퇴직급여 보장법」에 따라 우선변제권이 있는 임금, 퇴직금, 재해보상금 및 그 밖에 근로관계로 인한 채권

를 하여 보증금의 우선변제를 받을 수 있는 권리[7)8)]를 모두 갖고 있다. 특히 배당요구를 한 선순위 임차인이 보증금 중 일부금만 받았다면 나머지는 매수인이 이를 인수한다.[9)10)]

② 우선변제권 취득시점이 말소기준등기보다 후순위인 경우

임차권은 소멸되고, 배당절차에서 순위에 따른 우선변제권이 인정될 뿐이다.

---

6. 압류재산과 관계되는 가압류채권
7. 집행문이 있는 판결 정본에 의한 채권

7) 민사집행법 제148조(배당받을 채권자의 범위) 제147조 제1항에 규정한 금액을 배당받을 채권자는 다음 각호에 규정된 사람으로 한다.
1. 배당요구의 종기까지 경매신청을 한 압류채권자
2. 배당요구의 종기까지 배당요구를 한 채권자
3. 첫 경매개시결정등기전에 등기된 가압류채권자
4. 저당권·전세권, 그 밖의 우선변제청구권으로서 첫 경매개시결정등기 전에 등기되었고 매각으로 소멸하는 것을 가진 채권자

8) 국세징수법 제96조(배분 방법) ① 제94조 제2호 및 제3호의 금전은 다음 각 호의 체납액과 채권에 배분한다. 이 경우, 제76조 제1항 및 제2항에 따라 배분요구의 종기까지 배분요구를 하여야 하는 채권의 경우에는 배분요구를 한 채권에 대해서만 배분한다.
1. 압류재산과 관계되는 체납액
2. 교부청구를 받은 체납액·지방세 또는 공과금
3. 압류재산과 관계되는 전세권·질권·저당권 또는 가등기담보권에 의하여 담보된 채권
4. 「주택임대차보호법」 또는「상가건물임대차보호법」에 따라 우선변제권이 있는 임차보증금 반환채권
5. 「근로기준법」 또는 「근로자퇴직급여 보장법」에 따라 우선변제권이 있는 임금, 퇴직금, 재해보상금 및 그 밖에 근로관계로 인한 채권
6. 압류재산과 관계되는 가압류채권
7. 집행문이 있는 판결정본에 의한 채권

9) 주택임대차보호법 제3조의5(경매에 의한 임차권의 소멸) 임차권은 임차주택에 대하여 「민사집행법」에 따른 경매가 행하여진 경우에는 그 임차주택의 경락(競落)에 따라 소멸한다. 다만, 보증금이 모두 변제되지 아니한, 대항력이 있는 임차권은 그러하지 아니하다.

10) 대법원 1997. 8. 22. 선고 96다53628 판결, 대법원 2001. 3. 23. 선고 2000다30165 판결 등.

(3) 주택 소액보증금채권의 최우선변제권

1) 주택임차인의 최우선변제권 취득

최우선변제권은 경매기입등기 하루 전까지 대항요건을 구비한 소액보증금 임차인(담보권설정일 현재 각 지역별로 정해진 소액 보증금 이하에 해당하는 임차인)에게 인정된다.[11]

2) 주택임차인의 최우선변제권 내용

① 주택에 대한 경매신청의 등기 전에 대항요건을 갖춘 임차인은 소액보증금(보증금 중 일정액)의 경우, 선후 순위에 관계없이 무조건 다른 담보물권자보다 우선하여, 최우선으로 변제받을 권리가 있다.[12]

② 임차인의 보증금 중 일정액이 주택가액의 2분의 1을 초과하는 경우에는 주택가액의 2분의 1에 해당하는 금액까지만 최우선변제권이 있다.

3) 소액보증금(보증금 중 일정액)의 범위

① 최우선변제를 받을 소액보증금의 범위는 다음 각 호의 구분에 의한 금액 이하로 한다(개정 2023. 2. 21.).[13]

㉠ 서울특별시: 5천500만원

㉡ 「수도권정비계획법」에 따른 과밀억제권역(서울특별시는 제외한다), 세종특별자치시, 용인시, 화성시 및 김포시: 4천800만원

㉢ 광역시(수도권정비계획법상의 과밀억제권역에 포함된 지역과 군지역은 제외), 안산시, 광주시, 파주시, 이천시 및 평택시: 2천800만원

---

11) 주택임대차보호법 제8조(보증금 중 일정액의 보호) ① 임차인은 보증금 중 일정액을 다른 담보물권자보다 우선하여 변제받을 권리가 있다. 이 경우 임차인은 주택에 대한 경매신청의 등기 전에 대항요건을 갖추어야 한다.

12) 주택임대차보호법 제8조(보증금 중 일정액의 보호).

13) 주택임대차보호법 시행령 제10조(보증금 중 일정액의 범위 등).

㉣ 그 밖의 지역: 2천500만원

② 하나의 주택에 임차인이 2명 이상이고 이들이 그 주택에서 가정공동생활을 하는 경우에는 이들을 1명의 임차인으로 보아 이들의 각 보증금을 합산한다.

③ 하나의 주택에 임차인이 2명 이상이고, 그 각 보증금 중 일정액을 모두 합한 금액이 주택가액의 2분의 1을 초과하는 경우에는 그 각 보증금 중 일정액을 모두 합한 금액에 대한 각 임차인의 보증금 중 일정액의 비율로 그 주택가액의 2분의 1에 해당하는 금액을 분할한 금액을 각 임차인의 보증금 중 일정액으로 본다.

4) 최우선변제를 받을 임차인의 범위

최우선변제를 받을 임차인은 보증금이 다음 각 호의 구분에 의한 금액 이하인 임차인으로 한다(개정 2023. 2. 21.).[14]

㉠ 서울특별시: 1억6천500만원

㉡ 「수도권정비계획법」에 따른 과밀억제권역(서울특별시는 제외한다), 세종특별자치시, 용인시, 화성시 및 김포시: 1억4천500만원

㉢ 광역시(수도권정비계획법상의 과밀억제권역에 포함된 지역과 군지역은 제외), 안산시, 광주시, 파주시, 이천시 및 평택시: 8천500만원

㉣ 그 밖의 지역: 7천500만원

14) 주택임대차보호법 시행령 제11조(최우선변제를 받을 임차인의 범위).

제 2 장
상가건물임대차

1. 상가건물임대차보호법의 입법취지와 내용

상가건물임대차보호법은 국민 경제생활의 안정을 보장할 목적으로 미등기 상가건물 임차권에 대하여, 일정한 요건을 갖춘 경우 등기된 임차권(또는 전세권)과 유사한 효력을 인정하거나, 그보다 더 강력한 효력을 보장하는 것을 내용으로 한다.

제1조(목적) 이 법은 상가건물 임대차에 관하여 「민법」에 대한 특례를 규정하여 국민 경제생활의 안정을 보장함을 목적으로 한다.

제15조(강행규정) 이 법의 규정에 위반된 약정으로서 임차인에게 불리한 것은 효력이 없다.

2. 상가건물임대차보호법의 적용범위

제2조(적용범위) ① 이 법은 상가건물(제3조 제1항에 따른 사업자등록의 대상이 되는 건물을 말한다)의 임대차(임대차 목적물의 주된 부분을 영업용으로 사용하는 경우를 포함한다)에 대하여 적용한다. 다만, 제14조의2에 따른 상가건물임대차위원회의 심의를 거쳐 대통령령으로 정하는 보증금액을 초과하는 임대차에 대하여는 그러하지 아니하다.

법 시행령 제2조(적용범위) ①「상가건물임대차보호법」 제2조 제1항 단서에서 "대통령령으로 정하는 보증금액"이란 다음 각 호의 구분에 의한 금액을 말한다.

① 서울특별시: 9억원

②「수도권정비계획법」에 따른 과밀억제권역(서울특별시는 제외한다) 및 부산광역시: 6억9천만원

③ 광역시(「수도권정비계획법」에 따른 과밀억제권역에 포함된 지역과 군지역, 부산광역시는 제외한다), 세종특별자치시, 파주시, 화성시, 안산시, 용인시, 김포시 및 광주시: 5억4천만원

④ 그 밖의 지역: 3억7천만원

제2조(적용범위) ③ 제1항 단서에도 불구하고 제3조(대항력 등), 제10조 제1항, 제2항, 제3항 본문(계약갱신 요구권 등), 제10조의2부터 제10조의9까지의 규정(권리금 회수기회 보호 등), 제11조의2(폐업으로 인한 임차인의 해지권) 및 제19조는 제1항 단서에 따른 보증금액을 초과하는 임대차에 대하여도 적용한다.

제17조(미등기전세에의 준용) 목적건물을 등기하지 아니한 전세계약에 관하여 이 법을 준용한다. 이 경우 "전세금"은 "임대차의 보증금"으로 본다.

제16조(일시사용을 위한 임대차) 이 법은 일시사용을 위한 임대차임이 명백

한 경우에는 적용하지 아니한다.

3. 상가건물임대차의 효력(상가건물임차인의 보호)

(1) 상가건물 임차권의 대항력

1) 대항력의 요건

제3조(대항력) ① 임대차는 그 등기가 없는 경우에도 임차인이 건물의 인도와 「부가가치세법」 제8조, 「소득세법」 제168조 또는 「법인세법」 제111조에 따른 사업자등록을 신청하면 그 다음 날부터 제3자에 대하여 효력이 생긴다.

2) 대항력의 내용

① 일반적인 양도의 경우

임차건물의 양수인(그 밖에 임대할 권리를 승계한 자를 포함한다)은 임대인의 지위를 승계한 것으로 본다(제3조 2항).

② 대항력 취득시점이 말소기준등기보다 선순위인 임차권의 경우

매수인이 임차권을 그대로 인수한다. 따라서 선순위 임차인은 임차건물에 대하여 「민사집행법」에 따른 경매가 행해져 임차권이 소멸한 경우에도, 보증금이 모두 변제되지 않은 이상 계약기간 만료 시까지 점유, 사용을 계속하고 임차기간 만료 시 매수인으로부터 보증금을 반환받는다. 그 결과 임대차 기간이 끝난 경우에도 임차인이 보증금 전액을 반환받을 때까지는 임대차관계는 존속하는 것으로 본다.[1)]

1) 제9조(임대차기간 등) ① 기간을 정하지 아니하거나 기간을 1년 미만으로 정한 임대차는 그 기간을 1년으로 본다. 다만, 임차인은 1년 미만으로 정한 기간이 유효함을 주장할 수 있다.
② 임대차가 종료한 경우에도 임차인이 보증금을 돌려받을 때까지는 임대차 관계는 존속하는 것으로 본다.

③ 대항력 취득시점이 말소기준등기보다 후순위인 임차권의 경우

임차권은 소멸되고, 임차인은 요건을 갖춰 배당요구를 할 수 있음에 그친다.

(2) 상가건물 보증금채권의 우선변제권

1) 상가건물임차인의 우선변제권 취득

제5조(우선변제권) ② 제3조 제1항의 대항요건을 갖추고 관할 세무서장으로부터 임대차계약서상의 확정일자를 받은 임차인은 「민사집행법」에 따른 경매 또는 「국세징수법」에 따른 공매 시 임차건물(임대인 소유의 대지를 포함한다)의 환가대금에서 후순위권리자나 그 밖의 채권자보다 우선하여 보증금을 변제받을 권리가 있다.

제6조(임차권등기명령) ① 임대차가 종료된 후 보증금이 반환되지 아니한 경우 임차인은 임차건물의 소재지를 관할하는 지방법원, 지방법원지원 또는 시, 군법원에 임차권등기명령을 신청할 수 있다.

⑤ 임차권등기명령의 집행에 따른 임차권등기를 마치면 임차인은 제3조 제1항에 따른 대항력과 제5조 제2항에 따른 우선변제권을 취득한다. 다만, 임차인이 임차권등기 이전에 이미 대항력 또는 우선변제권을 취득한 경우에는 그 대항력 또는 우선변제권이 그대로 유지되며, 임차권등기 이후에는 제3조 제1항의 대항요건을 상실하더라도 이미 취득한 대항력 또는 우선변제권을 상실하지 아니한다.

제7조(「민법」에 따른 임대차등기의 효력 등) ① 「민법」 제621조에 따른 건물임대차등기의 효력에 관하여는 제6조 제5항 및 제6항을 준용한다. 따라서 등기된 모든 상가건물 임차권은 대항력과 우선변제권을 갖고 있다.

2) 상가건물임차인의 우선변제권 내용

① 임차인의 우선변제권 취득시점이 말소기준등기보다 선순위인 경우

선순위 임차인은 대항력을 주장하여 임차기간까지 점유, 사용할 수 있는 권리와 배당요구[2][3]를 하여 보증금의 우선변제를 받을 수 있는 권리[4][5]를 모두 갖

---

2) 민사집행법 제88조(배당요구) ① 집행력 있는 정본을 가진 채권자, 경매개시결정이 등기된 뒤에 가압류를 한 채권자, 민법·상법, 그 밖의 법률에 의하여 우선변제청구권이 있는 채권자는 배당요구를 할 수 있다. ② 배당요구에 따라 매수인이 인수하여야 할 부담이 바뀌는 경우 배당요구를 한 채권자는 배당요구의 종기가 지난 뒤에 이를 철회하지 못한다.

3) 국세징수법 제76조(배분요구 등) ① 제74조에 따른 공매공고의 등기 또는 등록 전까지 등기 또는 등록되지 아니한 다음 각 호의 채권을 가진 자는 제96조 제1항에 따라 배분을 받으려는 경우 배분요구의 종기까지 관할 세무서장에게 배분을 요구하여야 한다.
   1. 압류재산과 관계되는 체납액
   2. 교부청구와 관계되는 체납액·지방세 또는 공과금
   3. 압류재산에 설정된 전세권·질권·저당권 또는 가등기담보권에 의하여 담보된 채권
   4. 「주택임대차보호법」 또는 「상가건물임대차보호법」에 따라 우선변제권이 있는 임차보증금 반환채권
   5. 「근로기준법」 또는 「근로자퇴직급여 보장법」에 따라 우선변제권이 있는 임금, 퇴직금, 재해보상금 및 그 밖에 근로관계로 인한 채권
   6. 압류재산과 관계되는 가압류채권
   7. 집행문이 있는 판결 정본에 의한 채권

4) 민사집행법 제148조(배당받을 채권자의 범위) 제147조 제1항에 규정한 금액을 배당받을 채 권자는 다음 각호에 규정된 사람으로 한다.
   1. 배당요구의 종기까지 경매신청을 한 압류채권자
   2. 배당요구의 종기까지 배당요구를 한 채권자
   3. 첫 경매개시결정등기전에 등기된 가압류채권자
   4. 저당권·전세권, 그 밖의 우선변제청구권으로서 첫 경매개시결정등기전에 등기되었고 매각으로 소멸하는 것을 가진 채권자

5) 국세징수법 제96조(배분 방법) ① 제94조 제2호 및 제3호의 금전은 다음 각 호의 체납액과 채권에 배분한다. 이 경우, 제76조 제1항 및 제2항에 따라 배분요구의 종기까지 배분요구를 하여야 하는 채권의 경우에는 배분요구를 한 채권에 대해서만 배분한다.
   1. 압류재산과 관계되는 체납액
   2. 교부청구를 받은 체납액·지방세 또는 공과금
   3. 압류재산과 관계되는 전세권·질권·저당권 또는 가등기담보권에 의하여 담보된 채권
   4. 「주택임대차보호법」 또는 「상가건물임대차보호법」에 따라 우선변제권이 있는 임차보증금 반환채권

고 있다. 특히 배당요구를 한 선순위 임차인이 보증금 중 일부금만 받았다면 나머지는 매수인이 인수한다.[6][7]

② 임차인의 우선변제권 취득시점이 말소기준등기보다 후순위인 경우

임차권은 소멸되고, 배당절차에서 순위에 따른 우선변제권이 인정될 뿐이다.

(3) 상가건물 소액보증금채권의 최우선변제권

1) 상가건물임차인의 최우선변제권 취득

최우선변제권은 경매기입등기 하루 전까지 대항요건을 구비한 소액보증금 임차인(담보권설정일 현재 각 지역별로 정해진 소액 환산보증금 이하에 해당하는 임차인)에게 인정된다.[8]

2) 상가건물임차인의 최우선변제권 내용

① 상가건물에 대한 경매신청의 등기 전에 대항요건을 갖춘 소액보증금 임차인은 소액보증금(보증금 중 일정액)의 경우에는 선후순위에 관계없이 무조건 다른 담보물권자보다 우선하여, 최우선으로 변제받을 권리가 있다.[9]

---

5. 「근로기준법」 또는 「근로자퇴직급여 보장법」에 따라 우선변제권이 있는 임금, 퇴직금, 재해보상금 및 그 밖에 근로관계로 인한 채권
6. 압류재산과 관계되는 가압류채권
7. 집행문이 있는 판결정본에 의한 채권

6) 제8조(경매에 의한 임차권의 소멸) 임차권은 임차건물에 대하여 「민사집행법」에 따른 경매가 실시된 경우에는 그 임차건물이 매각되면 소멸한다. 다만, 보증금이 전액 변제되지 아니한 대항력이 있는 임차권은 그러하지 아니하다

7) 대법원 1997. 8. 22. 선고 96다53628 판결, 대법원 2001. 3. 23. 선고 2000다30165 판결 등.

8) 상가건물임대차보호법 제14조(보증금 중 일정액의 보호) ① 임차인은 보증금 중 일정액을 다른 담보물권자보다 우선하여 변제받을 권리가 있다. 이 경우 임차인은 건물에 대한 경매신청의 등기 전에 제3조 제1항의 요건을 갖추어야 한다.

9) 상가건물임대차보호법 제14조(보증금 중 일정액의 보호).

② 임차인의 소액보증금이 상가건물의 가액의 2분의 1을 초과하는 경우에는 상가건물의 가액의 2분의 1에 해당하는 금액에 한하여 최우선변제권이 있다.

3) 소액보증금(보증금 중 일정액)의 범위

① 최우선변제를 받을 소액보증금(보증금 중 일정액)의 범위는 다음 각 호의 구분에 의한 금액 이하로 한다(개정 2013. 12. 30.).[10)]

㉠ 서울특별시: 2천200만원

㉡ 「수도권정비계획법」에 따른 과밀억제권역: 1천900만원

㉢ 광역시(「수도권정비계획법」에 따른 과밀억제권역에 포함된 지역과 군지역은 제외), 안산시, 용인시, 김포시 및 광주시: 1천300만원

㉣ 그 밖의 지역: 1천만원

② 하나의 상가건물에 임차인이 2인 이상이고, 그 각 보증금중 일정액의 합산액이 상가건물의 가액의 2분의 1을 초과하는 경우에는 그 각 보증금중 일정액의 합산액에 대한 각 임차인의 보증금중 일정액의 비율로 그 상가건물의 가액의 2분의 1에 해당하는 금액을 분할한 금액을 각 임차인의 보증금 중 일정액으로 본다.

4) 최우선변제를 받을 임차인의 범위

최우선변제를 받을 임차인은 보증금과 차임이 있는 경우 법 제2조 제2항의 규정에 의하여 환산한 금액의 합계가 다음 각 호의 구분에 의한 금액 이하인 임차인으로 한다(개정 2013. 12. 30.).[11)]

㉠ 서울특별시: 6천500만원

㉡ 「수도권정비계획법」에 따른 과밀억제권역: 5천500만원

---

10) 상가건물임대차보호법 시행령 제7조(우선변제를 받을 보증금의 범위 등).
11) 상가건물임대차보호법 시행령 제6조(우선변제를 받을 임차인의 범위).

㉢ 광역시(「수도권정비계획법」에 따른 과밀억제권역에 포함된 지역과 군지역은 제외), 안산시, 용인시, 김포시 및 광주시: 3천8백만원
㉣ 그 밖의 지역: 3천만원

제 4 편

부동산 공법

제1장

부동산의 공법적 규제

1. 서 설

국가는 한정된 국토를 경제적·효율적으로 이용하고 공공복리를 증진하기 위하여, 토지의 이용 및 건축물의 용도, 건폐율, 용적률, 높이 등을 적극적으로 규율한다. 용도지역제, 개발행위 및 건축의 허가제 등이 그 대표적인 예다.

2. 용도지역, 용도지구, 용도구역의 지정 또는 변경

국토교통부장관, 시·도지사 또는 대도시 시장은 용도지역 등의 지정 또는 변경을 도시·군관리계획으로 결정한다.[1)]

1) 국토의 계획 및 이용에 관한 법률 제36조 내지 제40조.

3. 개발행위의 허가

다음 각 호의 개발행위를 하려는 자는 특별시장·광역시장·특별자치시장, 특별자치도지사·시장 또는 군수의 허가를 받아야 한다.[2)]

(1) 건축물의 건축 또는 공작물의 설치

(2) 토지의 형질 변경

(3) 토석의 채취

(4) 토지 분할(건축물이 있는 대지의 분할은 제외한다)

(5) 녹지지역·관리지역 또는 자연환경보전지역에 물건을 1개월 이상 쌓아 놓는 행위

4. 건축허가

건축물을 건축하거나 대수선하려는 자는 특별자치시장·특별자치도지사 또는 시장·군수·구청장의 허가를 받아야 한다. 다만, 21층 이상의 건축물 등 대통령령으로 정하는 용도 및 규모의 건축물을 특별시나 광역시에 건축하려면 특별시장이나 광역시장의 허가를 받아야 한다.[3)]

2) 국토의 계획 및 이용에 관한 법률 제56조.

3) 건축법 제11조.

제 2 장
용도별 건축물의 종류

건축물의 용도와 각 용도에 속하는 건축물의 종류는 다음과 같다.[1)]

1. 단독주택

가. 단독주택
나. 다중주택
다. 다가구주택
라. 공관(公館)

2. 공동주택

가. 아파트: 주택으로 쓰는 층수가 5개 층 이상인 주택

1) 건축법 제2조 2항, 건축법 시행령 [별표 1] <개정 2024. 2. 13.>.

나. 연립주택[2)]

다. 다세대주택[3)]

라. 기숙사

3. 제1종 근린생활시설

가. 식품·잡화·의류·완구·서적·건축자재·의약품·의료기기 등 일용품을 판매하는 소매점으로서 해당 용도로 쓰는 바닥면적의 합계가 1천 제곱미터 미만인 것

나. 휴게음식점, 제과점 등 음료·차(茶)·음식·빵·떡·과자 등을 조리하거나 제조하여 판매하는 시설로서 같은 건축물에 해당 용도로 쓰는 바닥면적의 합계가 300제곱미터 미만인 것

다. 이용원, 미용원, 목욕장, 세탁소 등 사람의 위생관리나 의류 등을 세탁·수선하는 시설

라. 의원, 치과의원, 한의원, 침술원, 접골원(接骨院), 조산원, 안마원, 산후조리원 등 주민의 진료·치료 등을 위한 시설

마. 탁구장, 체육도장으로서 같은 건축물에 해당 용도로 쓰는 바닥면적의 합계가 500제곱미터 미만인 것

바. 지역자치센터, 파출소, 지구대, 소방서, 우체국, 방송국, 보건소, 공공도서관, 건강보험공단 사무소 등 주민의 편의를 위하여 공공업무를 수행하는 시설로서 같은 건축물에 해당 용도로 쓰는 바닥면적의 합계가 1천 제곱미터 미만인 것

---

2) 주택으로 쓰는 1개 동의 바닥면적(2개 이상의 동을 지하주차장으로 연결하는 경우에는 각각의 동으로 본다) 합계가 660제곱미터를 초과하고, 층수가 4개 층 이하인 주택.

3) 주택으로 쓰는 1개 동의 바닥면적 합계가 660제곱미터 이하이고, 층수가 4개 층 이하인 주택.

사. 마을회관, 마을공동작업소, 마을공동구판장, 공중화장실, 대피소, 지역아동센터(단독주택과 공동주택에 해당하는 것은 제외한다) 등 주민이 공동으로 이용하는 시설

아. 변전소, 도시가스배관시설, 통신용 시설(해당 용도로 쓰는 바닥면적의 합계가 1천제곱미터 미만인 것에 한정한다), 정수장, 양수장 등 주민의 생활에 필요한 에너지공급·통신서비스제공이나 급수·배수와 관련된 시설

자. 금융업소, 사무소, 부동산중개사무소, 결혼상담소 등 소개업소, 출판사 등 일반업무시설로서 같은 건축물에 해당 용도로 쓰는 바닥면적의 합계가 30제곱미터 미만인 것

차. 전기자동차 충전소(바닥면적의 합계가 1천제곱미터 미만인 것)

카. 동물병원, 동물미용실 및 「동물보호법」 제73조 제1항 제2호에 따른 동물위탁관리업을 위한 시설로서 같은 건축물에 해당 용도로 쓰는 바닥면적의 합계가 300제곱미터 미만인 것

4. 제2종 근린생활시설

가. 공연장(극장, 영화관, 연예장, 음악당, 서커스장, 비디오물감상실, 비디오물소극장, 그 밖에 이와 비슷한 것을 말한다. 이하 같다)으로서 같은 건축물에 해당 용도로 쓰는 바닥면적의 합계가 500제곱미터 미만인 것

나. 종교집회장[교회, 성당, 사찰, 기도원, 수도원, 수녀원, 제실(祭室), 사당, 그 밖에 이와 비슷한 것을 말한다. 이하 같다]으로서 같은 건축물에 해당 용도로 쓰는 바닥면적의 합계가 500제곱미터 미만인 것

다. 자동차영업소로서 같은 건축물에 해당 용도로 쓰는 바닥면적의 합계가 1천제곱미터 미만인 것

라. 서점(제1종 근린생활시설에 해당하지 않는 것)

마. 총포판매소

바. 사진관, 표구점

사. 청소년게임제공업소, 복합유통게임제공업소, 인터넷컴퓨터게임시설제공업소, 가상현실체험 제공업소, 그 밖에 이와 비슷한 게임 및 체험 관련 시설로서 같은 건축물에 해당 용도로 쓰는 바닥면적의 합계가 500제곱미터 미만인 것

아. 휴게음식점, 제과점 등 음료·차(茶)·음식·빵·떡·과자 등을 조리하거나 제조하여 판매하는 시설(너목 또는 제17호에 해당하는 것은 제외한다)로서 같은 건축물에 해당 용도로 쓰는 바닥면적의 합계가 300제곱미터 이상인 것

자. 일반음식점

차. 장의사, 동물병원, 동물미용실, 동물위탁관리업을 위한 시설

카. 학원(자동차학원·무도학원 및 정보통신기술을 활용하여 원격으로 교습하는 것은 제외한다), 교습소(자동차교습·무도교습 및 정보통신기술을 활용하여 원격으로 교습하는 것은 제외한다), 직업훈련소(운전·정비 관련 직업훈련소는 제외한다)로서 같은 건축물에 해당 용도로 쓰는 바닥면적의 합계가 500제곱미터 미만인 것

타. 독서실, 기원

파. 테니스장, 체력단련장, 에어로빅장, 볼링장, 당구장, 실내낚시터, 골프연습장, 놀이형시설(「관광진흥법」에 따른 기타유원시설업의 시설을 말한다. 이하 같다) 등 주민의 체육 활동을 위한 시설(제3호마목의 시설은 제외한다)로서 같은 건축물에 해당 용도로 쓰는 바닥면적의 합계가 500제곱미터 미만인 것

하. 금융업소, 사무소, 부동산중개사무소, 결혼상담소 등 소개업소, 출판사 등 일반업무시설로서 같은 건축물에 해당 용도로 쓰는 바닥면적의 합계가 500제곱미터 미만인 것(제1종 근린생활시설에 해당하는 것은 제외한다)

거. 다중생활시설(「다중이용업소의 안전관리에 관한 특별법」에 따른 다중이용업 중 고시원업의 시설로서 국토교통부장관이 고시하는 기준과 그 기준에 위배되지 않는 범위에서 적정한 주거환경을 조성하기 위하여 건축조례로 정하는 실별 최소 면적, 창문의 설치 및 크기 등의 기준에 적합한 것을 말한다. 이하 같다)로서 같은 건축물에 해당 용도로 쓰는 바닥면적의 합계가 500제곱미터 미만인 것
너. 제조업소, 수리점 등 물품의 제조·가공·수리 등을 위한 시설로서 같은 건축물에 해당 용도로 쓰는 바닥면적의 합계가 500제곱미터 미만인 것
더. 단란주점으로서 같은 건축물에 해당 용도로 쓰는 바닥면적의 합계가 150제곱미터 미만인 것
러. 안마시술소, 노래연습장
머. 「물류시설의 개발 및 운영에 관한 법률」 제2조 제5호의2에 따른 주문배송시설로서 같은 건축물에 해당 용도로 쓰는 바닥면적의 합계가 500제곱미터 미만인 것

5. 문화 및 집회시설

가. 공연장으로서 제2종 근린생활시설에 해당하지 아니하는 것
나. 집회장[예식장, 공회당, 회의장, 마권(馬券) 장외 발매소, 마권 전화투표소, 그 밖에 이와 비슷한 것을 말한다]으로서 제2종 근린생활시설에 해당하지 아니하는 것
다. 관람장(경마장, 경륜장, 경정장, 자동차 경기장, 그 밖에 이와 비슷한 것과 체육관 및 운동장으로서 관람석의 바닥면적의 합계가 1천 제곱미터 이상인 것을 말한다)
라. 전시장(박물관, 미술관, 과학관, 문화관, 체험관, 기념관, 산업전시장, 박람회장, 그 밖에 이와 비슷한 것을 말한다)

마. 동·식물원(동물원, 식물원, 수족관, 그 밖에 이와 비슷한 것)

6. 종교시설

가. 종교집회장으로서 제2종 근린생활시설에 해당하지 아니하는 것
나. 종교집회장(제2종 근린생활시설에 해당하지 아니하는 것을 말한다)에 설치하는 봉안당

7. 판매시설

가. 도매시장(「농수산물유통 및 가격안정에 관한 법률」에 따른 농수산물도매시장, 농수산물공판장, 그 밖에 이와 비슷한 것을 말하며, 그 안에 있는 근린생활시설을 포함한다)
나. 소매시장(「유통산업발전법」 제2조 제3호에 따른 대규모 점포)
다. 상점(그 안에 있는 근린생활시설을 포함한다)으로서 다음의 요건 중 어느 하나에 해당하는 것 ㉠ 제3호가목에 해당하는 용도(서점은 제외한다)로서 제1종 근린생활시설에 해당하지 아니하는 것
㉡ 「게임산업진흥에 관한 법률」 제2조 제6호의2가목에 따른 청소년게임제공업의 시설, 같은 호 나목에 따른 일반게임제공업의 시설, 같은 조 제7호에 따른 인터넷컴퓨터게임시설제공업의 시설 및 같은 조 제8호에 따른 복합유통게임제공업의 시설로서 제2종 근린생활시설에 해당하지 아니하는 것

8. 운수시설

가. 여객자동차터미널
나. 철도시설
다. 공항시설
라. 항만시설
마. 그 밖에 가목부터 라목까지의 규정에 따른 시설과 비슷한 시설

9. 의료시설

가. 병원(종합병원, 병원, 치과병원, 한방병원, 정신병원 및 요양병원)
나. 격리병원(전염병원, 마약진료소, 그 밖에 이와 비슷한 것)

10. 교육연구시설(제2종 근린생활시설에 해당하는 것은 제외한다)

가. 학교(유치원, 초등학교, 중학교, 고등학교, 전문대학, 대학, 대학교, 그 밖에 이에 준하는 각종 학교를 말한다)
나. 교육원(연수원, 그 밖에 이와 비슷한 것을 포함한다)
다. 직업훈련소(운전 및 정비 관련 직업훈련소는 제외한다)
라. 학원(자동차학원·무도학원 및 정보통신기술을 활용하여 원격으로 교습하는 것은 제외한다), 교습소(자동차교습·무도교습 및 정보통신기술을 활용하여 원격으로 교습하는 것은 제외한다)
마. 연구소(연구소에 준하는 시험소와 계측계량소를 포함한다)
바. 도서관

11. 노유자시설

가. 아동 관련 시설(어린이집, 아동복지시설, 그 밖에 이와 비슷한 것으로서 단독주택, 공동주택 및 제1종 근린생활시설에 해당하지 아니하는 것을 말한다)

나. 노인복지시설(단독주택과 공동주택에 해당하지 아니하는 것)

다. 그 밖에 다른 용도로 분류되지 아니한 사회복지시설 및 근로복지시설

12. 수련시설

가. 생활권 수련시설(「청소년활동진흥법」에 따른 청소년수련관, 청소년문화의집, 청소년특화시설, 그 밖에 이와 비슷한 것을 말한다)

나. 자연권 수련시설(「청소년활동진흥법」에 따른 청소년수련원, 청소년야영장, 그 밖에 이와 비슷한 것을 말한다)

다. 「청소년활동진흥법」에 따른 유스호스텔

라. 「관광진흥법」에 따른 야영장 시설로서 제29호에 해당하지 아니하는 시설

13. 운동시설

가. 탁구장, 체육도장, 테니스장, 체력단련장, 에어로빅장, 볼링장, 당구장, 실내낚시터, 골프연습장, 놀이형시설

나. 체육관으로서 관람석이 없거나 관람석의 바닥면적이 1천제곱미터 미만인 것

다. 운동장(육상장, 구기장, 볼링장, 수영장, 스케이트장, 롤러스케이트장,

승마장, 사격장, 궁도장, 골프장 등과 이에 딸린 건축물을 말한다)으로서 관람석이 없거나 관람석의 바닥면적이 1천 제곱미터 미만인 것

14. 업무시설

가. 공공업무시설: 국가 또는 지방자치단체의 청사와 외국공관의 건축물로서 제1종 근린생활시설에 해당하지 아니하는 것

나. 일반업무시설: 다음 요건을 갖춘 업무시설을 말한다.

㉠ 금융업소, 사무소, 결혼상담소 등 소개업소, 출판사, 신문사, 그 밖에 이와 비슷한 것으로서 제1종 근린생활시설 및 제2종 근린생활시설에 해당하지 않는 것

㉡ 오피스텔(업무를 주로 하며, 분양하거나 임대하는 구획 중 일부 구획에서 숙식을 할 수 있도록 한 건축물로서 국토교통부장관이 고시하는 기준에 적합한 것을 말한다)

15. 숙박시설

가. 일반숙박시설 및 생활숙박시설(「공중위생관리법」 제3조 제1항 전단에 따라 숙박업 신고를 해야 하는 시설로서 국토교통부장관이 정하여 고시하는 요건을 갖춘 시설을 말한다)

나. 관광숙박시설(관광호텔, 수상관광호텔, 한국전통호텔, 가족호텔, 호스텔, 소형호텔, 의료관광호텔 및 휴양 콘도미니엄)

다. 다중생활시설(제2종 근린생활시설에 해당하지 아니하는 것을 말한다)

라. 그 밖에 가목부터 다목까지의 시설과 비슷한 것

16. 위락시설

가. 단란주점으로서 제2종 근린생활시설에 해당하지 아니하는 것
나. 유흥주점이나 그 밖에 이와 비슷한 것
다. 「관광진흥법」에 따른 유원시설업의 시설, 그 밖에 이와 비슷한 시설(제2종 근린생활시설과 운동시설에 해당하는 것은 제외한다)
라. 삭제 <2010.2.18>
마. 무도장, 무도학원
바. 카지노영업소

17. 공 장

물품의 제조·가공[염색·도장(塗裝)·표백·재봉·건조·인쇄 등을 포함] 또는 수리에 계속적으로 이용되는 건축물로서 제1종 근린생활시설, 제2종 근린생활시설, 위험물저장 및 처리시설, 자동차 관련 시설, 자원순환 관련 시설 등으로 따로 분류되지 아니한 것

18. 창고시설(제2종 근린생활시설에 해당하는 것과 위험물 저장 및 처리시설 또는 그 부속용도에 해당하는 것은 제외한다)

가. 창고(물품저장시설로서 「물류정책기본법」에 따른 일반창고와 냉장 및 냉동 창고를 포함한다)
나. 하역장
다. 「물류시설의 개발 및 운영에 관한 법률」에 따른 물류터미널

라. 집배송 시설

19. 위험물 저장 및 처리 시설

「위험물안전관리법」, 「석유 및 석유대체연료 사업법」, 「도시가스사업법」, 「고압가스 안전관리법」, 「액화석유가스의 안전관리 및 사업법」, 「총포·도검·화약류 등 단속법」, 「화학물질 관리법」 등에 따라 설치 또는 영업의 허가를 받아야 하는 건축물로서 다음 각 목의 어느 하나에 해당하는 것.

가. 주유소(기계식 세차설비를 포함한다) 및 석유 판매소

나. 액화석유가스 충전소·판매소·저장소(기계식 세차설비를 포함한다)

다. 위험물 제조소·저장소·취급소

라. 액화가스 취급소·판매소

마. 유독물 보관·저장·판매시설

바. 고압가스 충전소·판매소·저장소

사. 도료류 판매소

아. 도시가스 제조시설

자. 화약류 저장소

차. 그 밖에 가목부터 자목까지의 시설과 비슷한 것

20. 자동차 관련 시설(건설기계 관련 시설을 포함한다)

가. 주차장

나. 세차장

다. 폐차장

라. 검사장

마. 매매장
바. 정비공장
사. 운전학원 및 정비학원
아. 차고 및 주기장(駐機場)
자. 전기자동차 충전소로서 제1종 근린생활시설에 해당하지 않는 것

21. 동물 및 식물 관련 시설

가. 축사(양잠·양봉·양어·양돈·양계·곤충사육 시설 및 부화장 등 포함)
나. 가축시설[가축용 운동시설, 인공수정센터, 관리사(管理舍), 가축용 창고, 가축시장, 동물검역소, 실험동물 사육시설, 그 밖에 이와 비슷한 것을 말한다]
다. 도축장
라. 도계장
마. 작물 재배사
바. 종묘배양시설
사. 화초 및 분재 등의 온실
아. 동물 또는 식물과 관련된 가목부터 사목까지의 시설과 비슷한 것(동·식물원은 제외한다)

22. 자원순환 관련 시설

가. 하수 등 처리시설
나. 고물상
다. 폐기물재활용시설

라. 폐기물 처분시설
마. 폐기물감량화시설

23. 교정시설(제1종 근린생활시설에 해당하는 것은 제외한다)

가. 교정시설(보호감호소, 구치소 및 교도소를 말한다)
나. 갱생보호시설, 그 밖에 범죄자의 갱생·보육·교육·보건 등의 용도로 쓰는 시설
다. 소년원 및 소년분류심사원
라. 삭제 <2023. 5. 15.>

23의2. 국방·군사시설(제1종 근린생활시설에 해당하는 것은 제외한다)

「국방·군사시설 사업에 관한 법률」에 따른 국방·군사시설

24. 방송통신시설(제1종 근린생활시설에 해당하는 것은 제외한다)

가. 방송국(방송프로그램 제작시설 및 송신·수신·중계시설을 포함)
나. 전신전화국
다. 촬영소
라. 통신용 시설
마. 데이터센터
바. 그 밖에 가목부터 마목까지의 시설과 비슷한 것

25. 발전시설

발전소(집단에너지 공급시설을 포함한다)로 사용되는 건축물로서 제1종 근린생활시설에 해당하지 아니하는 것

26. 묘지 관련 시설

가. 화장시설
나. 봉안당(종교시설에 해당하는 것은 제외한다)
다. 묘지와 자연장지에 부수되는 건축물
라. 동물화장시설, 동물건조장(乾燥葬)시설 및 동물 전용의 납골시설

27. 관광 휴게시설

가. 야외음악당
나. 야외극장
다. 어린이회관
라. 관망탑
마. 휴게소
바. 공원·유원지 또는 관광지에 부수되는 시설

28. 장례시설

가. 장례식장[의료시설의 부수시설(「의료법」 제36조 제1호에 따른 의료기관의 종류에 따른 시설을 말한다)에 해당하는 것은 제외한다]

나. 동물 전용의 장례식장

29. 야영장 시설

「관광진흥법」에 따른 야영장 시설로서 관리동, 화장실, 샤워실, 대피소, 취사시설 등의 용도로 쓰는 바닥면적의 합계가 300제곱미터 미만인 것

제 3 장
용도지역의 지정과 그 규제

1. 용도지역의 의의와 세분[1)]

용도지역이란 토지의 이용 및 건축물의 용도, 건폐율, 용적률, 높이 등을 제한함으로써 토지를 경제적·효율적으로 이용하고 공공복리의 증진을 도모하기 위하여 서로 중복되지 아니하게 도시·군관리계획으로 결정하는 지역을 말한다.

국토계획법은 전국의 토지를 다음과 같이 4개 용도 9개 지역, 총 21개 용도지역으로 세분하여, 토지이용의 합리화를 도모한다.

1) 국토계획법 제36조, 시행령 제30조.

(1) 도시지역[2)]

1) 주거지역[3)]

가. 전용주거지역: 양호한 주거환경 보호 목적

① 제1종 전용주거지역: 단독주택 중심의 양호한 주거환경 보호

② 제2종 전용주거지역: 공동주택 중심의 양호한 주거환경 보호

나. 일반주거지역: 편리한 주거환경 조성 목적

① 제1종 일반주거지역: 저층주택 중심의 편리한 주거환경 조성

② 제2종 일반주거지역: 중층주택 중심의 편리한 주거환경 조성

③ 제3종일반주거지역: 중고층주택 중심의 편리한 주거환경 조성

다. 준주거지역: 주거기능에 일부 상업기능 및 업무기능 보완

2) 상업지역[4)]

가. 중심상업지역: 도심·부도심의 상업기능 및 업무기능의 확충

나. 일반상업지역: 일반적인 상업기능 및 업무기능을 담당 목적

다. 근린상업지역: 근린지역에서의 일용품 및 서비스의 공급

라. 유통상업지역: 도시 내 및 지역 간 유통기능의 증진

3) 공업지역[5)]

가. 전용공업지역: 주로 중화학공업, 공해성 공업 등 수용

나. 일반공업지역: 환경을 저해하지 아니하는 공업의 배치

다. 준공업지역: 경공업을 수용하되, 주거, 상업, 업무기능 보완

---

2) 도시지역: 인구와 산업이 밀집되어 있거나 밀집이 예상되어 그 지역에 대하여 체계적인 개발·정비·관리·보전 등이 필요한 지역

3) 주거지역: 거주의 안녕과 건전한 생활환경의 보호를 위하여 필요한 지역

4) 상업지역: 상업이나 그 밖의 업무의 편익을 증진하기 위하여 필요한 지역

5) 공업지역: 공업의 편익을 증진하기 위하여 필요한 지역

4) 녹지지역[6]

가. 보전녹지지역: 도시의 자연환경·경관 및 녹지공간 보전
나. 생산녹지지역: 주로 농업적 생산을 위하여 개발 유보
다. 자연녹지지역: 장래 도시용지의 공급 등을 위하여 보전

(2) 관리지역[7]

가. 보전관리지역: 자연환경 보호, 산림 보호, 수질오염 방지, 녹지공간 확보 및 생태계 보전 등을 위하여 보전이 필요하나, 주변 용도지역과의 관계 등을 고려할 때 자연환경보전지역으로 지정하여 관리하기가 곤란한 지역
나. 생산관리지역: 농업·임업·어업 생산 등을 위하여 관리가 필요하나, 주변 용도지역과의 관계 등을 고려할 때 농림지역으로 지정하여 관리하기가 곤란한 지역
다. 계획관리지역: 도시지역으로의 편입이 예상되는 지역이나 자연환경을 고려하여 제한적인 이용·개발을 하려는 지역으로서 계획적·체계적인 관리가 필요한 지역

(3) 농림지역

도시지역에 속하지 아니하는 「농지법」에 따른 농업진흥지역 또는 「산지관리법」에 따른 보전산지 등으로서 농림업을 진흥시키고 산림을 보전하기 위하여

6) 녹지지역: 자연환경·농지 및 산림의 보호, 보건위생, 보안과 도시의 무질서한 확산을 방지하기 위하여 녹지의 보전이 필요한 지역.
7) 관리지역: 도시지역의 인구와 산업을 수용하기 위하여 도시지역에 준하여 체계적으로 관리하거나 농림업의 진흥, 자연환경 또는 산림의 보전을 위하여 농림지역 또는 자연환경보전지역에 준하여 관리할 필요가 있는 지역.

필요한 지역

(4) 자연환경보전지역

자연환경·수자원·해안·생태계·상수원 및 문화재의 보전과 수산자원의 보호·육성 등을 위하여 필요한 지역

2. 용도지역 안에서의 건폐율 제한

용도지역에서 건폐율[8]의 최대한도는 관할 구역의 면적과 인구 규모, 용도지역의 특성 등을 고려하여 다음 각 호의 범위에서 특별시, 광역시, 특별자치시, 특별자치도, 시 또는 군의 조례로 정한다.[9]

(1) 제1종전용주거지역: 50퍼센트 이하

(2) 제2종전용주거지역: 50퍼센트 이하

(3) 제1종일반주거지역: 60퍼센트 이하

(4) 제2종일반주거지역: 60퍼센트 이하

(5) 제3종일반주거지역: 50퍼센트 이하

(6) 준주거지역: 70퍼센트 이하

(7) 중심상업지역: 90퍼센트 이하

(8) 일반상업지역: 80퍼센트 이하

(9) 근린상업지역: 70퍼센트 이하

(10) 유통상업지역: 80퍼센트 이하

(11) 전용공업지역: 70퍼센트 이하

---

8) 건축물의 건폐율이란 대지면적에 대한 건축면적(대지에 건축물이 둘 이상 있는 경우에는 이들 건축면적의 합계로 한다)의 비율을 말한다.

9) 국토계획법 제77조, 시행령 제84조.

(12) 일반공업지역: 70퍼센트 이하
(13) 준공업지역: 70퍼센트 이하
(14) 보전녹지지역: 20퍼센트 이하
(15) 생산녹지지역: 20퍼센트 이하
(16) 자연녹지지역: 20퍼센트 이하
(17) 보전관리지역: 20퍼센트 이하
(18) 생산관리지역: 20퍼센트 이하
(19) 계획관리지역: 40퍼센트 이하
(20) 농림지역: 20퍼센트 이하
(21) 자연환경보전지역: 20퍼센트 이하

3. 용도지역 안에서의 용적률 제한

용도지역에서 용적률[10]의 최대한도는 관할 구역의 면적과 인구 규모, 용도지역의 특성 등을 고려하여 다음 각 호의 범위에서 특별시, 광역시, 특별자치시, 특별자치도, 시 또는 군의 조례로 정한다.[11]

(1) 제1종전용주거지역: 50퍼센트 이상 100퍼센트 이하
(2) 제2종전용주거지역: 50퍼센트 이상 150퍼센트 이하
(3) 제1종일반주거지역: 100퍼센트 이상 200퍼센트 이하
(4) 제2종일반주거지역: 100퍼센트 이상 250퍼센트 이하
(5) 제3종일반주거지역: 100퍼센트 이상 300퍼센트 이하
(6) 준주거지역: 200퍼센트 이상 500퍼센트 이하

10) 건축물의 용적률이란 대지면적에 대한 연면적(대지에 건축물이 둘 이상 있는 경우에는 이들 연면적의 합계로 한다)의 비율을 말한다.
11) 국토계획법 제78조, 시행령 제85조.

(7) 중심상업지역: 200퍼센트 이상 1천500퍼센트 이하
(8) 일반상업지역: 200퍼센트 이상 1천300퍼센트 이하
(9) 근린상업지역: 200퍼센트 이상 900퍼센트 이하
(10) 유통상업지역: 200퍼센트 이상 1천100퍼센트 이하
(11) 전용공업지역: 150퍼센트 이상 300퍼센트 이하
(12) 일반공업지역: 150퍼센트 이상 350퍼센트 이하
(13) 준공업지역: 150퍼센트 이상 400퍼센트 이하
(14) 보전녹지지역: 50퍼센트 이상 80퍼센트 이하
(15) 생산녹지지역: 50퍼센트 이상 100퍼센트 이하
(16) 자연녹지지역: 50퍼센트 이상 100퍼센트 이하
(17) 보전관리지역: 50퍼센트 이상 80퍼센트 이하
(18) 생산관리지역: 50퍼센트 이상 80퍼센트 이하
(19) 계획관리지역: 50퍼센트 이상 100퍼센트 이하
(20) 농림지역: 50퍼센트 이상 80퍼센트 이하
(21) 자연환경보전지역: 50퍼센트 이상 80퍼센트 이하

4. 용도지역 안에서의 건축(용도) 제한[12]

(1) 제1종 전용주거지역 안에서 건축할 수 있는 건축물

1) 건축할 수 있는 건축물

가. 단독주택(다가구주택을 제외한다)
나. 제1종 근린생활시설로서 해당 용도에 쓰이는 바닥면적의 합계가 1천제곱미터 미만인 것

12) 국토계획법 제76조, 시행령 제71조.

2) 도시·군계획조례가 정하는 바에 의하여 건축할 수 있는 건축물

가. 다가구주택
나. 연립주택 및 다세대주택
다. 제1종 근린생활시설로서 해당 용도에 쓰이는 바닥면적의 합계가 1천제곱미터 미만인 것
라. 제2종 근린생활시설 중 종교집회장
마. 문화 및 집회시설 중 박물관, 미술관, 체험관 및 기념관에 해당하는 것으로서 그 용도에 쓰이는 바닥면적의 합계가 1천제곱미터 미만인 것
바. 종교시설에 해당하는 것으로서 그 용도에 쓰이는 바닥면적의 합계가 1천제곱미터 미만인 것
사. 교육연구시설 중 유치원·초등학교·중학교 및 고등학교
아. 노유자시설
자. 자동차관련시설 중 주차장

(2) 제2종 전용주거지역 안에서 건축할 수 있는 건축물

1) 건축할 수 있는 건축물

가. 단독주택
나. 공동주택
다. 제1종 근린생활시설로서 당해 용도에 쓰이는 바닥면적의 합계가 1천제곱미터 미만인 것

2) 도시·군계획조례가 정하는 바에 의하여 건축할 수 있는 건축물

가. 제2종 근린생활시설 중 종교집회장
나. 문화 및 집회시설 중 박물관, 미술관, 체험관 및 기념관에 해당하는 것

으로서 그 용도에 쓰이는 바닥면적의 합계가 1천제곱미터 미만인 것
다. 종교시설에 해당하는 것으로서 그 용도에 쓰이는 바닥면적의 합계가 1천제곱미터 미만인 것
라. 교육연구시설 중 유치원·초등학교·중학교 및 고등학교
마. 노유자시설
바. 자동차관련시설 중 주차장

(3) 제1종 일반주거지역 안에서 건축할 수 있는 건축물

1) 건축할 수 있는 건축물(4층 이하의 건축물만 해당한다)

가. 단독주택
나. 공동주택(아파트를 제외한다)
다. 제1종 근린생활시설
라. 교육연구시설 중 유치원·초등학교·중학교 및 고등학교
마. 노유자시설

2) 도시·군계획조례가 정하는 바에 의하여 건축할 수 있는 건축물(4층 이하의 건축물에 한한다)

가. 제2종 근린생활시설(단란주점 및 안마시술소를 제외한다)
나. 문화 및 집회시설(공연장 및 관람장을 제외한다)
다. 종교시설
라. 판매시설 중 해당용도에 쓰이는 바닥면적의 합계가 2천제곱미터 미만인 것
마. 의료시설(격리병원을 제외한다)
바. 교육연구시설
사. 수련시설

아. 운동시설(옥외 철탑이 설치된 골프연습장을 제외한다)
자. 업무시설 중 오피스텔로서 그 용도에 쓰이는 바닥면적의 합계가 3천제곱미터 미만인 것
차. 공장 중 인쇄업, 기록매체복제업, 봉제업, 컴퓨터 및 주변기기제조업, 컴퓨터 관련 전자제품조립업, 두부제조업, 세탁업의 공장 및 지식산업센터
카. 공장 중 떡 제조업 및 빵 제조업의 공장으로서 해당 용도에 쓰이는 바닥면적의 합계가 1천제곱미터 미만일 것
타. 창고시설
파. 위험물저장 및 처리시설 중 주유소, 석유판매소, 액화가스 취급소·판매소, 고압가스충전·저장소
하. 자동차관련시설 중 주차장 및 세차장
거. 동물 및 식물관련시설 중 화초 및 분재 등의 온실
너. 교정시설
더. 국방·군사시설
러. 방송통신시설
머. 발전시설
버. 야영장 시설

(4) 제2종 일반주거지역 안에서 건축할 수 있는 건축물

1) 건축할 수 있는 건축물

가. 단독주택
나. 공동주택
다. 제1종 근린생활시설
라. 종교시설
마. 교육연구시설 중 유치원·초등학교·중학교 및 고등학교

바. 노유자시설

2) 도시·군계획조례가 정하는 바에 따라 건축할 수 있는 건축물

가. 제2종 근린생활시설(단란주점 및 안마시술소를 제외한다)
나. 문화 및 집회시설(관람장을 제외한다)
다. 판매시설 중 나목 및 다목에 해당하는 것으로서 당해 용도에 쓰이는 바닥면적의 합계가 2천제곱미터 미만인 것
라. 의료시설(격리병원을 제외한다)
마. 교육연구시설 중 제1호 마목에 해당하지 아니하는 것
바. 수련시설
사. 운동시설
아. 업무시설 중 오피스텔·금융업소·사무소 및 동호 가목에 해당하는 것으로서 해당용도에 쓰이는 바닥면적의 합계가 3천제곱미터 미만인 것
자. 국토계획법 시행령 별표 4 제2호 차목 및 카목의 공장
차. 창고시설
카. 위험물저장 및 처리시설 중 주유소, 석유판매소, 액화가스 취급소·판매소, 도료류 판매소, 「대기환경보전법」에 따른 저공해자동차의 연료공급시설, 시내버스차고지에 설치하는 액화석유가스충전소 및 고압가스충전·저장소
타. 자동차관련시설 중 아목에 해당하는 것과 주차장 및 세차장
파. 동물 및 식물 관련 시설 중 마목부터 사목까지의 시설
하. 교정시설
거. 국방·군사시설
너. 방송통신시설
더. 발전시설
러. 야영장 시설

(5) 제3종 일반주거지역 안에서 건축할 수 있는 건축물

1) 건축할 수 있는 건축물

가. 단독주택
나. 공동주택
다. 제1종 근린생활시설
라. 종교시설
마. 교육연구시설 중 유치원·초등학교·중학교 및 고등학교
바. 노유자시설

2) 도시·군계획조례가 정하는 바에 의하여 건축할 수 있는 건축물

가. 제2종 근린생활시설(단란주점 및 안마시술소를 제외한다)
나. 문화 및 집회시설(관람장을 제외한다)
다. 판매시설 중 나목 및 다목에 해당하는 것으로서 당해 용도에 쓰이는 바닥면적의 합계가 2천제곱미터 미만인 것
라. 의료시설(격리병원을 제외한다)
마. 교육연구시설 중 제1호 마목에 해당하지 아니하는 것
바. 수련시설
사. 운동시설
아. 업무시설로서 그 용도에 쓰이는 바닥면적의 합계가 3천제곱미터 이하인 것
자. 국토계획법 시행령 별표 4 제2호 차목 및 카목의 공장
차. 창고시설
카. 위험물저장 및 처리시설 중 주유소, 석유판매소, 액화가스 취급소·판매소, 도료류 판매소, 「대기환경보전법」에 따른 저공해자동차의 연료공급시설, 시내버스차고지에 설치하는 액화석유가스충전소 및 고압가스

충전·저장소
타. 자동차관련시설 중 아목에 해당하는 것과 주차장 및 세차장
파. 동물 및 식물 관련 시설 중 마목부터 사목까지의 시설
하. 교정시설
거. 국방·군사시설
너. 방송통신시설
더. 발전시설
러. 「야영장 시설

(6) 준주거지역 안에서 건축할 수 없는 건축물

1) 건축할 수 없는 건축물

가. 제2종 근린생활시설 중 단란주점
나. 판매시설 중 다목의 일반게임제공업의 시설
다. 의료시설 중 격리병원
라. 숙박시설
마. 위락시설
바. 공장으로서 국토계획법 시행령 별표 4 제2호 차목(1)부터 (6)까지의 어느 하나에 해당하는 것
사. 위험물 저장 및 처리 시설 중 시내버스차고지 외의 지역에 설치하는 액화석유가스 충전소 및 고압가스 충전소·저장소
아. 자동차 관련 시설 중 폐차장
자. 동물 및 식물 관련 시설 중 가목·다목 및 라목에 따른 시설
차. 자원순환 관련 시설
카. 묘지 관련 시설

2) 도시·군계획조례로 정하는 바에 따라 건축할 수 없는 건축물

가. 제2종 근린생활시설 중 안마시술소

나. 문화 및 집회시설(공연장 및 전시장은 제외한다)

다. 판매시설

라. 운수시설

마. 숙박시설

바. 공장(제1호 바목에 해당하는 것은 제외한다)

사. 창고시설

아. 위험물 저장 및 처리 시설

자. 자동차 관련 시설(제1호 아목에 해당하는 것은 제외한다)

차. 동물 및 식물 관련 시설(제1호 자목에 해당하는 것은 제외)

카. 교정시설

타. 국방·군사시설

파. 발전시설

하. 관광 휴게시설

거. 장례시설

(7) 중심상업지역 안에서 건축할 수 없는 건축물(개정 2025. 1. 21.)

1) 건축할 수 없는 건축물

가. 단독주택(다른 용도와 복합된 것은 제외한다)

나. 공동주택(공동주택과 주거용 외의 용도가 복합된 건축물로서 공동주택 부분의 면적이 연면적의 합계의 90퍼센트 미만인 것과 주택법에 따른 도시형 생활주택으로서 주거전용면적이 60제곱미터 이하인 경우는 제외한다)

다. 숙박시설 중 일반숙박시설 및 생활숙박시설
라. 위락시설
마. 공장(제2호 바목에 해당하는 것은 제외한다)
바. 위험물 저장 및 처리 시설 중 시내버스차고지 외의 지역에 설치하는 액화석유가스 충전소 및 고압가스 충전소·저장소
사. 자동차 관련 시설 중 폐차장
아. 동물 및 식물 관련 시설
자. 자원순환 관련 시설
차. 묘지 관련 시설

2) 도시·군계획조례로 정하는 바에 따라 건축할 수 없는 건축물

가. 단독주택 중 다른 용도와 복합된 것
나. 공동주택(제1호 나목에 해당하는 것은 제외한다)
다. 의료시설 중 격리병원
라. 교육연구시설 중 학교
마. 수련시설
바. 공장 중 출판업·인쇄업·금은세공업 및 기록매체복제업의 공장으로서 국토계획법 시행령 별표 4 제2호 차목(1)부터 (6)까지의 어느 하나에 해당하지 않는 것
사. 창고시설
아. 위험물 저장 및 처리시설(제1호 바목에 해당하는 것은 제외)
자. 자동차관련시설 중 나목 및 라목부터 아목까지에 해당하는 것
차. 교정시설
카. 관광 휴게시설
타. 장례시설
파. 야영장 시설

(8) 일반상업지역 안에서 건축할 수 없는 건축물

1) 건축할 수 없는 건축물

가. 숙박시설 중 일반숙박시설 및 생활숙박시설
나. 위락시설
다. 공장
라. 위험물 저장 및 처리 시설 중 시내버스차고지 외의 지역에 설치하는 액화석유가스 충전소 및 고압가스 충전소·저장소(「환경친화적 자동차의 개발 및 보급 촉진에 관한 법률」 제2조 제9호의 수소연료공급시설은 제외한다)
마. 자동차 관련 시설 중 폐차장
바. 동물 및 식물 관련 시설 가목부터 라목까지 및 아목 시설
사. 자원순환 관련 시설
아. 묘지 관련 시설

2) 도시·군계획조례로 정하는 바에 따라 건축할 수 없는 건축물

가. 단독주택
나. 공동주택[공동주택과 주거용 외의 용도가 복합된 건축물로서 공동주택 부분의 면적이 연면적의 합계의 90퍼센트 미만인 것은 제외한다]
다. 수련시설
라. 공장(제1호 다목에 해당하는 것은 제외한다)
마. 위험물 저장 및 처리 시설(제1호 라목에 해당하는 것은 제외한다)
바. 자동차 관련 시설 중 라목부터 아목까지에 해당하는 것
사. 동물 및 식물 관련 시설(제1호 바목에 해당하는 것은 제외한다)
아. 교정시설
자. 야영장 시설

(9) 근린상업지역 안에서 건축할 수 없는 건축물

1) 건축할 수 없는 건축물

가. 의료시설 중 격리병원
나. 숙박시설 중 일반숙박시설 및 생활숙박시설
다. 위락시설
라. 공장으로서 국토계획법 시행령 별표 4 제2호 차목(1)부터 (6)까지의 어느 하나에 해당하는 것
마. 위험물 저장 및 처리 시설 중 시내버스차고지 외의 지역에 설치하는 액화석유가스 충전소 및 고압가스 충전소·저장소(「환경친화적 자동차의 개발 및 보급 촉진에 관한 법률」 제2조 제9호의 수소연료공급시설은 제외한다)
바. 자동차 관련 시설 중 다목부터 사목까지에 해당하는 것
사. 동물 및 식물 관련 시설 가목부터 라목까지 및 아목 시설
아. 자원순환 관련 시설
자. 묘지 관련 시설

2) 도시·군계획조례로 정하는 바에 따라 건축할 수 없는 건축물

가. 공동주택[공동주택과 주거용 외의 용도가 복합된 건축물로서 공동주택 부분의 면적이 연면적의 합계의 90퍼센트 미만인 것은 제외한다]
나. 문화 및 집회시설(공연장 및 전시장은 제외한다)
다. 판매시설로서 그 용도에 쓰이는 바닥면적의 합계가 3천제곱미터 이상인 것
라. 운수시설로서 그 용도에 쓰이는 바닥면적의 합계가 3천제곱미터 이상인 것
마. 위락시설(제1호 다목에 해당하는 것은 제외한다)

바. 공장(제1호 라목에 해당하는 것은 제외한다)
사. 창고시설
아. 위험물 저장 및 처리 시설(제1호 마목에 해당하는 것은 제외)
자. 자동차 관련 시설 중 아목에 해당하는 것
차. 동물 및 식물 관련 시설(제1호 사목에 해당하는 것은 제외)
카. 교정시설
타. 국방·군사시설
파. 발전시설
하. 관광 휴게시설

(10) 유통상업지역 안에서 건축할 수 없는 건축물

1) 건축할 수 없는 건축물

가. 단독주택
나. 공동주택
다. 의료시설
라. 숙박시설 중 일반숙박시설 및 생활숙박시설
마. 위락시설
바. 공장
사. 위험물 저장 및 처리 시설 중 시내버스차고지 외의 지역에 설치하는 액화석유가스 충전소 및 고압가스 충전소·저장소(「환경친화적 자동차의 개발 및 보급 촉진에 관한 법률」 제2조 제9호의 수소연료공급시설은 제외한다)
아. 동물 및 식물 관련 시설
자. 자원순환 관련 시설
차. 묘지 관련 시설

2) 도시·군계획조례로 정하는 바에 따라 건축할 수 없는 건축물

가. 제2종 근린생활시설

나. 문화 및 집회시설(공연장 및 전시장은 제외한다)

다. 종교시설

라. 교육연구시설

마. 노유자시설

바. 수련시설

사. 운동시설

아. 숙박시설(제1호 라목에 해당하는 것은 제외한다)

자. 위락시설(제1호 마목에 해당하는 것은 제외한다)

차. 위험물 저장 및 처리시설(제1호 사목에 해당하는 것은 제외)

카. 자동차 관련 시설(주차장 및 세차장은 제외한다)

타. 교정시설

파. 국방·군사시설

하. 방송통신시설

거. 발전시설

너. 관광 휴게시설

더. 장례시설

러. 야영장 시설

(11) 전용공업지역 안에서 건축할 수 있는 건축물

1) 건축할 수 있는 건축물

가. 제1종 근린생활시설

나. 제2종 근린생활시설

다. 공장
라. 창고시설
마. 위험물저장 및 처리시설
바. 자동차관련시설
사. 자원순환 관련 시설
아. 발전시설

2) 도시·군계획조례가 정하는 바에 의하여 건축할 수 있는 건축물

가. 공동주택 중 기숙사
나. 제2종 근린생활시설
다. 문화 및 집회시설 중 산업전시장 및 박람회장
라. 판매시설(해당전용공업지역에 소재하는 공장에서 생산되는 제품을 판매하는 경우에 한한다)
마. 운수시설
바. 의료시설
사. 교육연구시설 중 직업훈련소다·학원(기술계학원에 한한다) 및 연구소(공업에 관련된 연구소, 「고등교육법」에 따른 기술대학에 부설되는 것과 공장대지 안에 부설되는 것에 한한다)
아. 노유자시설
자. 교정시설
차. 국방·군사시설
카. 방송통신시설

(12) 일반공업지역 안에서 건축할 수 있는 건축물

1) 건축할 수 있는 건축물

가. 제1종 근린생활시설

나. 제2종 근린생활시설(단란주점 및 안마시술소를 제외한다)
다. 판매시설(해당 일반공업지역에 소재하는 공장에서 생산되는 제품을 판매하는 시설에 한한다)
라. 운수시설
마. 공장
바. 창고시설
사. 위험물저장 및 처리시설
아. 자동차관련시설
자. 자원순환 관련 시설
차. 발전시설

2) 도시·군계획조례가 정하는 바에 의하여 건축할 수 있는 건축물

가. 단독주택
나. 공동주택 중 기숙사
다. 제2종 근린생활시설 중 안마시술소
라. 문화 및 집회시설 중 동호 라목에 해당하는 것
마. 종교시설
바. 의료시설
사. 교육연구시설
아. 노유자시설
자. 수련시설
차. 업무시설(일반 업무시설로서 「산업집적활성화 및 공장설립에 관한 법률」 제2조 제13호에 따른 지식산업센터에 입주하는 지원시설에 한정한다)
카. 동물 및 식물관련시설
타. 교정시설
파. 국방·군사시설
하. 방송통신시설

거. 장례시설
너. 야영장 시설

(13) 준공업지역 안에서 건축할 수 없는 건축물

1) 건축할 수 없는 건축물

가. 위락시설
나. 묘지 관련 시설

2) 도시·군계획조례로 정하는 바에 따라 건축할 수 없는 건축물

가. 단독주택
나. 공동주택(기숙사는 제외한다)
다. 제2종 근린생활시설 중 단란주점 및 안마시술소
라. 문화 및 집회시설(공연장 및 전시장은 제외한다)
마. 종교시설
바. 판매시설(해당 준공업지역에 소재하는 공장에서 생산되는 제품을 판매하는 시설은 제외한다)
사. 운동시설
아. 숙박시설
자. 공장으로서 해당 용도에 쓰이는 바닥면적의 합계가 5천제곱미터 이상인 것
차. 동물 및 식물 관련 시설
카. 교정시설
타. 국방·군사시설
파. 관광 휴게시설

(14) 보전녹지지역 안에서 건축할 수 있는 건축물

1) 건축할 수 있는 건축물(4층 이하의 건축물에 한한다)

가. 교육연구시설 중 초등학교
나. 창고(농업·임업·축산업·수산업용만 해당한다)
다. 교정시설
라. 국방·군사시설

2) 도시·군계획조례가 정하는 바에 의하여 건축할 수 있는 건축물(4층 이하의 건축물에 한한다)

가. 단독주택(다가구주택을 제외한다)
나. 제1종 근린생활시설로서 해당용도에 쓰이는 바닥면적의 합계가 500제곱미터 미만인 것
다. 제2종 근린생활시설 중 종교집회장
라. 문화 및 집회시설 중 라목에 해당하는 것
마. 종교시설
바. 의료시설
사. 교육연구시설 중 유치원·중학교·고등학교
아. 노유자시설
자. 위험물저장 및 처리시설 중 액화석유가스충전소 및 고압가스충전·저장소
차. 동물 및 식물 관련 시설(다목 및 라목에 따른 시설과 아목에 따른 시설 중 동물과 관련된 다목 및 라목에 따른 시설과 비슷한 것은 제외한다)
카. 자원순환 관련 시설 가목의 하수 등 처리시설(「하수도법」 제2조 제9호에 따른 공공하수처리시설만 해당한다)
타. 묘지관련시설
파. 장례시설

하. 야영장 시설

(15) 생산녹지지역 안에서 건축할 수 있는 건축물

1) 건축할 수 있는 건축물(4층 이하의 건축물에 한한다)

가. 단독주택
나. 제1종 근린생활시설
다. 교육연구시설 중 유치원·초등학교
라. 노유자시설
마. 수련시설
바. 운동시설 중 운동장
사. 창고(농업·임업·축산업·수산업용만 해당한다)
아. 위험물저장 및 처리시설 중 액화석유가스충전소 및 고압가스 충전·저장소
자. 동물 및 식물 관련 시설 다목과 라목 및 아목에 따른 시설 중 동물과 관련된 다목 및 라목에 따른 시설과 비슷한 것은 제외)
차. 교정시설
카. 국방·군사시설
타. 방송통신시설
파. 발전시설
하. 야영장 시설

2) 도시·군계획조례가 정하는 바에 의하여 건축할 수 있는 건축물(4층 이하의 건축물에 한한다)

가. 공동주택(아파트를 제외한다)
나. 제2종 근린생활시설
다. 문화 및 집회시설 중 나목 및 라목에 해당하는 것

라. 판매시설(농업·임업·축산업·수산업용에 한한다)

마. 의료시설

바. 교육연구시설 중 중학교·고등학교·교육원(농업·임업·축산업·수산업과 관련된 교육시설로 한정한다)·직업훈련소 및 연구소(농업·임업·축산업·수산업과 관련된 연구소로 한정한다)

사. 운동시설(운동장을 제외한다)

아. 공장 중 도정공장·식품공장·제1차산업생산품 가공공장 및 「산업집적활성화 및 공장설립에 관한 법률상의 첨단업종의 공장

자. 창고(농업·임업·축산업·수산업용으로 쓰는 것은 제외한다)

차. 위험물저장 및 처리시설(액화석유가스충전소 및 고압가스 충전·저장소를 제외한다)

카. 자동차관련시설 중 사목 및 아목에 해당하는 것

타. 동물 및 식물 관련 시설 다목 및 라목에 따른 시설과 아목에 따른 시설 중 동물과 관련된 다목 및 라목에 따른 시설

파. 자원순환 관련 시설

하. 묘지관련시설

거. 장례시설

(16) 자연녹지지역 안에서 건축할 수 있는 건축물

1) 건축할 수 있는 건축물(4층 이하의 건축물에 한한다)

가. 단독주택

나. 제1종 근린생활시설

다. 제2종 근린생활시설[아목, 자목, 더목 및 러목은 제외한다]

라. 의료시설(종합병원·병원·치과병원 및 한방병원을 제외한다)

마. 교육연구시설(직업훈련소 및 학원을 제외한다)

바. 노유자시설
사. 수련시설
아. 운동시설
자. 창고(농업·임업·축산업·수산업용만 해당한다)
차. 동물 및 식물관련시설
카. 자원순환 관련 시설
타. 교정시설
파. 국방·군사시설
하. 방송통신시설
거. 발전시설
너. 묘지관련시설
더. 관광휴게시설
러. 장례시설
머. 야영장 시설

2) 도시·군계획조례가 정하는 바에 의하여 건축할 수 있는 건축물(4층 이하의 건축물에 한한다)

가. 공동주택(아파트를 제외한다)
나. 제2종 근린생활시설 아목·자목 및 러목
다. 문화 및 집회시설
라. 종교시설
마. 판매시설 중 다음의 어느 하나에 해당하는 것
① 농수산물공판장
②「농수산물유통 및 가격안정에 관한 법률」제68조 제2항에 따른 농수산물직판장으로서 해당용도에 쓰이는 바닥면적의 합계가 1만제곱미터 미만인 것
③ 산업통상자원부장관이 관계중앙행정기관의 장과 협의하여 고시하는

대형할인점 및 중소기업공동판매시설

바. 운수시설

사. 의료시설 중 종합병원·병원·치과병원 및 한방병원

아. 교육연구시설 중 직업훈련소 및 학원

자. 숙박시설로서 「관광진흥법」에 따라 지정된 관광지 및 관광단지에 건축하는 것

차. 공장 중 다음의 어느 하나에 해당하는 것

① 골재선별·파쇄 업종의 공장, 첨단업종의 공장, 지식산업센터, 도정공장 및 식품공장

② 공익사업 및 도시개발사업으로 동일한 특별시·광역시·시 및 군 지역 내에서 이전하는 레미콘 또는 아스콘공장

카. 창고 및 집배송 시설

타. 위험물저장 및 처리시설

파. 자동차관련시설

(17) 보전관리지역 안에서 건축할 수 있는 건축물

1) 건축할 수 있는 건축물(4층 이하의 건축물에 한한다)

가. 단독주택

나. 교육연구시설 중 초등학교

다. 교정시설

라. 국방·군사시설

2) 도시·군계획조례가 정하는 바에 의하여 건축할 수 있는 건축물(4층 이하의 건축물에 한한다)

가. 제1종 근린생활시설(휴게음식점 및 제과점을 제외한다)

나. 제2종 근린생활시설

다. 종교시설 중 종교집회장

라. 의료시설

마. 교육연구시설 중 유치원·중학교·고등학교

바. 노유자시설

사. 창고(농업·임업·축산업·수산업용만 해당한다)

아. 위험물저장 및 처리시설

자. 동물 및 식물관련시설 가목, 마목부터 사목까지의 규정에 따른 시설과 아목에 따른 시설

차. 자원순환 관련시설 가목의 하수 등 처리시설(「하수도법」 제2조 제9호에 따른 공공하수처리시설만 해당한다)

카. 방송통신시설

타. 발전시설

파. 묘지관련시설

하. 장례시설

거. 야영장 시설

(18) 생산관리지역 안에서 건축할 수 있는 건축물

1) 건축할 수 있는 건축물(4층 이하의 건축물에 한한다)

가. 단독주택

나. 제1종 근린생활시설 가목, 사목(공중화장실, 대피소, 그 밖에 이와 비슷한 것만 해당한다) 및 아목

다. 교육연구시설 중 초등학교

라. 운동시설 중 운동장

마. 창고(농업·임업·축산업·수산업용만 해당한다)

바. 동물 및 식물 관련시설 마목부터 사목까지의 규정에 따른 시설

사. 교정시설
아. 국방·군사시설
자. 발전시설

2) 도시·군계획조례가 정하는 바에 의하여 건축할 수 있는 건축물(4층 이하의 건축물에 한한다)

가. 공동주택(아파트를 제외한다)
나. 제1종 근린생활시설(가목, 나목, 사목 및 아목은 제외한다)
다. 제2종 근린생활시설(아목, 자목, 너목 및 더목은 제외한다)
라. 판매시설(농업·임업·축산업·수산업용에 한한다)
마. 의료시설
바. 교육연구시설 중 유치원·중학교·고등학교 및 교육원(농업·임업·축산업·수산업과 관련된 교육시설에 한정한다)
사. 노유자시설
아. 수련시설
자. 공장(제2종 근린생활시설 중 제조업소를 포함한다) 중 다음의 어느 하나에 해당하는 것
① 도정공장
② 식품공장
③ 읍·면지역에 건축하는 제재업의 공장
④ 천연식물보호제 제조시설
⑤ 유기농어업자재 제조시설
차. 위험물저장 및 처리시설
카. 자동차관련시설 중 사목 및 아목에 해당하는 것
타. 동물 및 식물 관련시설 가목부터 라목까지의 규정에 따른 시설
파. 자원순환 관련 시설
하. 방송통신시설

거. 묘지관련시설
너. 장례시설
더. 야영장 시설

(19) 계획관리지역 안에서 건축할 수 없는 건축물

1) 건축할 수 없는 건축물

가. 4층을 초과하는 모든 건축물
나. 공동주택 중 아파트
다. 제1종 근린생활시설 중 휴게음식점 및 제과점으로서 국토교통부령으로 정하는 기준에 해당하는 지역에 설치하는 것
라. 제2종 근린생활시설 중 다음의 어느 하나에 해당하는 것
  ① 아목의 시설 및 같은 호 자목의 일반음식점
  ② 너목의 시설로서 성장관리계획 및 지구단위계획이 수립되지 않은 지역에 설치하는 것
  ③ 더목의 단란주점
마. 판매시설(성장관리계획 또는 지구단위계획이 수립된 지역에 설치하는 판매시설로서 그 용도에 쓰이는 바닥면적의 합계가 3천제곱미터 미만인 경우는 제외한다)
바. 업무시설
사. 숙박시설로서 국토교통부령으로 정하는 기준에 해당하는 지역에 설치하는 것
아. 위락시설
자. 공장으로서 성장관리계획 및 지구단위계획이 수립되지 않은 지역에 설치하는 것
차. 공장 중 성장관리계획이 수립된 지역에 설치하는 것으로서 다음의 어느

하나에 해당하는 것.

① 도시계획법 시행령 별표 16 제2호 아목 (1)부터 (4)까지에 해당하는 것. 다만, 인쇄·출판시설이나 사진처리시설은 제외한다.

② 화학제품시설(석유정제시설을 포함한다)

③ 제1차 금속, 가공금속제품 및 기계장비 제조시설 중 폐기물관리법이 정한 폐유기용제류를 발생시키는 것

④ 가죽 및 모피를 물 또는 화학약품을 사용하여 저장하거나 가공하는 것

⑤ 섬유제조시설 중 감량·정련·표백 및 염색 시설

⑥ 사업장,「폐기물관리법」제25조에 따른 폐기물처리업 허가를 받은 사업장

2) 도시·군계획조례로 정하는 바에 따라 건축할 수 없는 건축물

가. 4층 이하의 범위에서 도시·군계획조례로 따로 정한 층수를 초과하는 모든 건축물

나. 공동주택

다. 제1종 근린생활시설 중 휴게음식점 및 제과점으로서 도시·군계획조례로 정하는 지역에 설치하는 것

라. 제2종 근린생활시설 중 일반음식점·휴게음식점·제과점으로서 도시·군계획조례로 정하는 지역에 설치하는 것과 안마시술소 및 너목에 해당하는 것

마. 문화 및 집회시설

바. 종교시설

사. 운수시설

아. 의료시설 중 종합병원·병원·치과병원 및 한방병원

자. 교육연구시설 중 다목부터 마목까지에 해당하는 것

차. 운동시설(운동장은 제외한다)

카. 숙박시설로서 도시·군계획조례로 정하는 지역에 설치하는 것

타. 공장 중 다음의 어느 하나에 해당하는 것
   ① 「수도권정비계획법」 제6조 제1항 3호에 따른 자연보전권역 외의 지역 및 「환경정책기본법」 제38조에 따른 특별대책지역 외의 지역에 설치되는 경우
   ② 「수도권정비계획법」 제6조 제1항 3호에 따른 자연보전권역 및 「환경정책기본법」 제38조에 따른 특별대책지역에 설치되는 것으로서 제1호자목 및 차목(7)에 해당하지 아니하는 경우
   ③ 「공익사업을 위한 토지 등의 취득 및 보상에 관한 법률」에 따른 공익사업 및 「도시개발법」에 따른 도시개발사업으로 해당 특별시·광역시·특별자치시·특별자치도·시 또는 군의 관할구역으로 이전하는 레미콘 또는 아스콘 공장
파. 창고시설(창고 중 농업·임업·축산업·수산업용으로 쓰는 것은 제외)
하. 위험물 저장 및 처리 시설
거. 자동차 관련 시설
너. 관광 휴게시설

(20) 농림지역 안에서 건축할 수 있는 건축물

1) 건축할 수 있는 건축물

가. 단독주택으로서 현저한 자연훼손을 가져오지 아니하는 범위 안에서 건축하는 농어가주택(「농지법」 제32조 제1항 제3호에 따른 농업인 주택 및 어업인 주택을 말한다. 이하 같다)
나. 제1종 근린생활시설 사목 및 아목
다. 교육연구시설 중 초등학교
라. 창고(농업·임업·축산업·수산업용만 해당한다)
마. 동물 및 식물 관련시설 마목부터 사목까지의 규정에 따른 시설

바. 발전시설

2) 도시·군계획조례가 정하는 바에 의하여 건축할 수 있는 건축물

가. 제1종 근린생활시설
나. 제2종 근린생활시설
다. 문화 및 집회시설 중 마목에 해당하는 것
라. 종교시설
마. 의료시설
바. 수련시설
사. 위험물저장 및 처리시설 중 액화석유가스충전소 및 고압가스 충전·저장소
아. 동물 및 식물 관련시설 가목부터 라목까지의 규정에 따른 시설
자. 자원순환 관련 시설
차. 교정시설
카. 국방·군사시설
타. 방송통신시설
파. 묘지관련시설
하. 장례시설
거. 야영장 시설

비고

「국토의 계획 및 이용에 관한 법률」 제76조 제5항 제3호에 따라 농림지역 중 농업진흥지역, 보전산지 또는 초지인 경우에 건축물이나 그 밖의 시설의 용도·종류 및 규모 등의 제한에 관하여는 각각 농지법, 산지관리법 또는 초지법에서 정하는 바에 따른다.

(21) 자연환경보전지역 안에서 건축할 수 있는 건축물

1) 건축할 수 있는 건축물

가. 단독주택으로서 현저한 자연훼손을 가져오지 아니하는 범위 안에서 건축하는 농어가주택

나. 교육연구시설 중 초등학교

2) 도시·군계획조례가 정하는 바에 의하여 건축할 수 있는 건축물

가. 제1종 근린생활시설 중 가목, 바목, 사목(지역아동센터는 제외한다) 및 아목에 해당하는 것

나. 제2종 근린생활시설 중 종교집회장으로서 지목이 종교용지인 토지에 건축하는 것

다. 종교시설로서 지목이 종교용지인 토지에 건축하는 것

라. 위험물저장 및 처리시설 바목의 고압가스 충전소·판매소·저장소 중 「환경친화적 자동차의 개발 및 보급 촉진에 관한 법률」 제2조 제9호의 수소연료공급시설

마. 동물 및 식물 관련시설 가목에 따른 시설 중 양어시설(양식장을 포함한다. 이하 이 목에서 같다), 마목부터 사목까지의 규정에 따른 시설, 아목에 따른 시설 중 양어시설과 비슷한 것 및 식물과 관련된 마목부터 사목까지의 규정에 따른 시설과 비슷한 것

바. 자원순환 관련 시설 중 공공하수처리시설

사. 국방·군사시설 중 관할 시장·군수 또는 구청장이 입지의 불가피성을 인정한 범위에서 건축하는 시설

아. 발전시설

자. 묘지관련시설

제 4 장
용도지구의 지정과 그 규제

1. 용도지구의 의의와 세분

용도지구란 토지의 이용 및 건축물의 용도·건폐율·용적률·높이 등에 대한 용도지역의 제한을 강화하거나 완화하여 적용함으로써 용도지역의 기능을 증진시키고 경관·안전 등을 도모하기 위하여 도시·군관리계획으로 결정하는 지역을 말하며, 다음과 같이 세분한다.[1)]

(1) 경관지구[2)]

가. 자연경관지구: 산지·구릉지 등 자연경관을 보호하거나 유지하기 위하여 필요한 지구

나. 시가지경관지구: 지역 내 주거지, 중심지 등 시가지의 경관을 보호 또는 유지하거나 형성하기 위하여 필요한 지구

1) 국토계획법 제37조, 국토계획법 시행령 제31조.
2) 경관의 보전·관리 및 형성을 위하여 필요한 지구.

다. 특화경관지구: 지역 내 주요 수계의 수변 또는 문화적 보존가치가 큰 건축물 주변의 경관 등 특별한 경관을 보호 또는 유지하거나 형성하기 위하여 필요한 지구

(2) 고도지구

쾌적한 환경 조성 및 토지의 효율적 이용을 위하여 건축물 높이의 최고한도를 규제할 필요가 있는 지구

(3) 방화지구: 화재의 위험을 예방하기 위하여 필요한 지구

(4) 방재지구[3)]

가. 시가지방재지구: 건축물·인구가 밀집되어 있는 지역으로서 시설 개선 등을 통하여 재해 예방이 필요한 지구

나. 자연방재지구: 토지의 이용도가 낮은 해안변, 하천변, 급경사지 주변 등의 지역으로서 건축 제한 등을 통한 재해 예방이 필요한 지구

(5) 보호지구[4)]

가. 역사문화환경보호지구: 문화재·전통사찰 등 역사·문화적으로 보존가치가 큰 시설 및 지역의 보호와 보존을 위하여 필요한 지구

나. 중요시설물보호지구: 중요시설물(제1항에 따른 시설물을 말함)의 보호와 기능의 유지 및 증진 등을 위하여 필요한 지구

---

3) 풍수해, 산사태, 지반의 붕괴, 그 밖의 재해를 예방하기 위하여 필요한 지구.

4) 문화재, 중요 시설물(항만, 공항 등 대통령령으로 정하는 시설물을 말한다) 및 문화적·생태적으로 보존가치가 큰 지역의 보호와 보존을 위하여 필요한 지구.

다. 생태계보호지구: 야생동식물서식처 등 생태적으로 보존가치가 큰 지역의 보호와 보존을 위하여 필요한 지구

(6) 취락지구[5)]

가. 자연취락지구: 녹지지역·관리지역·농림지역 또는 자연환경보전지역안의 취락을 정비하기 위하여 필요한 지구

나. 집단취락지구: 개발제한구역안의 취락을 정비하기 위하여 필요한 지구

(7) 개발진흥지구[6)]

가. 주거개발진흥지구: 주거기능을 중심으로 개발·정비할 필요가 있는 지구

나. 산업·유통개발진흥지구: 공업기능 및 유통·물류기능을 중심으로 개발·정비할 필요가 있는 지구

다. 삭제 <2012. 4. 10.>

라. 관광·휴양개발진흥지구: 관광·휴양기능을 중심으로 개발·정비할 필요가 있는 지구

마. 복합개발진흥지구: 주거기능, 공업기능, 유통·물류기능 및 관광·휴양기능 중 2 이상의 기능을 중심으로 개발·정비할 필요가 있는 지구

바. 특정개발진흥지구: 주거기능, 공업기능, 유통·물류기능 및 관광·휴양기능 외의 기능을 중심으로 특정한 목적을 위하여 개발·정비할 필요가 있는 지구

---

5) 녹지지역·관리지역·농림지역·자연환경보전지역·개발제한구역 또는 도시자연공원구역의 취락을 정비하기 위한 지구.

6) 주거기능, 상업기능, 공업기능, 유통물류기능, 관광기능, 휴양기능 등을 집중적으로 개발, 정비할 필요가 있는 지구.

(8) 특정용도제한지구

주거 및 교육 환경 보호나 청소년 보호 등의 목적으로 오염물질 배출시설, 청소년유해시설 등 특정시설의 입지를 제한할 필요가 있는 지구

(9) 복합용도지구

지역의 토지이용 상황, 개발 수요 및 주변 여건 등을 고려하여 효율적이고 복합적인 토지이용을 도모하기 위하여 특정시설의 입지를 완화할 필요가 있는 지구

(10) 그 밖에 대통령령으로 정하는 지구

2. 용도지구 안에서의 행위제한

(1) 통 칙

용도지구에서의 건축물이나 그 밖의 시설의 용도·종류 및 규모 등의 제한에 관한 사항은 국토의 계획 및 이용에 관한 법률 또는 다른 법률에 특별한 규정이 있는 경우 외에는 대통령령으로 정하는 기준에 따라 특별시·광역시·특별자치시·특별자치도·시 또는 군의 조례로 정할 수 있다. 건축물이나 그 밖의 시설의 용도·종류 및 규모 등의 제한은 해당 용도지역과 용도지구의 지정목적에 적합하여야 한다.[7]

7) 국토의 계획 및 이용에 관한 법률 제76조.

(2) 경관지구 안에서의 건축제한[8)]

경관지구 안에서는 그 지구의 경관의 보전·관리·형성에 장애가 된다고 인정하여 도시·군계획조례가 정하는 건축물을 건축할 수 없다.

경관지구 안에서의 건축물의 건폐율·용적률·높이·최대너비·색채 및 대지 안의 조경 등에 관하여는 그 지구의 경관의 보전·관리·형성에 필요한 범위 안에서 도시·군계획조례로 정한다.

(3) 복합용도지구에서의 건축제한[9)]

복합용도지구에서는 해당 용도지역에서 허용되는 건축물 외에 다음 각 호에 따른 건축물 중 도시·군계획조례가 정하는 건축물을 건축할 수 있다.

1) 일반주거지역, 준주거지역에서 허용되는 건축물. 다만, 다음 각 목의 건축물은 제외한다.

가. 제2종 근린생활시설 중 안마시술소
나. 문화 및 집회시설 중 관람장
다. 공장
라. 위험물 저장 및 처리 시설
마. 동물 및 식물 관련 시설
바. 장례시설

2) 일반공업지역: 준공업지역에서 허용되는 건축물. 다만 다음 각 목의 건축물은 제외한다.

가. 공동주택 중 아파트

8) 국토의 계획 및 이용에 관한 법률 시행령 제72조.
9) 국토계획법 제76조 제5항 제1호의3, 시행령 제81조.

나. 제2종 근린생활시설 중 단란주점 및 안마시술소
다. 노유자시설

3) 계획관리지역에서 허용되는 건축물

가. 제2종 근린생활시설 중 일반음식점·휴게음식점·제과점
나. 판매시설
다. 숙박시설(별표 20 제1호 사목에 따라 건축할 수 없는 숙박시설은 제외한다)
라. 위락시설 중 유원시설업의 시설, 그 밖에 이와 비슷한 시설

(4) 자연취락지구 안에서 건축할 수 있는 건축물[10)]

1) 건축할 수 있는 건축물(4층 이하의 건축물에 한한다)

가. 단독주택
나. 제1종 근린생활시설
다. 제2종 근린생활시설
라. 운동시설
마. 창고(농업·임업·축산업·수산업용만 해당한다)
바. 동물 및 식물관련시설
사. 교정시설
아. 국방·군사시설
자. 방송통신시설
차. 발전시설

10) 국토의 계획 및 이용에 관한 법률 시행령 제78조.

2) 도시·군계획조례가 정하는 바에 의하여 건축할 수 있는 건축물(4층 이하의 건축물에 한한다)

가. 공동주택(아파트를 제외한다)
나. 제2종 근린생활시설 아목·자목·너목 및 러목
다. 문화 및 집회시설
라. 종교시설
마. 판매시설 중 다음의 어느 하나에 해당하는 것
① 「농수산물유통 및 가격안정에 관한 법률」 제2조에 따른 농수산물공판장
② 「농수산물유통 및 가격안정에 관한 법률」 제68조 제2항에 따른 농수산물직판장으로서 해당용도에 쓰이는 바닥면적의 합계가 1만제곱미터 미만인 것
바. 의료시설 중 종합병원·병원·치과병원·한방병원·요양병원
사. 교육연구시설
아. 노유자시설
자. 수련시설
차. 숙박시설로서 「관광진흥법」에 따라 지정된 관광지 및 관광단지에 건축하는 것
카. 공장 중 도정공장 및 식품공장과 읍·면지역에 건축하는 제재업의 공장 및 첨단업종의 공장
타. 위험물저장 및 처리시설
파. 자동차 관련 시설 중 주차장 및 세차장
하. 자원순환 관련 시설
거. 야영장 시설

제 5 장
용도구역의 지정과 그 규제

1. 용도구역의 의의와 세분

용도구역이란 토지의 이용 및 건축물의 용도·건폐율·용적률·높이 등에 대한 용도지역 및 용도지구의 제한을 강화하거나 완화하여 따로 정함으로써 시가지의 무질서한 확산방지, 계획적이고 단계적인 토지이용의 도모, 토지이용의 종합적 조정·관리 등을 위하여 도시·군관리계획으로 결정하는 지역을 말한다.

용도구역에는 개발제한구역, 도시자연공원구역, 시가화조정구역, 수산자원보호구역이 있다.[1)]

1) 국토의 계획 및 이용에 관한 법률 제38조 내지 제40조.

2. 개발제한구역(그린벨트)

(1) 개발제한구역의 의의 및 지정

국토계획법 제38조(개발제한구역의 지정) ① 국토교통부장관은 도시의 무질서한 확산을 방지하고 도시주변의 자연환경을 보전하여 도시민의 건전한 생활환경을 확보하기 위하여 도시의 개발을 제한할 필요가 있거나 국방부장관의 요청이 있어 보안상 도시의 개발을 제한할 필요가 있다고 인정되면 개발제한구역의 지정 또는 변경을 도시·군관리계획으로 결정할 수 있다. ② 개발제한구역의 지정 또는 변경에 필요한 사항은 따로 법률로 정한다.

(2) 개발제한구역 안에서의 행위제한[2)]

1) 원 칙

개발제한구역에서는 건축물의 건축 및 용도변경, 공작물의 설치, 토지의 형질변경, 죽목(竹木)의 벌채, 토지의 분할, 물건을 쌓아놓는 행위 또는 「국토의 계획 및 이용에 관한 법률」 제2조 제11호에 따른 도시·군계획사업의 시행을 할 수 없다.

2) 예 외

다만, 다음 각 호의 어느 하나에 해당하는 행위를 하려는 자는 특별자치시장·특별자치도지사·시장·군수 또는 구청장의 허가를 받아 그 행위를 할 수 있다.[3)]

2) 개발제한구역의 지정 및 관리에 관한 특별조치법 제12조.
3) 위 특별조치법 시행령 제13조 내지 제18조의2 참조.

① 다음 각 목의 어느 하나에 해당하는 건축물의 건축 또는 공작물의 설치와 이에 따르는 토지의 형질변경

가. 공원, 녹지, 실외체육시설, 시장·군수·구청장이 설치하는 노인의 여가활용을 위한 소규모 실내 생활체육시설 등 개발제한구역의 존치 및 보전관리에 도움이 될 수 있는 시설

나. 도로, 철도 등 개발제한구역을 통과하는 선형(線形)시설과 이에 필수적으로 수반되는 시설

다. 개발제한구역이 아닌 지역에 입지가 곤란하여 개발제한구역 내에 입지하여야만 그 기능과 목적이 달성되는 시설

라. 국방·군사에 관한 시설 및 교정시설

마. 개발제한구역 주민과 「공익사업을 위한 토지 등의 취득 및 보상에 관한 법률」 제4조에 따른 공익사업의 추진으로 인하여 개발제한구역이 해제된 지역 주민의 주거·생활편익·생업을 위한 시설

② 도시공원, 물류창고 등 정비사업을 위하여 필요한 시설로서 대통령령으로 정하는 시설을 정비사업 구역에 설치하는 행위와 이에 따르는 토지의 형질변경

③ 개발제한구역의 건축물로서 제15조에 따라 지정된 취락지구로의 이축(移築)

④ 「공익사업을 위한 토지 등의 취득 및 보상에 관한 법률」 제4조에 따른 공익사업(개발제한구역에서 시행하는 공익사업만 해당한다. 이하 이 항에서 같다)의 시행에 따라 철거된 건축물을 이축하기 위한 이주단지의 조성

⑤ 「공익사업을 위한 토지 등의 취득 및 보상에 관한 법률」 제4조에 따른 공익사업의 시행에 따라 철거되는 건축물 중 취락지구로 이축이 곤란한 건축물로서 개발제한구역 지정 당시부터 있던 주택, 공장 또는 종교시설을 취락지구가 아닌 지역으로 이축하는 행위

⑥ 건축물의 건축을 수반하지 아니하는 토지의 형질변경으로서 영농을 위한 경우 등 대통령령으로 정하는 토지의 형질변경

⑦ 벌채 면적 및 수량(樹量), 그 밖에 대통령령으로 정하는 규모 이상의 죽목(竹木) 벌채

⑧ 대통령령으로 정하는 범위의 토지 분할

⑨ 모래·자갈·토석 등 대통령령으로 정하는 물건을 대통령령으로 정하는 기간까지 쌓아 놓는 행위

⑩ 제1호에 따른 건축물 중 대통령령으로 정하는 건축물을 근린생활시설 등 대통령령으로 정하는 용도로 용도변경하는 행위

⑪ 개발제한구역 지정 당시 지목(地目)이 대(垈)인 토지가 개발제한구역 지정 이후 지목이 변경된 경우로서 제1호 마목의 시설 중 대통령령으로 정하는 건축물의 건축과 이에 따르는 토지의 형질변경

3. 도시자연공원구역

(1) 도시자연공원구역의 의의 및 지정

국토계획법 제38조의2(도시자연공원구역의 지정) ① 시·도지사는 도시의 자연환경 및 경관을 보호하고 도시민에게 건전한 여가·휴식공간을 제공하기 위하여 도시지역 안에서 식생(植生)이 양호한 산지(山地)의 개발을 제한할 필요가 있다고 인정하면 도시자연공원구역의 지정 또는 변경을 도시·군관리계획으로 결정할 수 있다. ② 도시자연공원구역의 지정 또는 변경에 필요한 사항은 따로 법률로 정한다.

(2) 도시자연공원구역에서의 행위 제한[4)]

1) 원 칙

도시자연공원구역에서는 건축물의 건축 및 용도변경, 공작물의 설치, 토지의 형질변경, 흙과 돌의 채취, 토지의 분할, 죽목의 벌채, 물건의 적치 또는 「국토의 계획 및 이용에 관한 법률」 제2조 제11호에 따른 도시·군계획사업의 시행을 할 수 없다.

2) 예 외

다만, 다음 각 호의 어느 하나에 해당하는 행위는 특별시장·광역시장, 특별자치시장·특별자치도지사·시장 또는 군수의 허가를 받아 할 수 있다.

① 다음 각 목의 어느 하나에 해당하는 건축물 또는 공작물로서 대통령령으로 정하는 건축물의 건축 또는 공작물의 설치와 이에 따르는 토지의 형질변경

가. 도로, 철도 등 공공용 시설

나. 임시 건축물 또는 임시 공작물

다. 휴양림, 수목원 등 도시민의 여가활용시설

라. 등산로, 철봉 등 체력단련시설

마. 전기·가스 관련 시설 등 공익시설

바. 주택·근린생활시설

사. 다음의 어느 하나에 해당하는 시설 중 도시자연공원구역에 입지할 필요성이 큰 시설로서 자연환경을 훼손하지 아니하는 시설

㉠ 「노인복지법」 제31조에 따른 노인복지시설

㉡ 「영유아보육법」 제10조에 따른 어린이집

② 기존 건축물 또는 공작물의 개축·재축·증축 또는 대수선

4) 도시공원 및 녹지 등에 관한 법률 제27조.

③ 건축물의 건축을 수반하지 아니하는 토지의 형질변경

④ 흙과 돌을 채취하거나 죽목을 베거나 물건을 쌓아놓는 행위로서 대통령령으로 정하는 행위

⑤ 다음 각 목의 어느 하나에 해당하는 범위의 토지 분할

가. 분할된 후 각 필지의 면적이 200제곱미터 이상[지목이 대(垈)인 토지를 주택 또는 근린생활시설을 건축하기 위하여 분할하는 경우에는 330제곱미터 이상]인 경우

나. 분할된 후 각 필지의 면적이 200제곱미터 미만인 경우로서 공익사업의 시행 및 인접 토지와의 합병 등을 위하여 대통령령으로 정하는 경우

4. 시가화조정구역

(1) 시가화조정구역의 의의 및 지정

국토계획법 제39조(시가화조정구역의 지정) ① 시·도지사는 직접 또는 관계 행정기관의 장의 요청을 받아 도시지역과 그 주변지역의 무질서한 시가화를 방지하고 계획적·단계적인 개발을 도모하기 위하여 대통령령으로 정하는 기간 동안 시가화를 유보할 필요가 있다고 인정되면 시가화조정구역의 지정 또는 변경을 도시·군관리계획으로 결정할 수 있다. 다만, 국가계획과 연계하여 시가화조정구역의 지정 또는 변경이 필요한 경우에는 국토교통부장관이 직접 시가화조정구역의 지정 또는 변경을 도시·군관리계획으로 결정할 수 있다. ② 시가화조정구역의 지정에 관한 도시·군관리계획의 결정은 제1항에 따른 시가화 유보기간이 끝난 날의 다음날부터 그 효력을 잃는다.

(2) 시가화조정구역에서의 행위 제한

1) 원 칙

시가화조정구역에서의 도시·군계획사업은 대통령령으로 정하는 사업만 시행할 수 있다(국토의 계획 및 이용에 관한 법률 제81조 1항).

2) 예 외

시가화조정구역에서는 제56조와 제76조에도 불구하고 제1항에 따른 도시·군계획사업의 경우 외에는 다음 각 호의 어느 하나에 해당하는 행위에 한정하여 특별시장·광역시장·특별자치시장·특별자치도지사,시장 또는 군수의 허가를 받아 그 행위를 할 수 있다(국토의 계획 및 이용에 관한 법률 제81조 2항, 시행령 제88조).

① 농업·임업 또는 어업을 영위하는 자가 농업·임업 또는 어업용의 건축물 중 다음 각목의 1에 해당하는 건축물 그 밖의 시설의 건축

가. 축사

나. 퇴비사

다. 잠실

라. 창고(저장 및 보관시설을 포함한다)

마. 생산시설(단순가공시설을 포함한다)

바. 관리용 건축물로서 기존 관리용 건축물의 면적을 포함하여 33제곱미터 이하인 것

사. 양어장

② 마을공동시설, 공익시설·공공시설, 광공업 등 주민의 생활을 영위하는 데에 필요한 행위로서 다음 각목의 1에 해당하는 행위

가. 주택 및 그 부속건축물의 건축

나. 농로·제방 및 사방시설의 설치, 새마을회관의 설치, 기존정미소의 증축 및 이축, 간이휴게소, 농기계수리소 및 농기계용 유류판매소의 설치, 선착장 및 물양장의 설치

다. 공익사업을 위한 시설의 설치, 문화재의 복원과 문화재관리용 건축물의 설치, 보건소·경찰파출소·119안전센터·우체국, 읍·면·동사무소의 설치, 공공도서관·전신전화국·직업훈련소·연구소·양수장 및 예비군운영에 필요한 시설의 설치, 농업협동조합법에 의한 조합, 산림조합 및 수산업협동조합 공동판장, 하치장 및 창고의 설치, 사회복지시설의 설치, 환경오염방지시설의 설치, 교정시설의 설치, 야외음악당 및 야외극장의 설치

라. 시가화조정구역 지정당시 이미 외국인투자기업이 경영하는 공장, 수출품의 생산 및 가공공장, 「중소기업진흥에 관한 법률」 제29조에 따라 중소기업협동화 실천계획의 승인을 얻어 설립된 공장 그 밖에 수출진흥과 경제발전에 현저히 기여할 수 있는 공장의 증축과 부대시설의 설치

마. 시가화조정구역 지정당시 이미 관계법령의 규정에 의하여 설치된 공장의 부대시설의 설치(새로운 대지조성은 허용되지 아니하며, 기존공장 부지안에서의 건축에 한한다)

바. 시가화조정구역 지정당시 이미 광업법에 의하여 설정된 광업권의 대상이 되는 광물의 개발에 필요한 가설건축물 또는 공작물 설치

사. 토석의 채취에 필요한 가설건축물 또는 공작물의 설치

아. 시가화조정구역안에서 허용되는 건축물의 건축 또는 공작물의 설치를 위한 공사용 가설건축물과 그 공사에 소요되는 블록·시멘트벽돌·쇄석·레미콘 및 아스콘 등을 생산하는 가설공작물의 설치자. 기존 건축물의 동일한 용도 및 규모 안에서의 개축, 재축 및 대수선

차. 시가화조정구역안에서 허용되는 건축물의 건축 또는 공작물의 설치를 위한 공사용 가설건축물과 그 공사에 소요되는 블록·시멘트벽돌·쇄석·레미콘 및 아스콘 등을 생산하는 가설공작물의 설치

카. 관계법령에 의하여 적법하게 건축된 건축물의 용도를 시가화조정구역안

에서의 신축이 허용되는 건축물로 변경하는 행위

타. 공장의 업종변경(오염물질 등의 배출이나 공해의 정도가 변경 전의 수준을 초과하지 아니하는 경우에 한한다)

파. 공장·주택 등 시가화조정구역안에서의 신축이 금지된 시설의 용도를 근린생활시설 또는 종교시설로 변경하는 행위

하. 종교시설의 증축(새로운 대지조성은 허용되지 아니한다)

③ 입목의 벌채, 조림, 육림, 토석의 채취, 그 밖에 대통령령으로 정하는 다음 각목의 1에 해당하는 경미한 행위

가. 입목의 벌채, 조림, 육림, 토석의 채취

나. 토지의 형질변경

다. 토지의 합병 및 분할

제 6 장
농지의 소유와 그 제한

1. 원칙: 경자유전의 원칙(농지법 제6조 1항)

(1) 농지[1]는 자기의 농업경영에 이용하거나 이용할 자가 아니면 소유하지 못한다. 농업경영이란 농업인[2]이나 농업법인[3]이 자기의 계산과 책임으로 농업을 영위하는 것을 말한다.

---

1) 농지란 전·답, 과수원, 그 밖에 법적 지목(地目)을 불문하고 실제로 농작물 경작지 또는 다년생식물 재배지로 이용되는 토지를 말한다.

2) "농업인"이란 농업에 종사하는 개인으로서 다음 각 호의 어느 하나에 해당하는 자를 말한다. ① 1천제곱미터 이상의 농지에서 농작물 또는 다년생식물을 경작 또는 재배하거나 1년 중 90일 이상 농업에 종사하는 자 ② 농지에 330제곱미터 이상의 고정식온실·버섯재배사·비닐하우스, 그 밖의 농림축산식품부령으로 정하는 농업생산에 필요한 시설을 설치하여 농작물 또는 다년생식물을 경작 또는 재배하는 자 ③ 대가축 2두, 중가축 10두, 소가축 100두, 가금(家禽: 집에서 기르는 날짐승) 1천수 또는 꿀벌 10군 이상을 사육하거나 1년 중 120일 이상 축산업에 종사하는 자 ④ 농업경영을 통한 농산물의 연간 판매액이 120만원 이상인 자(농지법 제2조).

3) "농업법인"이란 「농어업경영체 육성 및 지원에 관한 법률」 제16조에 따라 설립된 영농조합법인과 같은 법 제19조에 따라 설립되고 업무집행권을 가진 자 중 3분의 1 이상이 농업인인 농업회사법인을 말한다(농지법 제2조).

(2) 농지를 취득하려는 자는 농지 소재지를 관할하는 시장, 구청장, 읍장 또는 면장에게서 농지취득자격증명을 발급받아야 한다.[4)]

(3) 농지취득자격증명을 발급받으려는 자는 농업경영계획서 또는 주말·체험영농계획서를 작성하고 농림축산식품부령으로 정하는 서류를 첨부하여 농지 소재지를 관할하는 시·구·읍·면의 장에게 발급신청을 하여야 한다.

(4) 농지취득자격증명을 발급받아 농지를 취득하는 자가 그 소유권에 관한 등기를 신청할 때에는 농지취득자격증명을 첨부하여야 한다.

2. 예외: 농업경영자 이외자의 취득(농지법 제6조 2항)

다음 각 호의 어느 하나에 해당하는 경우에는 예외적으로 농지를 소유할 수 있다. 다만 소유 농지는 농업경영에 이용되도록 하여야 한다(제2호 및 제3호는 제외한다).

(1) 국가나 지방자치단체가 농지를 소유하는 경우

(2) 「초·중등교육법」 및 「고등교육법」에 따른 학교, 농림축산식품부령으로 정하는 공공단체, 농업연구기관 또는 종묘나 그 밖의 농업 기자재 생산자가 그 목적사업을 수행하기 위하여 필요한 시험지·연구지·실습지·종묘생산지 또는 과수 인공수분용 꽃가루 생산지로 쓰기 위하여 농림축산식품부령으로 정하는 바에 따라 농지를 취득하여 소유하는 경우

(3) 주말·체험영농을 하려고 제28조에 따른 농업진흥지역 외의 농지를 소유하는 경우. 주말·체험영농이란 농업인이 아닌 개인이 주말 등을 이용하여 취미생활이나 여가활동으로 농작물을 경작하거나 다년생식물을 재배하는 것을 말

4) 농지법 제8조.

한다.

(4) 상속(상속인에게 한 유증(遺贈)을 포함한다)으로 농지를 취득하여 소유하는 경우

(5) 대통령령으로 정하는 기간 이상 농업경영을 하던 사람이 이농한 후에도 이농 당시 소유하던 농지를 계속 소유하는 경우

(6) 제13조 제1항에 따라 담보농지를 취득하여 소유하는 경우

(7) 제34조 제1항에 따른 농지전용허가를 받거나 제35조 또는 제43조에 따른 농지전용신고를 한 자가 그 농지를 소유하는 경우

(8) 제34조 제2항에 따른 농지전용협의를 마친 농지를 소유하는 경우

(9) 한국농어촌공사 및 농지관리기금법 제24조 제2항에 따른 농지의 개발사업지구에 있는 농지로서 대통령령으로 정하는 1천500제곱미터 미만의 농지나 「농어촌정비법」 제98조 제3항에 따른 농지를 취득하여 소유하는 경우

(9의2) 제28조에 따른 농업진흥지역 밖의 농지 중 최상단부부터 최하단부까지의 평균경사율이 15퍼센트 이상이고, 다음 각 호의 요건을 모두 갖춘 농지로서 시장·군수가 조사하여 고시한 농지(영농여건불리농지)를 소유하는 경우

① 시·군의 읍·면 지역의 농지일 것

② 집단화된 농지의 규모가 2만제곱미터 미만인 농지일 것

③ 시장·군수가 다음 각 목의 사항을 고려하여 영농 여건이 불리하고 생산성이 낮다고 인정하는 농지일 것

가. 농업용수·농로 등 농업 생산기반의 정비 정도

나. 농기계의 이용 및 접근 가능성

다. 통상적인 영농 관행

(10) 다음 각 목의 어느 하나에 해당하는 경우

가. 한국농어촌공사가 농지를 취득하여 소유하는 경우

나. 농어촌정비법에 따라 농지를 취득하여 소유하는 경우

다. 공유수면 관리 및 매립에 관한 법률에 따라 매립농지를 취득하여 소유하는 경우

라. 토지수용으로 농지를 취득하여 소유하는 경우

마. 농림축산식품부장관과 협의를 마치고 「공익사업을 위한 토지 등의 취득 및 보상에 관한 법률」에 따라 농지를 취득하여 소유하는 경우

바. 「공공토지의 비축에 관한 법률」 제2조 제1호 가목에 해당하는 토지로서, 국토의 계획 및 이용에 관한 법률에 따른 계획관리지역과 자연녹지지역 안의 농지를 한국토지주택공사가 취득하여 소유하는 경우

제 5 편

부동산경매절차(민사집행법)

제 1 장

강제경매

1. 강제경매의 개시(압류)

제80조(강제경매신청서) 강제경매신청서에는 다음 각호의 사항을 적어야 한다.

1. 채권자·채무자와 법원의 표시
2. 부동산의 표시
3. 경매의 이유가 된 일정한 채권과 집행할 수 있는 일정한 집행권원

제81조(첨부서류) ① 강제경매신청서에는 집행력 있는 정본 외에 다음 각호 가운데 어느 하나에 해당하는 서류를 붙여야 한다.

1. 채무자의 소유로 등기된 부동산에 대하여는 등기사항증명서
2. 채무자의 소유로 등기되지 아니한 부동산에 대하여는 즉시 채무자명의로 등기할 수 있다는 것을 증명할 서류. 다만, 그 부동산이 등기되지 아니한 건물인 경우에는 그 건물이 채무자의 소유임을 증명할 서류, 그 건물의 지번·구조·면적을 증명할 서류 및 그 건물에 관한 건축허가 또는 건축

신고를 증명할 서류

② 채권자는 공적 장부를 주관하는 공공기관에 제1항 제2호 단서의 사항들을 증명하여 줄 것을 청구할 수 있다.

③ 제1항 제2호 단서의 경우에 건물의 지번·구조·면적을 증명하지 못한 때에는, 채권자는 경매신청과 동시에 그 조사를 집행법원에 신청할 수 있다.

④ 제3항의 경우에 법원은 집행관에게 그 조사를 하게 하여야 한다.

⑤ 강제관리를 하기 위하여 이미 부동산을 압류한 경우에 그 집행기록에 제1항 각호 가운데 어느 하나에 해당하는 서류가 붙어 있으면 다시 그 서류를 붙이지 아니할 수 있다.

제82조(집행관의 권한) ① 집행관은 제81조 제4항의 조사를 위하여 건물에 출입할 수 있고, 채무자 또는 건물을 점유하는 제3자에게 질문하거나 문서를 제시하도록 요구할 수 있다.

② 집행관은 제1항의 규정에 따라 건물에 출입하기 위하여 필요한 때에는 잠긴 문을 여는 등 적절한 처분을 할 수 있다.

제83조(경매개시결정 등) ① 경매절차를 개시하는 결정에는 동시에 그 부동산의 압류를 명하여야 한다.

② 압류는 부동산에 대한 채무자의 관리·이용에 영향을 미치지 아니한다.

③ 경매절차를 개시하는 결정을 한 뒤에는 법원은 직권으로 또는 이해관계인의 신청에 따라 부동산에 대한 침해행위를 방지하기 위하여 필요한 조치를 할 수 있다.

④ 압류는 채무자에게 그 결정이 송달된 때 또는 제94조의 규정에 따른 등기가 된 때에 효력이 생긴다.

⑤ 강제경매신청을 기각하거나 각하하는 재판에 대하여는 즉시항고를 할 수 있다.

제86조(경매개시결정에 대한 이의신청) ① 이해관계인은 매각대금이 모두

지급될 때까지 법원에 경매개시결정에 대한 이의신청을 할 수 있다.

② 제1항의 신청을 받은 법원은 제16조 제2항에 준하는 결정을 할 수 있다.

③ 제1항의 신청에 관한 재판에 대하여 이해관계인은 즉시항고를 할 수 있다.

제87조(압류의 경합) ① 강제경매절차 또는 담보권 실행을 위한 경매절차를 개시하는 결정을 한 부동산에 대하여 다른 강제경매의 신청이 있는 때에는 법원은 다시 경매개시결정을 하고, 먼저 경매개시결정을 한 집행절차에 따라 경매한다.

② 먼저 경매개시결정을 한 경매신청이 취하되거나 그 절차가 취소된 때에는 법원은 제91조 제1항의 규정에 어긋나지 아니하는 한도 안에서 뒤의 경매개시결정에 따라 절차를 계속 진행하여야 한다.

③ 제2항의 경우에 뒤의 경매개시결정이 배당요구의 종기 이후의 신청에 의한 것인 때에는 집행법원은 새로이 배당요구를 할 수 있는 종기를 정하여야 한다. 이 경우 이미 제84조 제2항 또는 제4항의 규정에 따라 배당요구 또는 채권신고를 한 사람에 대하여는 같은 항의 고지 또는 최고를 하지 아니한다.

④ 먼저 경매개시결정을 한 경매절차가 정지된 때에는 법원은 신청에 따라 결정으로 뒤의 경매개시결정(배당요구의 종기까지 행하여진 신청에 의한 것에 한한다)에 기초하여 절차를 계속하여 진행할 수 있다. 다만, 먼저 경매개시결정을 한 경매절차가 취소되는 경우 제105조 제1항 제3호의 기재사항이 바뀔 때에는 그러하지 아니하다.

⑤ 제4항의 신청에 대한 재판에 대하여는 즉시항고를 할 수 있다.

제89조(이중경매신청 등의 통지) 법원은 제87조 제1항 및 제88조 제1항의 신청이 있는 때에는 그 사유를 이해관계인에게 통지하여야 한다.

제90조(경매절차의 이해관계인) 경매절차의 이해관계인은 다음 각 호의 사람으로 한다.

1. 압류채권자와 집행력 있는 정본에 의하여 배당을 요구한 채권자

2. 채무자 및 소유자
3. 등기부에 기입된 부동산 위의 권리자
4. 부동산 위의 권리자로서 그 권리를 증명한 사람

제91조(인수주의와 잉여주의의 선택 등) ① 압류채권자의 채권에 우선하는 채권에 관한 부동산의 부담을 매수인에게 인수하게 하거나, 매각대금으로 그 부담을 변제하는 데 부족하지 아니하다는 것이 인정된 경우가 아니면 그 부동산을 매각하지 못한다.

② 매각부동산 위의 모든 저당권은 매각으로 소멸된다.

③ 지상권·지역권·전세권 및 등기된 임차권은 저당권·압류채권·가압류채권에 대항할 수 없는 경우에는 매각으로 소멸된다.

④ 제3항의 경우 외의 지상권·지역권·전세권 및 등기된 임차권은 매수인이 인수한다. 다만, 그중 전세권의 경우에는 전세권자가 제88조에 따라 배당요구를 하면 매각으로 소멸된다.

⑤ 매수인은 유치권자(留置權者)에게 그 유치권(留置權)으로 담보하는 채권을 변제할 책임이 있다.

제92조(제3자와 압류의 효력) ① 제3자는 권리를 취득할 때에 경매신청 또는 압류가 있다는 것을 알았을 경우에는 압류에 대항하지 못한다.

② 부동산이 압류채권을 위하여 의무를 진 경우에는 압류한 뒤 소유권을 취득한 제3자가 소유권을 취득할 때에 경매신청 또는 압류가 있다는 것을 알지 못하였더라도 경매절차를 계속하여 진행하여야 한다.

제93조(경매신청의 취하) ① 경매신청이 취하되면 압류의 효력은 소멸된다.

② 매수신고가 있은 뒤 경매신청을 취하하는 경우에는 최고가매수신고인 또는 매수인과 제114조의 차순위매수신고인의 동의를 받아야 그 효력이 생긴다.

③ 제49조 제3호 또는 제6호의 서류를 제출하는 경우에는 제1항 및 제2항의 규정을, 제49조 제4호의 서류를 제출하는 경우에는 제2항의 규정을 준용한다.

제94조(경매개시결정의 등기) ① 법원이 경매개시결정을 하면 법원사무관등은 즉시 그 사유를 등기부에 기입하도록 등기관(登記官)에게 촉탁하여야 한다.

② 등기관은 제1항의 촉탁에 따라 경매개시결정사유를 기입하여야 한다.

제95조(등기사항증명서의 송부) 등기관은 제94조에 따라 경매개시결정사유를 등기부에 기입한 뒤 그 등기사항증명서를 법원에 보내야 한다.

제96조(부동산의 멸실 등으로 말미암은 경매취소) ① 부동산이 없어지거나 매각 등으로 말미암아 권리를 이전할 수 없는 사정이 명백하게 된 때에는 법원은 강제경매의 절차를 취소하여야 한다.

② 제1항의 취소결정에 대하여는 즉시항고를 할 수 있다.

2. 매각준비절차

제84조(배당요구의 종기결정 및 공고) ① 경매개시결정에 따른 압류의 효력이 생긴 때(그 경매개시결정전에 다른 경매개시결정이 있은 경우를 제외한다)에는 집행법원은 절차에 필요한 기간을 고려하여 배당요구를 할 수 있는 종기(終期)를 첫 매각기일 이전으로 정한다.

② 배당요구의 종기가 정하여진 때에는 법원은 경매개시결정을 한 취지 및 배당요구의 종기를 공고하고, 제91조 제4항 단서의 전세권자 및 법원에 알려진 제88조 제1항의 채권자에게 이를 고지하여야 한다.

③ 제1항의 배당요구의 종기결정 및 제2항의 공고는 경매개시결정에 따른 압류의 효력이 생긴 때부터 1주 이내에 하여야 한다.

④ 법원사무관등은 제148조 제3호 및 제4호의 채권자 및 조세, 그 밖의 공과금을 주관하는 공공기관에 대하여 채권의 유무, 그 원인 및 액수(원금·이자·비용, 그 밖의 부대채권(附帶債權)을 포함한다)를 배당요구의 종기까지 법원에 신고하도록 최고하여야 한다.

⑤ 제148조 제3호 및 제4호의 채권자가 제4항의 최고에 대한 신고를 하지 아니한 때에는 그 채권자의 채권액은 등기사항증명서 등 집행기록에 있는 서류와 증빙(證憑)에 따라 계산한다. 이 경우 다시 채권액을 추가하지 못한다.

⑥ 법원은 특별히 필요하다고 인정하는 경우에는 배당요구의 종기를 연기할 수 있다.

⑦ 제6항의 경우에는 제2항 및 제4항의 규정을 준용한다. 다만, 이미 배당요구 또는 채권신고를 한 사람에 대하여는 같은 항의 고지 또는 최고를 하지 아니한다.

제88조(배당요구) ① 집행력 있는 정본을 가진 채권자, 경매개시결정이 등기된 뒤에 가압류를 한 채권자, 민법·상법, 그 밖의 법률에 의하여 우선변제청구권이 있는 채권자는 배당요구[1]를 할 수 있다.

② 배당요구에 따라 매수인이 인수하여야 할 부담이 바뀌는 경우 배당요구를 한 채권자는 배당요구의 종기가 지난 뒤에 이를 철회하지 못한다.

제85조(현황조사) ① 법원은 경매개시결정을 한 뒤에 바로 집행관에게 부동산의 현상, 점유관계, 차임(借賃) 또는 보증금의 액수, 그 밖의 현황에 관하여 조사하도록 명하여야 한다.

② 집행관이 제1항의 규정에 따라 부동산을 조사할 때에는 그 부동산에 대하여 제82조에 규정된 조치를 할 수 있다.

제97조(부동산의 평가와 최저매각가격의 결정) ① 법원은 감정인(鑑定人)에게 부동산을 평가하게 하고 그 평가액을 참작하여 최저매각가격을 정하여야 한다.[2]

---

1) 민사집행규칙 제48조(배당요구의 방식) ① 법 제88조 제1항의 규정에 따른 배당요구는 채권(이자, 비용, 그 밖의 부대채권을 포함한다)의 원인과 액수를 적은 서면으로 하여야 한다. ② 제1항의 배당요구서에는 집행력 있는 정본 또는 그 사본, 그 밖에 배당요구의 자격을 소명하는 서면을 붙여야 한다.

2) 민사집행규칙 제51조(평가서) ① 법 제97조의 규정에 따라 부동산을 평가한 감정인은 다음 각호의 사항을 적은 평가서를 정하여진 날까지 법원에 제출하여야 한다.

1. 사건의 표시

② 감정인은 제1항의 평가를 위하여 필요하면 제82조 제1항에 규정된 조치를 할 수 있다.

③ 감정인은 제7조의 규정에 따라 집행관의 원조를 요구하는 때에는 법원의 허가를 얻어야 한다.

제98조(일괄매각결정) ① 법원은 여러 개의 부동산의 위치·형태·이용관계 등을 고려하여 이를 일괄매수하게 하는 것이 알맞다고 인정하는 경우에는 직권으로 또는 이해관계인의 신청에 따라 일괄매각하도록 결정할 수 있다.

② 법원은 부동산을 매각할 경우에 그 위치·형태·이용관계 등을 고려하여 다른 종류의 재산(금전채권을 제외한다)을 그 부동산과 함께 일괄매수하게 하는 것이 알맞다고 인정하는 때에는 직권으로 또는 이해관계인의 신청에 따라 일괄매각하도록 결정할 수 있다.

③ 제1항 및 제2항의 결정은 그 목적물에 대한 매각기일 이전까지 할 수 있다.

제99조(일괄매각사건의 병합) ① 법원은 각각 경매신청된 여러 개의 재산 또는 다른 법원이나 집행관에 계속된 경매사건의 목적물에 대하여 제98조 제1항 또는 제2항의 결정을 할 수 있다.

② 다른 법원이나 집행관에 계속된 경매사건의 목적물의 경우에 그 다른 법

2. 부동산의 표시
3. 부동산의 평가액과 평가일
4. 부동산이 있는 곳의 환경
5. 평가의 목적이 토지인 경우에는 지적, 법령에서 정한 규제 또는 제한의 유무와 그 내용 및 공시지가, 그 밖에 평가에 참고가 된 사항
6. 평가의 목적이 건물인 경우에는 그 종류·구조·평면적, 그 밖에 추정되는 잔존 내구연수 등 평가에 참고가 된 사항
7. 평가액 산출의 과정
8. 그 밖에 법원이 명한 사항

② 평가서에는 부동산의 모습과 그 주변의 환경을 알 수 있는 도면·사진 등을 붙여야 한다.

원 또는 집행관은 그 목적물에 대한 경매사건을 제1항의 결정을 한 법원에 이송한다.

③ 제1항 및 제2항의 경우에 법원은 그 경매사건들을 병합한다.

제100조(일괄매각사건의 관할) 제98조 및 제99조의 경우에는 민사소송법 제31조에 불구하고 같은 법 제25조의 규정을 준용한다. 다만, 등기할 수 있는 선박에 관한 경매사건에 대하여서는 그러하지 아니하다.

제101조(일괄매각절차) ① 제98조 및 제99조의 일괄매각결정에 따른 매각절차는 이 관의 규정에 따라 행한다. 다만, 부동산 외의 재산의 압류는 그 재산의 종류에 따라 해당되는 규정에서 정하는 방법으로 행하고, 그 중에서 집행관의 압류에 따르는 재산의 압류는 집행법원이 집행관에게 이를 압류하도록 명하는 방법으로 행한다.

② 제1항의 매각절차에서 각 재산의 대금액을 특정할 필요가 있는 경우에는 각 재산에 대한 최저매각가격의 비율을 정하여야 하며, 각 재산의 대금액은 총대금액을 각 재산의 최저매각가격비율에 따라 나눈 금액으로 한다. 각 재산이 부담할 집행비용액을 특정할 필요가 있는 경우에도 또한 같다.

③ 여러 개의 재산을 일괄매각하는 경우에 그 가운데 일부의 매각대금으로 모든 채권자의 채권액과 강제집행비용을 변제하기에 충분하면 다른 재산의 매각을 허가하지 아니한다. 다만, 토지와 그 위의 건물을 일괄매각하는 경우나 재산을 분리하여 매각하면 그 경제적 효용이 현저하게 떨어지는 경우 또는 채무자의 동의가 있는 경우에는 그러하지 아니하다.

④ 제3항 본문의 경우에 채무자는 그 재산 가운데 매각할 것을 지정할 수 있다.

⑤ 일괄매각절차에 관하여 이 법에서 정한 사항을 제외하고는 대법원규칙으로 정한다.

제102조(남을 가망이 없을 경우의 경매취소) ① 법원은 최저매각가격으로 압류채권자의 채권에 우선하는 부동산의 모든 부담과 절차비용을 변제하면 남

을 것이 없겠다고 인정한 때에는 압류채권자에게 이를 통지하여야 한다.

② 압류채권자가 제1항의 통지를 받은 날부터 1주 이내에 제1항의 부담과 비용을 변제하고 남을 만한 가격을 정하여 그 가격에 맞는 매수신고가 없을 때에는 자기가 그 가격으로 매수하겠다고 신청하면서 충분한 보증을 제공하지 아니하면, 법원은 경매절차를 취소하여야 한다.[3)]

③ 제2항의 취소 결정에 대하여는 즉시항고를 할 수 있다.

3. 매각의 실시

제103조(강제경매의 매각방법) ① 부동산의 매각은 집행법원이 정한 매각방법에 따른다.

② 부동산의 매각은 매각기일에 하는 호가경매(呼價競賣), 매각기일에 입찰 및 개찰하게 하는 기일입찰 또는 입찰기간 이내에 입찰하게 하여 매각기일에 개찰하는 기간입찰의 세 가지 방법으로 한다.

③ 부동산의 매각절차에 관하여 필요한 사항은 대법원규칙으로 정한다.

제104조(매각기일과 매각결정기일 등의 지정) ① 법원은 최저매각가격으로 제102조 제1항의 부담과 비용을 변제하고도 남을 것이 있다고 인정하거나 압류채권자가 제102조 제2항의 신청을 하고 충분한 보증을 제공한 때에는 직권으로

3) 민사집행규칙 제54조(남을 가망이 없는 경우의 보증제공방법 등) ① 법 제102조 제2항의 규정에 따른 보증은 다음 각호 가운데 어느 하나를 법원에 제출하는 방법으로 제공하여야 한다. 다만, 법원은 상당하다고 인정하는 때에는 보증의 제공방법을 제한할 수 있다.

1. 금전
2. 법원이 상당하다고 인정하는 유가증권
3. 「은행법」의 규정에 따른 금융기관 또는 보험회사(다음부터 "은행등"이라 한다)가 압류채권자를 위하여 일정액의 금전을 법원의 최고에 따라 지급한다는 취지의 기한의 정함이 없는 지급보증위탁계약이 압류채권자와 은행등 사이에 체결된 사실을 증명하는 문서

② 제1항의 보증에 관하여는 「민사소송법」 제126조 본문의 규정을 준용한다.

매각기일과 매각결정기일을 정하여 대법원규칙이 정하는 방법으로 공고한다.

② 법원은 매각기일과 매각결정기일을 이해관계인에게 통지하여야 한다.

③ 제2항의 통지는 집행기록에 표시된 이해관계인의 주소에 대법원규칙이 정하는 방법으로 발송할 수 있다.

④ 기간입찰의 방법으로 매각할 경우에는 입찰기간에 관하여도 제1항 내지 제3항의 규정을 적용한다.

제105조(매각물건명세서 등) ① 법원은 다음 각호의 사항을 적은 매각물건명세서를 작성하여야 한다.

1. 부동산의 표시
2. 부동산의 점유자와 점유의 권원, 점유할 수 있는 기간, 차임 또는 보증금에 관한 관계인의 진술
3. 등기된 부동산에 대한 권리 또는 가처분으로서 매각으로 효력을 잃지 아니하는 것
4. 매각에 따라 설정된 것으로 보게 되는 지상권의 개요

② 법원은 매각물건명세서·현황조사보고서 및 평가서의 사본을 법원에 비치하여 누구든지 볼 수 있도록 하여야 한다.[4]

제106조(매각기일의 공고내용) 매각기일의 공고내용에는 다음 각호의 사항을 적어야 한다.[5][6][7]

---

4) 민사집행규칙 제55조(매각물건명세서 사본 등의 비치) 매각물건명세서·현황조사보고서 및 평가서의 사본은 매각기일(기간입찰의 방법으로 진행하는 경우에는 입찰기간의 개시일)마다 그 1주 전까지 법원에 비치하여야 한다. 다만, 법원은 상당하다고 인정하는 때에는 매각물건명세서·현황조사보고서 및 평가서의 기재내용을 전자통신매체로 공시함으로써 그 사본의 비치에 갈음할 수 있다.

5) 민사집행규칙 제56조(매각기일의 공고내용 등) 법원은 매각기일(기간입찰의 방법으로 진행하는 경우에는 입찰기간의 개시일)의 2주 전까지 법 제106조에 규정된 사항과 다음 각호의 사항을 공고하여야 한다.

1. 법 제98조의 규정에 따라 일괄매각결정을 한 때에는 그 취지
2. 제60조의 규정에 따라 매수신청인의 자격을 제한한 때에는 그 제한의 내용

1. 부동산의 표시
2. 강제집행으로 매각한다는 취지와 그 매각방법
3. 부동산의 점유자, 점유의 권원, 점유하여 사용할 수 있는 기간, 차임 또는 보증금약정 및 그 액수
4. 매각기일의 일시·장소, 매각기일을 진행할 집행관의 성명 및 기간입찰의 방법으로 매각할 경우에는 입찰기간·장소
5. 최저매각가격
6. 매각결정기일의 일시·장소
7. 매각물건명세서·현황조사보고서 및 평가서의 사본을 매각기일 전에 법원에 비치하여 누구든지 볼 수 있도록 제공한다는 취지
8. 등기부에 기입할 필요가 없는 부동산에 대한 권리를 가진 사람은 채권을 신고하여야 한다는 취지
9. 이해관계인은 매각기일에 출석할 수 있다는 취지

제107조(매각장소) 매각기일은 법원안에서 진행하여야 한다. 다만, 집행관은 법원의 허가를 얻어 다른 장소에서 매각기일을 진행할 수 있다.

제108조(매각장소의 질서유지) 집행관은 다음 각호 가운데 어느 하나에 해당한다고 인정되는 사람에 대하여 매각장소에 들어오지 못하도록 하거나 매각장소에서 내보내거나 매수의 신청을 하지 못하도록 할 수 있다.

1. 다른 사람의 매수신청을 방해한 사람

---

3. 법 제113조의 규정에 따른 매수신청의 보증금액과 보증제공방법

6) 민사집행규칙 제59조(채무자 등의 매수신청금지) 다음 각호의 사람은 매수신청을 할 수 없다.
   1. 채무자
   2. 매각절차에 관여한 집행관
   3. 매각부동산을 평가한 감정인(감정평가법인이 감정인인 때에는 그 감정평가법인 또는 소속 감정평가사)

7) 민사집행규칙 제60조(매수신청의 제한) 법원은 법령의 규정에 따라 취득이 제한되는 부동산에 관하여는 매수신청을 할 수 있는 사람을 정하여진 자격을 갖춘 사람으로 제한하는 결정을 할 수 있다.

2. 부당하게 다른 사람과 담합하거나 그 밖에 매각의 적정한 실시를 방해한 사람
3. 제1호 또는 제2호의 행위를 교사(敎唆)한 사람
4. 민사집행절차에서의 매각에 관하여 형법 제136조·제137조·제140조·제140조의2·제142조·제315조 및 제323조 내지 제327조에 규정된 죄로 유죄판결을 받고 그 판결확정일부터 2년이 지나지 아니한 사람

제110조(합의에 의한 매각조건의 변경) ① 최저매각가격 외의 매각조건은 법원이 이해관계인의 합의에 따라 바꿀 수 있다.

② 이해관계인은 배당요구의 종기까지 제1항의 합의를 할 수 있다.

제111조(직권에 의한 매각조건의 변경) ① 거래의 실상을 반영하거나 경매절차를 효율적으로 진행하기 위하여 필요한 경우에 법원은 배당요구의 종기까지 매각조건을 바꾸거나 새로운 매각조건을 설정할 수 있다.

② 이해관계인은 제1항의 재판에 대하여 즉시항고를 할 수 있다.

③ 제1항의 경우에 법원은 집행관에게 부동산에 대하여 필요한 조사를 하게 할 수 있다.

제112조(매각기일의 진행) 집행관은 기일입찰 또는 호가경매의 방법에 의한 매각기일에는 매각물건명세서·현황조사보고서 및 평가서의 사본을 볼 수 있게 하고, 특별한 매각조건이 있는 때에는 이를 고지하며, 법원이 정한 매각방법에 따라 매수가격을 신고하도록 최고하여야 한다.

제113조(매수신청의 보증) 매수신청인은 대법원규칙이 정하는 바에 따라 집행법원이 정하는 금액과 방법에 맞는 보증을 집행관에게 제공하여야 한다.[8][9]

8) 민사집규칙 제63조(기일입찰에서 매수신청의 보증금액) ① 기일입찰에서 매수신청의 보증금액은 최저매각가격의 10분의 1로 한다. ② 법원은 상당하다고 인정하는 때에는 보증금액을 제1항과 달리 정할 수 있다.

9) 민사집행규칙 제64조(기일입찰에서 매수신청보증의 제공방법) 제63조의 매수신청보증은

제114조(차순위매수신고) ① 최고가매수신고인 외의 매수신고인은 매각기일을 마칠 때까지 집행관에게 최고가매수신고인이 대금지급기한까지 그 의무를 이행하지 아니하면 자기의 매수신고에 대하여 매각을 허가하여 달라는 취지의 신고(이하 "차순위매수신고"라 한다)를 할 수 있다.

② 차순위매수신고는 그 신고액이 최고가매수신고액에서 그 보증액을 뺀 금액을 넘는 때에만 할 수 있다.

제139조(공유물지분에 대한 경매) ① 공유물지분을 경매하는 경우에는 채권자의 채권을 위하여 채무자의 지분에 대한 경매개시결정이 있음을 등기부에 기입하고 다른 공유자에게 그 경매개시결정이 있다는 것을 통지하여야 한다. 다만, 상당한 이유가 있는 때에는 통지하지 아니할 수 있다.

② 최저매각가격은 공유물 전부의 평가액을 기본으로 채무자의 지분에 관하여 정하여야 한다. 다만, 그와 같은 방법으로 정확한 가치를 평가하기 어렵거나 그 평가에 부당하게 많은 비용이 드는 등 특별한 사정이 있는 경우에는 그러하지 아니하다.

제140조(공유자의 우선매수권) ① 공유자는 매각기일까지 제113조에 따른 보증을 제공하고 최고매수신고가격과 같은 가격으로 채무자의 지분을 우선매수하겠다는 신고를 할 수 있다.[10)]

다음 각호 가운데 어느 하나를 입찰표와 함께 집행관에게 제출하는 방법으로 제공하여야 한다. 다만, 법원은 상당하다고 인정하는 때에는 보증의 제공방법을 제한할 수 있다.

1. 금전
2. 「은행법」의 규정에 따른 금융기관이 발행한 자기앞수표로서 지급제시기간이 끝나는 날까지 5일 이상의 기간이 남아 있는 것
3. 은행등이 매수신청을 하려는 사람을 위하여 일정액의 금전을 법원의 최고에 따라 지급한다는 취지의 기한의 정함이 없는 지급보증위탁계약이 매수신청을 하려는 사람과 은행 등 사이에 맺어진 사실을 증명하는 문서

10) 민사집행규칙 제76조(공유자의 우선매수권 행사절차 등) ① 법 제140조 제1항의 규정에 따른 우선매수의 신고는 집행관이 매각기일을 종결한다는 고지를 하기 전까지 할 수 있다. ② 공유자가 법 제140조 제1항의 규정에 따른 신고를 하였으나 다른 매수신고인이 없는 때에는 최저매각가격을 법 제140조 제1항의 최고가매수신고가격으로 본다.

② 제1항의 경우에 법원은 최고가매수신고가 있더라도 그 공유자에게 매각을 허가하여야 한다.

③ 여러 사람의 공유자가 우선매수하겠다는 신고를 하고 제2항의 절차를 마친 때에는 특별한 협의가 없으면 공유지분의 비율에 따라 채무자의 지분을 매수하게 한다.

④ 제1항의 규정에 따라 공유자가 우선매수신고를 한 경우에는 최고가매수신고인을 제114조의 차순위매수신고인으로 본다.

제115조(매각기일의 종결) ① 집행관은 최고가매수신고인의 성명과 그 가격을 부르고 차순위매수신고를 최고한 뒤, 적법한 차순위매수신고가 있으면 차순위매수신고인을 정하여 그 성명과 가격을 부른 다음 매각기일을 종결한다고 고지하여야 한다.[11]

② 차순위매수신고를 한 사람이 둘 이상인 때에는 신고한 매수가격이 높은 사람을 차순위매수신고인으로 정한다. 신고한 매수가격이 같은 때에는 추첨으로 차순위매수신고인을 정한다.

③ 최고가매수신고인과 차순위매수신고인을 제외한 다른 매수신고인은 제1항의 고지에 따라 매수의 책임을 벗게 되고, 즉시 매수신청의 보증을 돌려 줄 것을 신청할 수 있다.

---

③ 최고가매수신고인을 법 제140조 제4항의 규정에 따라 차순위매수신고인으로 보게 되는 경우 그 매수신고인은 집행관이 매각기일을 종결한다는 고지를 하기 전까지 차순위매수신고인의 지위를 포기할 수 있다.

11) 민사집행규칙 제66조(최고가매수신고인 등의 결정) ① 최고가매수신고를 한 사람이 둘 이상인 때에는 집행관은 그 사람들에게 다시 입찰하게 하여 최고가매수신고인을 정한다. 이 경우 입찰자는 전의 입찰가격에 못미치는 가격으로는 입찰할 수 없다.
② 제1항의 규정에 따라 다시 입찰하는 경우에 입찰자 모두가 입찰에 응하지 아니하거나(전의 입찰가격에 못미치는 가격으로 입찰한 경우에는 입찰에 응하지 아니한 것으로 본다) 두 사람 이상이 다시 최고의 가격으로 입찰한 때에는 추첨으로 최고가매수신고인을 정한다.
③ 제2항 또는 법 제115조 제2항 후문의 규정에 따라 추첨을 하는 경우 입찰자가 출석하지 아니하거나 추첨을 하지 아니하는 때에는 집행관은 법원사무관등 적당하다고 인정하는 사람으로 하여금 대신 추첨하게 할 수 있다.

④ 기일입찰 또는 호가경매의 방법에 의한 매각기일에서 매각기일을 마감할 때까지 허가할 매수가격의 신고가 없는 때에는 집행관은 즉시 매각기일의 마감을 취소하고 같은 방법으로 매수가격을 신고하도록 최고할 수 있다.

⑤ 제4항의 최고에 대하여 매수가격의 신고가 없어 매각기일을 마감하는 때에는 매각기일의 마감을 다시 취소하지 못한다.

제116조(매각기일조서) ① 매각기일조서에는 다음 각호의 사항을 적어야 한다.[12)]

1. 부동산의 표시
2. 압류채권자의 표시
3. 매각물건명세서·현황조사보고서 및 평가서의 사본을 볼 수 있게 한 일
4. 특별한 매각조건이 있는 때에는 이를 고지한 일
5. 매수가격의 신고를 최고한 일
6. 모든 매수신고가격과 그 신고인의 성명·주소 또는 허가할 매수가격의 신고가 없는 일
7. 매각기일을 마감할 때까지 허가할 매수가격의 신고가 없어 매각기일의 마감을 취소하고 다시 매수가격의 신고를 최고한 일
8. 최종적으로 매각기일의 종결을 고지한 일시

---

12) 민사집행규칙 제67조(기일입찰조서의 기재사항) ① 기일입찰조서에는 법 제116조에 규정된 사항 외에 다음 각호의 사항을 적어야 한다.
1. 입찰을 최고한 일시, 입찰을 마감한 일시 및 입찰표를 개봉한 일시
2. 제65조 제2항 후문의 규정에 따라 입찰을 한 사람 외의 사람을 개찰에 참여시킨 때에는 그 사람의 이름
3. 제66조 또는 법 제115조 제2항의 규정에 따라 최고가매수신고인 또는 차순위매수신고인을 정한 때에는 그 취지
4. 법 제108조에 규정된 조치를 취한 때에는 그 취지
5. 법 제140조 제1항의 규정에 따라 공유자의 우선매수신고가 있는 경우에는 그 취지 및 그 공유자의 이름과 주소
6. 제76조 제3항의 규정에 따라 차순위매수신고인의 지위를 포기한 매수신고인이 있는 때에는 그 취지

② 기일입찰조서에는 입찰표를 붙여야 한다.

9. 매수하기 위하여 보증을 제공한 일 또는 보증을 제공하지 아니하므로 그 매수를 허가하지 아니한 일
10. 최고가매수신고인과 차순위매수신고인의 성명과 그 가격을 부른 일

② 최고가매수신고인 및 차순위매수신고인과 출석한 이해관계인은 조서에 서명날인하여야 한다. 그들이 서명날인할 수 없을 때에는 집행관이 그 사유를 적어야 한다.

③ 집행관이 매수신청의 보증을 돌려 준 때에는 영수증을 받아 조서에 붙여야 한다.

제117조(조서와 금전의 인도) 집행관은 매각기일조서와 매수신청의 보증으로 받아 돌려주지 아니한 것을 매각기일부터 3일 이내에 법원사무관등에게 인도하여야 한다.

제118조(최고가매수신고인 등의 송달영수인신고) ① 최고가매수신고인과 차순위매수신고인은 대한민국안에 주소·거소와 사무소가 없는 때에는 대한민국안에 송달이나 통지를 받을 장소와 영수인을 정하여 법원에 신고하여야 한다.

② 최고가매수신고인이나 차순위매수신고인이 제1항의 신고를 하지 아니한 때에는 법원은 그에 대한 송달이나 통지를 하지 아니할 수 있다.

③ 제1항의 신고는 집행관에게 말로 할 수 있다. 이 경우 집행관은 조서에 이를 적어야 한다.

제119조(새 매각기일) 허가할 매수가격의 신고가 없이 매각기일이 최종적으로 마감된 때에는 제91조 제1항의 규정에 어긋나지 아니하는 한도에서 법원은 최저매각가격을 상당히 낮추고 새 매각기일을 정하여야 한다. 그 기일에 허가할 매수가격의 신고가 없는 때에도 또한 같다.

4. 매각허가 또는 불허가결정

제109조(매각결정기일) ① 매각결정기일은 매각기일부터 1주 이내로 정하여야 한다.

② 매각결정절차는 법원안에서 진행하여야 한다.

제120조(매각결정기일에서의 진술) ① 법원은 매각결정기일에 출석한 이해관계인에게 매각허가에 관한 의견을 진술하게 하여야 한다.

② 매각허가에 관한 이의는 매각허가가 있을 때까지 신청하여야 한다. 이미 신청한 이의에 대한 진술도 또한 같다.

제123조(매각의 불허) ① 법원은 이의신청이 정당하다고 인정한 때에는 매각을 허가하지 아니한다.

② 제121조에 규정한 사유가 있는 때에는 직권으로 매각을 허가하지 아니한다. 다만, 같은 조 제2호 또는 제3호의 경우에는 능력 또는 자격의 흠이 제거되지 아니한 때에 한한다.

제124조(과잉매각되는 경우의 매각불허가) ① 여러 개의 부동산을 매각하는 경우에 한 개의 부동산의 매각대금으로 모든 채권자의 채권액과 강제집행비용을 변제하기에 충분하면 다른 부동산의 매각을 허가하지 아니한다. 다만, 제101조 제3항 단서에 따른 일괄매각의 경우에는 그러하지 아니하다.

② 제1항 본문의 경우에 채무자는 그 부동산 가운데 매각할 것을 지정할 수 있다.

제125조(매각을 허가하지 아니할 경우의 새 매각기일) ① 제121조와 제123조의 규정에 따라 매각을 허가하지 아니하고 다시 매각을 명하는 때에는 직권으로 새 매각기일을 정하여야 한다.

② 제121조 제6호의 사유로 제1항의 새 매각기일을 열게 된 때에는 제97조

내지 제105조의 규정을 준용한다.

제126조(매각허가여부의 결정선고) ① 매각을 허가하거나 허가하지 아니하는 결정은 선고하여야 한다.[13)]

② 매각결정기일조서에는 민사소송법 제152조 내지 제154조와 제156조 내지 제158조 및 제164조의 규정을 준용한다.

③ 제1항의 결정은 확정되어야 효력을 가진다.

제128조(매각허가결정) ① 매각허가결정에는 매각한 부동산, 매수인과 매각가격을 적고 특별한 매각조건으로 매각한 때에는 그 조건을 적어야 한다.

② 제1항의 결정은 선고하는 외에 대법원규칙이 정하는 바에 따라 공고하여야 한다.

5. 매각허가 또는 불허가결정에 대한 불복

제121조(매각허가에 대한 이의신청사유) 매각허가에 관한 이의는 다음 각 호 가운데 어느 하나에 해당하는 이유가 있어야 신청할 수 있다. 이는 예시가 아니고 제한적·열거적이다. 따라서 다른 사유로는 이의할 수 없다.

① 강제집행을 허가할 수 없거나 집행을 계속 진행할 수 없을 때

집행권원이나 집행문의 흠, 경매신청요건의 흠, 잉여주의 위반의 절차 진행[14)] 등. 단 강제경매에 있어서 집행채권의 부존재·소멸 등과 같은 실체상의 하자는 매각불허가사유가 되지 않는다.[15)]

13) 민사집행규칙 제74조(매각허부결정 고지의 효력발생시기) 매각을 허가하거나 허가하지 아니하는 결정은 선고한 때에 고지의 효력이 생긴다.

14) 대법원 1995. 12. 1. 선고 95마1143 판결.

15) 대법원 1991. 1. 21. 선고 90마946 판결.

② 최고가매수신고인이 부동산을 매수할 능력이나 자격이 없는 때

미성년자, 농지의 최고가매수신고인이 농지취득자격증명을 얻지 못한 경우 등

③ 부동산을 매수할 자격이 없는 사람이 최고가매수신고인을 내세워 매수신고를 한 때

제2호의 매수무자격자가 자기의 계산으로 타인의 명의로 하는 신탁적 매수의 경우이다. 탈법방지를 위한 것이다.

④ 최고가매수신고인, 그 대리인 또는 최고가매수신고인을 내세워 매수신고를 한 사람이 제108조 각호 가운데 어느 하나에 해당되는 때

부정경쟁방지를 위한 것이다.

⑤ 최저매각가격의 결정, 일괄매각의 결정 또는 매각물건명세서의 작성에 중대한 흠이 있는 때.

경매부동산에 설정된 근저당권의 채권최고액이 감정평가액의 수배에 달하는 데도 그 평가액을 토대로 최저매각가격을 결정한 경우,[16] 매각물건명세서의 기재사항에 중대한 오류가 있는 경우[17] 등

⑥ 천재지변, 그 밖에 자기가 책임을 질 수 없는 사유로 부동산이 현저하게 훼손된 사실 또는 부동산에 관한 중대한 권리관계가 변동된 사실이 경매절차의 진행중에 밝혀진 때

매각부동산의 물리적 훼손의 경우는 물론 교환가치의 감소도 포함한다.

⑦ 경매절차에 그 밖의 중대한 잘못이 있는 때

매각실시절차에서의 위법, 특별매각조건 위배 등

---

16) 대법원 2000. 6. 23. 선고 2000마1143 판결.

17) 대법원 1995. 11. 22. 선고 95마1197 판결.

제122조(이의신청의 제한) 이의는 다른 이해관계인의 권리에 관한 이유로 신청하지 못한다.

제127조(매각허가결정의 취소신청) ① 제121조 제6호에서 규정한 사실이 매각허가결정의 확정 뒤에 밝혀진 경우에는 매수인은 대금을 낼 때까지 매각허가결정의 취소신청을 할 수 있다.

② 제1항의 신청에 관한 결정에 대하여는 즉시항고를 할 수 있다.

제134조(최저매각가격의 결정부터 새로할 경우) 제127조의 규정에 따라 매각허가결정을 취소한 경우에는 제97조 내지 제105조의 규정을 준용한다.

제129조(이해관계인 등의 즉시항고) ① 이해관계인은 매각허가여부의 결정에 따라 손해를 볼 경우에만 그 결정에 대하여 즉시항고를 할 수 있다.

② 매각허가에 정당한 이유가 없거나 결정에 적은 것 외의 조건으로 허가하여야 한다고 주장하는 매수인 또는 매각허가를 주장하는 매수신고인도 즉시항고를 할 수 있다.

③ 제1항 및 제2항의 경우에 매각허가를 주장하는 매수신고인은 그 신청한 가격에 대하여 구속을 받는다.

제130조(매각허가여부에 대한 항고) ① 매각허가결정에 대한 항고는 이 법에 규정한 매각허가에 대한 이의신청사유가 있다거나, 그 결정절차에 중대한 잘못이 있다는 것을 이유로 드는 때에만 할 수 있다.

② 민사소송법 제451조 제1항 각호의 사유는 제1항의 규정에 불구하고 매각허가 또는 불허가결정에 대한 항고의 이유로 삼을 수 있다.

③ 매각허가결정에 대하여 항고를 하고자 하는 사람은 보증으로 매각대금의 10분의 1에 해당하는 금전 또는 법원이 인정한 유가증권을 공탁하여야 한다.

④ 항고를 제기하면서 항고장에 제3항의 보증을 제공하였음을 증명하는 서류를 붙이지 아니한 때에는 원심법원은 항고장을 받은 날부터 1주 이내에 결정으로 이를 각하하여야 한다.

⑤ 제4항의 결정에 대하여는 즉시항고를 할 수 있다.

⑥ 채무자 및 소유자가 한 제3항의 항고가 기각된 때에는 항고인은 보증으로 제공한 금전이나 유가증권을 돌려 줄 것을 요구하지 못한다.

⑦ 채무자 및 소유자 외의 사람이 한 제3항의 항고가 기각된 때에는 항고인은 보증으로 제공한 금전이나, 유가증권을 현금화한 금액 가운데 항고를 한 날부터 항고기각결정이 확정된 날까지의 매각대금에 대한 대법원규칙이 정하는 이율에 의한 금액(보증으로 제공한 금전이나, 유가증권을 현금화한 금액을 한도로 한다)에 대하여는 돌려 줄 것을 요구할 수 없다. 다만, 보증으로 제공한 유가증권을 현금화하기 전에 위의 금액을 항고인이 지급한 때에는 그 유가증권을 돌려 줄 것을 요구할 수 있다.[18]

⑧ 항고인이 항고를 취하한 경우에는 제6항 또는 제7항의 규정을 준용한다.

제131조(항고심의 절차) ① 항고법원은 필요한 경우에 반대진술을 하게 하기 위하여 항고인의 상대방을 정할 수 있다.

② 한 개의 결정에 대한 여러 개의 항고는 병합한다.

③ 항고심에는 제122조의 규정을 준용한다.

제132조(항고법원의 재판과 매각허가여부결정) 항고법원이 집행법원의 결정을 취소하는 경우에 그 매각허가여부의 결정은 집행법원이 한다.

제133조(매각을 허가하지 아니하는 결정의 효력) 매각을 허가하지 아니한 결정이 확정된 때에는 매수인과 매각허가를 주장한 매수신고인은 매수에 관한 책임이 면제된다.

---

18) 민사집행규칙 제75조(대법원규칙으로 정하는 이율) 법 제130조 제7항과 법 제138조 제3항(법 제142조 제5항의 규정에 따라 준용되는 경우를 포함한다)의 규정에 따른 이율은 연 100분의 12로 한다.

6. 대금 납부

제135조(소유권의 취득시기) 매수인은 매각대금을 다 낸 때에 매각의 목적인 권리를 취득한다.

제142조(대금의 지급) ① 매각허가결정이 확정되면 법원은 대금의 지급기한을 정하고, 이를 매수인과 차순위매수신고인에게 통지하여야 한다.[19]

② 매수인은 제1항의 대금지급기한까지 매각대금을 지급하여야 한다.

③ 매수신청의 보증으로 금전이 제공된 경우에 그 금전은 매각대금에 넣는다.

④ 매수신청의 보증으로 금전 외의 것이 제공된 경우로서 매수인이 매각대금중 보증액을 뺀 나머지 금액만을 낸 때에는, 법원은 보증을 현금화하여 그 비용을 뺀 금액을 보증액에 해당하는 매각대금 및 이에 대한 지연이자에 충당하고, 모자라는 금액이 있으면 다시 대금지급기한을 정하여 매수인으로 하여금 내게 한다.

⑤ 제4항의 지연이자에 대하여는 제138조 제3항의 규정을 준용한다.

⑥ 차순위매수신고인은 매수인이 대금을 모두 지급한 때 매수의 책임을 벗게 되고 즉시 매수신청의 보증을 돌려 줄 것을 요구할 수 있다.

제143조(특별한 지급방법) ① 매수인은 매각조건에 따라 부동산의 부담을 인수하는 외에 배당표(配當表)의 실시에 관하여 매각대금의 한도에서 관계채권자의 승낙이 있으면 대금의 지급에 갈음하여 채무를 인수할 수 있다.

② 채권자가 매수인인 경우에는 매각결정기일이 끝날 때까지 법원에 신고하고 배당받아야 할 금액을 제외한 대금을 배당기일에 낼 수 있다.

---

19) 第78조(대금지급기한) 법 제142조 제1항에 따른 대금지급기한은 매각허가결정이 확정된 날부터 1월 안의 날로 정하여야 한다. 다만, 경매사건기록이 상소법원에 있는 때에는 그 기록을 송부받은 날부터 1월 안의 날로 정하여야 한다.

③ 제1항 및 제2항의 경우에 매수인이 인수한 채무나 배당받아야 할 금액에 대하여 이의가 제기된 때에는 매수인은 배당기일이 끝날 때까지 이에 해당하는 대금을 내야 한다.

제136조(부동산의 인도명령 등) ① 법원은 매수인이 대금을 낸 뒤 6월 이내에 신청하면 채무자·소유자 또는 부동산 점유자에 대하여 부동산을 매수인에게 인도하도록 명할 수 있다. 다만, 점유자가 매수인에게 대항할 수 있는 권원에 의하여 점유하고 있는 것으로 인정되는 경우에는 그러하지 아니하다.

② 법원은 매수인 또는 채권자가 신청하면 매각허가가 결정된 뒤 인도할 때까지 관리인에게 부동산을 관리하게 할 것을 명할 수 있다.

③ 제2항의 경우 부동산의 관리를 위하여 필요하면 법원은 매수인 또는 채권자의 신청에 따라 담보를 제공하게 하거나 제공하게 하지 아니하고 제1항의 규정에 준하는 명령을 할 수 있다.

④ 법원이 채무자 및 소유자 외의 점유자에 대하여 제1항 또는 제3항의 규정에 따른 인도명령을 하려면 그 점유자를 심문하여야 한다. 다만, 그 점유자가 매수인에게 대항할 수 있는 권원에 의하여 점유하고 있지 아니함이 명백한 때 또는 이미 그 점유자를 심문한 때에는 그러하지 아니하다.

⑤ 제1항 내지 제3항의 신청에 관한 결정에 대하여는 즉시항고를 할 수 있다.

⑥ 채무자·소유자 또는 점유자가 제1항과 제3항의 인도명령에 따르지 아니할 때에는 매수인 또는 채권자는 집행관에게 그 집행을 위임할 수 있다.

제144조(매각대금 지급 뒤의 조치) ① 매각대금이 지급되면 법원사무관등은 매각허가결정의 등본을 붙여 다음 각호의 등기를 촉탁하여야 한다.

1. 매수인 앞으로 소유권을 이전하는 등기
2. 매수인이 인수하지 아니한 부동산의 부담에 관한 기입을 말소하는 등기
3. 제94조 및 제139조 제1항의 규정에 따른 경매개시결정등기를 말소하는 등기

② 매각대금을 지급할 때까지 매수인과 부동산을 담보로 제공받으려고 하는

사람이 대법원규칙으로 정하는 바에 따라 공동으로 신청한 경우, 제1항의 촉탁은 등기신청의 대리를 업으로 할 수 있는 사람으로서 신청인이 지정하는 사람에게 촉탁서를 교부하여 등기소에 제출하도록 하는 방법으로 하여야 한다. 이 경우 신청인이 지정하는 사람은 지체 없이 그 촉탁서를 등기소에 제출하여야 한다.[20)]

③ 제1항의 등기에 드는 비용은 매수인이 부담한다.

제141조(경매개시결정등기의 말소) 경매신청이 매각허가 없이 마쳐진 때에는 법원사무관등은 제94조와 제139조 제1항의 규정에 따른 기입을 말소하도록 등기관에게 촉탁하여야 한다.[21)]

제137조(차순위매수신고인에 대한 매각허가여부결정) ① 차순위매수신고인이 있는 경우에 매수인이 대금지급기한까지 그 의무를 이행하지 아니한 때에는 차순위매수신고인에게 매각을 허가할 것인지를 결정하여야 한다. 다만, 제142조 제4항의 경우에는 그러하지 아니하다.

② 차순위매수신고인에 대한 매각허가결정이 있는 때에는 매수인은 매수신

20) 민사집행규칙 제78조의2(등기촉탁 공동신청의 방식 등) ① 법 제144조 제2항의 신청은 다음 각 호의 사항을 기재한 서면으로 하여야 한다.
1. 사건의 표시
2. 부동산의 표시
3. 신청인의 성명 또는 명칭 및 주소
4. 대리인에 의하여 신청을 하는 때에는 대리인의 성명 및 주소
5. 법 제144조 제2항의 신청인이 지정하는 자(다음부터 이 조문 안에서 "피지정자"라 한다)의 성명, 사무소의 주소 및 직업
② 제1항의 서면에는 다음 각 호의 서류를 첨부하여야 한다.
1. 매수인으로부터 부동산을 담보로 제공받으려는 자가 법인인 때에는 그 법인의 등기사항증명서
2. 부동산에 관한 담보 설정의 계약서 사본
3. 피지정자의 지정을 증명하는 문서
4. 대리인이 신청을 하는 때에는 그 권한을 증명하는 서면
5. 등기신청의 대리를 업으로 할 수 있는 피지정자의 자격을 증명하는 문서의 사본

21) 민사집행규칙 제77조(경매개시결정등기의 말소촉탁비용) 법 제141조의 규정에 따른 말소등기의 촉탁에 관한 비용은 경매를 신청한 채권자가 부담한다.

청의 보증을 돌려 줄 것을 요구하지 못한다.[22)]

제138조(재매각) ① 매수인이 대금지급기한 또는 제142조 제4항의 다시 정한 기한까지 그 의무를 완전히 이행하지 아니하였고, 차순위매수신고인이 없는 때에는 법원은 직권으로 부동산의 재매각을 명하여야 한다.

② 재매각절차에도 종전에 정한 최저매각가격, 그 밖의 매각조건을 적용한다.

③ 매수인이 재매각기일의 3일 이전까지 대금, 그 지급기한이 지난 뒤부터 지급일까지의 대금에 대한 대법원규칙이 정하는 이율에 따른 지연이자와 절차비용을 지급한 때에는 재매각절차를 취소하여야 한다. 이 경우 차순위매수신고인이 매각허가결정을 받았던 때에는 위 금액을 먼저 지급한 매수인이 매매목적물의 권리를 취득한다.

④ 재매각절차에서는 전의 매수인은 매수신청을 할 수 없으며 매수신청의 보증을 돌려 줄 것을 요구하지 못한다.

7. 배 당

제145조(매각대금의 배당) ① 매각대금이 지급되면 법원은 배당절차를 밟아야 한다.

② 매각대금으로 배당에 참가한 모든 채권자를 만족하게 할 수 없는 때에는 법원은 민법·상법, 그 밖의 법률에 의한 우선순위에 따라 배당하여야 한다.

제147조(배당할 금액 등) ① 배당할 금액은 다음 각호에 규정한 금액으로 한다.

1. 대금

22) 민사집행규칙 제79조(배당할 금액) 차순위매수신고인에 대하여 매각허가결정이 있는 때에는 법 제137조 제2항의 보증(보증이 금전 외의 방법으로 제공되어 있는 때에는 보증을 현금화하여 그 대금에서 비용을 뺀 금액)은 법 제147조 제1항의 배당할 금액으로 한다.

2. 제138조 제3항 및 제142조 제4항의 경우에는 대금지급기한이 지난 뒤부터 대금의 지급·충당까지의 지연이자
3. 제130조 제6항의 보증(제130조 제8항에 따라 준용되는 경우를 포함한다.)
4. 제130조 제7항 본문의 보증 가운데 항고인이 돌려 줄 것을 요구하지 못하는 금액 또는 제130조 제7항 단서의 규정에 따라 항고인이 낸 금액(각각 제130조 제8항에 따라 준용되는 경우를 포함한다.)
5. 제138조 제4항의 규정에 의하여 매수인이 돌려줄 것을 요구할 수 없는 보증(보증이 금전 외의 방법으로 제공되어 있는 때에는 보증을 현금화하여 그 대금에서 비용을 뺀 금액)

② 제1항의 금액 가운데 채권자에게 배당하고 남은 금액이 있으면, 제1항 제4호의 금액의 범위안에서 제1항 제4호의 보증 등을 제공한 사람에게 돌려준다.

③ 제1항의 금액 가운데 채권자에게 배당하고 남은 금액으로 제1항 제4호의 보증 등을 돌려주기 부족한 경우로서 그 보증 등을 제공한 사람이 여럿인 때에는 제1항 제4호의 보증 등의 비율에 따라 나누어 준다.

제148조(배당받을 채권자의 범위) 제147조 제1항에 규정한 금액을 배당받을 채권자는 다음 각호에 규정된 사람으로 한다.

1. 배당요구의 종기까지 경매신청을 한 압류채권자
2. 배당요구의 종기까지 배당요구를 한 채권자
3. 첫 경매개시결정등기전에 등기된 가압류채권자
4. 저당권·전세권, 그 밖의 우선변제청구권으로서 첫 경매개시결정등기전에 등기되었고 매각으로 소멸하는 것을 가진 채권자

제146조(배당기일) 매수인이 매각대금을 지급하면 법원은 배당에 관한 진술 및 배당을 실시할 기일을 정하고 이해관계인과 배당을 요구한 채권자에게 이를 통지하여야 한다. 다만, 채무자가 외국에 있거나 있는 곳이 분명하지 아니한 때에는 통지하지 아니한다.[23]

제149조(배당표의 확정) ① 법원은 채권자와 채무자에게 보여 주기 위하여 배당기일의 3일전에 배당표원안(配當表原案)을 작성하여 법원에 비치하여야 한다.

② 법원은 출석한 이해관계인과 배당을 요구한 채권자를 심문하여 배당표를 확정하여야 한다.

제150조(배당표의 기재 등) ① 배당표에는 매각대금, 채권자의 채권의 원금, 이자, 비용, 배당의 순위와 배당의 비율을 적어야 한다.

② 출석한 이해관계인과 배당을 요구한 채권자가 합의한 때에는 이에 따라 배당표를 작성하여야 한다.

제151조(배당표에 대한 이의) ① 기일에 출석한 채무자는 채권자의 채권 또는 그 채권의 순위에 대하여 이의할 수 있다.

② 제1항의 규정에 불구하고 채무자는 제149조 제1항에 따라 법원에 배당표원안이 비치된 이후 배당기일이 끝날 때까지 채권자의 채권 또는 그 채권의 순위에 대하여 서면으로 이의할 수 있다.

③ 기일에 출석한 채권자는 자기의 이해에 관계되는 범위 안에서는 다른 채권자를 상대로 그의 채권 또는 그 채권의 순위에 대하여 이의할 수 있다.

제152조(이의의 완결) ① 제151조의 이의에 관계된 채권자는 이에 대하여 진술하여야 한다.

② 관계인이 제151조의 이의를 정당하다고 인정하거나 다른 방법으로 합의한 때에는 이에 따라 배당표를 경정(更正)하여 배당을 실시하여야 한다.

③ 제151조의 이의가 완결되지 아니한 때에는 이의가 없는 부분에 한하여 배당을 실시하여야 한다.

23) 민사집행규칙 제81조(계산서 제출의 최고) 배당기일이 정하여진 때에는 법원사무관등은 각 채권자에 대하여 채권의 원금·배당기일까지의 이자, 그 밖의 부대채권 및 집행비용을 적은 계산서를 1주 안에 법원에 제출할 것을 최고하여야 한다.

제153조(불출석한 채권자) ① 기일에 출석하지 아니한 채권자는 배당표와 같이 배당을 실시하는 데에 동의한 것으로 본다.

② 기일에 출석하지 아니한 채권자가 다른 채권자가 제기한 이의에 관계된 때에는 그 채권자는 이의를 정당하다고 인정하지 아니한 것으로 본다.

제159조(배당실시절차·배당조서) ① 법원은 배당표에 따라 제2항 및 제3항에 규정된 절차에 의하여 배당을 실시하여야 한다.

② 채권 전부의 배당을 받을 채권자에게는 배당액지급증을 교부하는 동시에 그가 가진 집행력 있는 정본 또는 채권증서를 받아 채무자에게 교부하여야 한다.

③ 채권 일부의 배당을 받을 채권자에게는 집행력 있는 정본 또는 채권증서를 제출하게 한 뒤 배당액을 적어서 돌려주고 배당액지급증을 교부하는 동시에 영수증을 받아 채무자에게 교부하여야 한다.

④ 제1항 내지 제3항의 배당실시절차는 조서에 명확히 적어야 한다.

제160조(배당금액의 공탁) ① 배당을 받아야 할 채권자의 채권에 대하여 다음 각호 가운데 어느 하나의 사유가 있으면 그에 대한 배당액을 공탁하여야 한다.

1. 채권에 정지조건 또는 불확정기한이 붙어 있는 때
2. 가압류채권자의 채권인 때
3. 제49조 제2호 및 제266조 제1항 제5호에 규정된 문서가 제출되어 있는 때
4. 저당권설정의 가등기가 마쳐져 있는 때
5. 제154조 제1항에 의한 배당이의의 소가 제기된 때
6. 민법 제340조 제2항 및 같은 법 제370조에 따른 배당금액의 공탁청구가 있는 때

② 채권자가 배당기일에 출석하지 아니한 때에는 그에 대한 배당액을 공탁하여야 한다.

제161조(공탁금에 대한 배당의 실시) ① 법원이 제160조 제1항의 규정에

따라 채권자에 대한 배당액을 공탁한 뒤 공탁의 사유가 소멸한 때에는 법원은 공탁금을 지급하거나 공탁금에 대한 배당을 실시하여야 한다.

② 제1항에 따라 배당을 실시함에 있어서 다음 각호 가운데 어느 하나에 해당하는 때에는 법원은 배당에 대하여 이의하지 아니한 채권자를 위하여서도 배당표를 바꾸어야 한다.

1. 제160조 제1항 제1호 내지 제4호의 사유에 따른 공탁에 관련된 채권자에 대하여 배당을 실시할 수 없게 된 때
2. 제160조 제1항 제5호의 공탁에 관련된 채권자가 채무자로부터 제기당한 배당이의의 소에서 진 때
3. 제160조 제1항 제6호의 공탁에 관련된 채권자가 저당물의 매각대가로부터 배당을 받은 때

③ 제160조 제2항의 채권자가 법원에 대하여 공탁금의 수령을 포기하는 의사를 표시한 때에는 그 채권자의 채권이 존재하지 아니하는 것으로 보고 배당표를 바꾸어야 한다.

④ 제2항 및 제3항의 배당표변경에 따른 추가 배당기일에 제151조의 규정에 따라 이의할 때에는 종전의 배당기일에서 주장할 수 없었던 사유만을 주장할 수 있다.

8. 배당이의의 소

제154조(배당이의의 소 등) ① 집행력 있는 집행권원의 정본을 가지지 아니한 채권자(가압류채권자를 제외한다)에 대하여 이의한 채무자와 다른 채권자에 대하여 이의한 채권자는 배당이의의 소를 제기하여야 한다.

② 집행력 있는 집행권원의 정본을 가진 채권자에 대하여 이의한 채무자는 청구이의의 소를 제기하여야 한다.

③ 이의한 채권자나 채무자가 배당기일부터 1주 이내에 집행법원에 대하여

제1항의 소를 제기한 사실을 증명하는 서류를 제출하지 아니한 때 또는 제2항의 소를 제기한 사실을 증명하는 서류와 그 소에 관한 집행정지재판의 정본을 제출하지 아니한 때에는 이의가 취하된 것으로 본다.

제155조(이의한 사람 등의 우선권 주장) 이의한 채권자가 제154조 제3항의 기간을 지키지 아니한 경우에도 배당표에 따른 배당을 받은 채권자에 대하여 소로 우선권 및 그 밖의 권리를 행사하는 데 영향을 미치지 아니한다.

제156조(배당이의의 소의 관할) ① 제154조 제1항의 배당이의의 소는 배당을 실시한 집행법원이 속한 지방법원의 관할로 한다. 다만, 소송물이 단독판사의 관할에 속하지 아니할 경우에는 지방법원의 합의부가 이를 관할한다.

② 여러 개의 배당이의의 소가 제기된 경우에 한 개의 소를 합의부가 관할하는 때에는 그 밖의 소도 함께 관할한다.

③ 이의한 사람과 상대방이 이의에 관하여 단독판사의 재판을 받을 것을 합의한 경우에는 제1항 단서와 제2항의 규정을 적용하지 아니한다.

제157조(배당이의의 소의 판결) 배당이의의 소에 대한 판결에서는 배당액에 대한 다툼이 있는 부분에 관하여 배당을 받을 채권자와 그 액수를 정하여야 한다. 이를 정하는 것이 적당하지 아니하다고 인정한 때에는 판결에서 배당표를 다시 만들고 다른 배당절차를 밟도록 명하여야 한다.

제158조(배당이의의 소의 취하간주) 이의한 사람이 배당이의의 소의 첫 변론기일에 출석하지 아니한 때에는 소를 취하한 것으로 본다.

9. 공동경매

제162조(공동경매) 여러 압류채권자를 위하여 동시에 실시하는 부동산의 경매절차에는 제80조 내지 제161조의 규정을 준용한다.

제 2 장

부동산담보권의 실행 등을 위한 경매 (임의경매)

1. 경매절차

제264조(부동산에 대한 경매신청) ① 부동산을 목적으로 하는 담보권을 실행하기 위한 경매신청을 함에는 담보권이 있다는 것을 증명하는 서류를 내야 한다.1)

② 담보권을 승계한 경우에는 승계를 증명하는 서류를 내야 한다.2)

---

1) 제192조(신청서의 기재사항) 담보권 실행을 위한 경매신청서에는 다음 각호의 사항을 적어야 한다. <개정 2019. 9. 17.>
   1. 채권자·채무자·소유자(광업권·어업권, 그 밖에 부동산에 관한 규정이 준용되는 권리를 목적으로 하는 경매의 신청, 법 제273조의 규정에 따른 담보권 실행 또는 권리행사의 신청 제201조에 규정된 예탁유가증권에 대한 담보권 실행 신청 및 제201조의2에 규정된 전자등록주식등에 대한 담보권 실행 신청의 경우에는 그 목적인 권리의 권리자를 말한다. 다음부터 이 편 안에서 같다)와 그 대리인의 표시
   2. 담보권과 피담보채권의 표시
   3. 담보권 실행 또는 권리행사의 대상인 재산의 표시
   4. 피담보채권의 일부에 대하여 담보권 실행 또는 권리행사를 하는 때에는 그 취지와 범위
2) 제193조(압류채권자 승계의 통지) 경매등이 개시된 후 압류채권자가 승계되었음을 증명하는 문서가 제출된 때에는 법원사무관등 또는 집행관은 채무자와 소유자에게 그 사실을 통지하여야 한다.

③ 부동산 소유자에게 경매개시결정을 송달할 때에는 제2항의 규정에 따라 제출된 서류의 등본을 붙여야 한다.

第265条(경매개시결정에 대한 이의신청사유) 경매절차의 개시결정에 대한 이의신청사유로 담보권이 없다는 것 또는 소멸되었다는 것을 주장할 수 있다.

第266条(경매절차의 정지) ① 다음 각호 가운데 어느 하나에 해당하는 문서가 경매법원에 제출되면 경매절차를 정지하여야 한다.

1. 담보권의 등기가 말소된 등기사항증명서
2. 담보권 등기를 말소하도록 명한 확정판결의 정본
3. 담보권이 없거나 소멸되었다는 취지의 확정판결의 정본
4. 채권자가 담보권을 실행하지 아니하기로 하거나 경매신청을 취하하겠다는 취지 또는 피담보채권을 변제받았거나 그 변제를 미루도록 승낙한다는 취지를 적은 서류
5. 담보권 실행을 일시정지하도록 명한 재판의 정본

② 제1항 제1호 내지 제3호의 경우와 제4호의 서류가 화해조서의 정본 또는 공정증서의 정본인 경우에는 경매법원은 이미 실시한 경매절차를 취소하여야 하며, 제5호의 경우에는 그 재판에 따라 경매절차를 취소하지 아니한 때에만 이미 실시한 경매절차를 일시적으로 유지하게 하여야 한다.

③ 제2항의 규정에 따라 경매절차를 취소하는 경우에는 제17조의 규정을 적용하지 아니한다.

第267条(대금완납에 따른 부동산취득의 효과) 매수인의 부동산 취득은 담보권 소멸로 영향을 받지 아니한다.[3]

---

3) 대법원 2022. 8. 25. 선고 2018다205209 전원합의체 판결.
민사집행법 제267조는 그 입법 경위, 임의경매의 본질과 성격 및 부동산등기제도 등 법체계 전체와의 조화를 고려하면 <u>경매개시결정이 있은 뒤에 담보권이 소멸한 경우에만 적용된다.</u>

2. 강제경매 규정의 준용

제268조(준용규정) 부동산을 목적으로 하는 담보권 실행을 위한 경매(임의경매)절차에는 (강제경매에 관한) 제79조 내지 제162조의 규정을 준용한다.

저자

황현택(黃賢澤)

서울대학교 문리과대학 졸업
전 서강대학교 경제대학원 주임교수(부동산경제전공)

일목요연 경매권리분석실무

초판발행 2025년 2월 25일

지은이 황현택
펴낸이 안종만 · 안상준

편 집 장유나
기획/마케팅 최동인
표지디자인 BEN STORY
제 작 고철민 · 김원표

펴낸곳 (주) 박영사
서울특별시 금천구 가산디지털2로 53, 210호(가산동, 한라시그마밸리)
등록 1959. 3. 11. 제300-1959-1호(倫)
전 화 02)733-6771
f a x 02)736-4818
e-mail pys@pybook.co.kr
homepage www.pybook.co.kr
ISBN 979-11-303-4940-4 93360

정 가 23,000원